# Ritos de iniciación

# Ritos de iniciación

## Tres novelas cortas de Hispanoamérica

**Grínor Rojo**
*The Ohio State University*

**Cynthia Steele**
*Columbia University*

*HOUGHTON MIFFLIN COMPANY* / BOSTON

*Dallas   Geneva, Illinois   Lawrenceville, New Jersey   Palo Alto*

## Acknowledgments

The authors and publisher would like to thank the following professors of Spanish for their reviews of manuscript during the developmental stages of the project:

Maureen Ahern, Arizona State University/Tempe
Kristyna Demaree, California State University/Chico
Jean Franco, Columbia University
Reynaldo L. Jiménez, University of Florida

In addition, the authors would like to express their appreciation to a number of talented people who collaborated with them in various ways: Diego Ballivián, Ana Riddel, María del Carmen Riddel, Theresa Rizzo, Paula Rojo, Michael Sisson and Randi Weisberger. They also thank Leslie Adelson, Robert Studzinski, and Valentina Vega for their friendship and support.

**Cover: "Mi cara, mi mirada" (1970), by Laxeiro (1908– ), Spain. Reproduced by permission of the artist and of Galería Novart, Madrid, Spain.**

Printed in the U.S.A.

ISBN: 0-395-38125-8

Library of Congress Catalog Card Number: 85-80939

OPQR –DOC- 06 05 04 03 02

# Indice

# Introduction

*Ritos de iniciación: Tres novelas cortas de Hispanoamérica* offers three short novels written by outstanding members of the generation of Hispanic American authors born around 1940: the Mexican José Emilio Pacheco (b. 1939), the Chilean Antonio Skármeta (b. 1940), and the Puerto Rican Rosario Ferré (b. 1942). The anthology is designed to introduce intermediate and advanced students, in the third or fourth semester of college Spanish, to the best of recent Hispanic American literature. The works included in the anthology represent diverse aspects of Hispanic American culture. All three treat a major theme in contemporary Spanish American fiction: that of the adolescent who comes of age in a third-world culture, a culture which itself is in the process of either establishing, or abandoning, an autonomous sense of identity and destiny. The anthology provides students with techniques of reading comprehension and literary analysis, in addition to facilitating their language acquisition and conversational skills. Because three acclaimed contemporary works appear in their entirety, the anthology is also appropriate for fifth- and sixth-semester classes in Spanish American literature.

## Levels and Choice of Readings

The three short novels included in *Ritos de iniciación* are representative of the best literature that has been produced in Hispanic America during the last two decades. All three are novels of development, or *novelas de aprendizaje,* taking as their primary theme the passage of the adolescent from innocence to maturity. The social contexts in which the psychological development of the protagonists occurs are as varied as the authors' own backgrounds and experiences, ranging from a lower middle-class family living in Mexico City during the 1940s (Pacheco), to a middle-class Chilean family exiled to West Berlin during the 1970s (Skármeta), to an upper-class family living in Puerto Rico during the 1970s (Ferré). In each novel the issues frequently associated with "coming of age" (difficult relations with family and peers, first loves, individual goals and aspirations) are complicated by social and political conditions specific to the Hispanic American reality. Among these circumstances are the problems of cultural dependency (Pacheco and Ferré) and political exile (Skármeta). In addition to choosing novels from three different regions of Hispanic America (the Southern Cone, Mexico, and the Carribbean), the anthology presents both male and female versions of the *novela de aprendizaje*.

To facilitate the understanding and appreciation of the novels, they appear in increasing order of difficulty. The first novel, *Las batallas en el desierto*, by José Emilio Pacheco, presents the structure and plot of a fairly traditional, realist narrative, delivered in the first person by an older narrator who recalls the events of his youth. It incorporates colloquial expressions, which add linguistic complexity. In the second novel, *No pasó nada*, by Antonio Skármeta, a young narrator relates events only recently past. His colorful use of 1970s Chilean teen-age slang and his engaging, free-ranging delivery heighten this sense of immediacy, and present a slightly greater challenge to students. The last novel, *La Bella Durmiente*, by Rosario Ferré, deviates from traditional narrative in its use of multiple points of view and its incorporation of nonliterary texts. Moreover, it subverts the traditional plot of the *novela de aprendizaje*, suggesting that, in a society that offers women only very restricted options for self-realization, the conventional happy ending may not be possible, let alone desirable.

## Organization

Each chapter of *Ritos de iniciación* consists of one short novel together with introductory materials and pre- and post-reading activities. The introductory materials and pre-reading activities provide students with the background information, vocabulary, and techniques of literary analysis necessary for a global comprehension of the novel. The post-reading activities help students to test and expand their comprehension of key thematic and formal elements of what they have read, and to relate the readings to their personal experiences. All of these materials are explained in more detail on pages ix–xi.

## Introducción a la novela

### Sobre la obra

To facilitate the student's entrance into the fictional world repre-
sented in the novel, the section entitled *Sobra la obra* evokes the essential components of that world: the setting, major characters, and
the sources of tension or conflict that give rise to the action. The
conflicts presented are, in turn, related to the vital social and/or
psychological themes that the author addresses in the novel.

### Contextos

Since the problems experienced by the protagonist of each of the
novels are firmly rooted in a specific set of social and historical
circumstances, it is indispensable that the student be acquainted
with these circumstances. Thus, an understanding of Pacheco's
novel presumes a familiarity with the Mexican revolution and the
presidency of Miguel Alemán, as well as with the process of
"Americanization" of Mexican culture that occurred in the years
following World War II. Skármeta's text presupposes a knowledge
of the governments of Allende and Pinochet, and of the burdens and
challenges of political exile in an all-too-foreign land. Ferré's novel
calls for some comprehension of the position of women in contemporary upper-class Puerto Rican society, and of the relationship of
that society to the mainland United States. The information
provided in the section entitled *Contextos* will prepare the student to
identify and understand major sociohistorical issues as they affect
the lives of individual members of three different Hispanic American
societies.

In the case of *La Bella Durmiente*, which requires an acquain-
tance with the story lines of three classical ballets and a film,
*Contextos* also provides information about those cultural sources.

### El autor/La autora

In *El autor/La autora* the reader will find biographical information on
the author, as well as a brief discussion of the author's literary
development (including major thematic and stylistic concerns), his
or her place in the national literature, and the significance of the
selected novel in relation to the author's other work. A list of
additional works by the author appears in the bibliography at the
end of the post-reading section.

## Actividades de prelectura

### Vocabulario activo

The active vocabulary section provides a list of key words and expressions that appear in the reading, divided into nouns, verbs, adjectives, adverbs, and idiomatic expressions (standard and regional Spanish). The words presented here will probably be new to students at the intermediate level. Students are expected to learn these terms, which are used frequently in social situations and occur repeatedly in the text. A series of exercises will strengthen students' understanding of each new term, by providing the opportunity to practice new vocabulary in activities that are related both thematically and culturally to the novel that follows. Other words not taught in first-year Spanish that appear less frequently in the novel, or are considered less useful for conversational purposes, are glossed in the margins of the text. Any unfamiliar words or expressions not included in the glosses can be found in the end vocabulary, which is a comprehensive list of all terms likely to be unfamiliar to the student.

### Perspectivas literarias

Because the three texts included in *Ritos de iniciación* are novels, it is essential that students learn to recognize and study the distinctive literary characteristics of the genre. To facilitate literary analysis, each chapter includes a section entitled *Perspectivas literarias* that explains basic literary techniques and terminology and suggests ways to apply these concepts to the novel in question. In the first chapter, *Perspectivas literarias* explores the content of the novel (character, plot, setting, and meaning); in the second chapter, this section discusses literary form (point of view and style); and in the final chapter both form and content are treated. In each chapter the *Perspectivas literarias* section ends with an excerpt from the novel and a series of questions that guide students in applying concepts of literary analysis to the text.

## Actividades de postlectura

### Análisis del texto

***Comprensión del argumento.*** The questions in this section test the student's grasp of the content of the corresponding chapter or section of the novel. In addition to tracing the development of plot and character, they guide the student in interpreting key events and statements (made by either a character or the narrator) whose significance is not made explicit in the text.

*Interpretación literaria.* This section assists the student in analyzing the novel on a literary level. Many of these questions ask students to apply the concepts learned in *Perspectivas literarias* to their interpretation of the text.

*Temas de conversación.* Since many of the social and psychological questions raised in the three novels are similar to issues that students are likely to have encountered in their personal lives, the topics for conversation ask students to make connections between the characters' experiences and their own. In both the *Temas de conversación* and the section entitled *Comprensión del argumento*, group activities are sometimes suggested, such as dramatizations of crucial scenes, and presentations of monologues expressing a character's emotional reactions to a situation or event.

### Temas de investigación

The section entitled *Temas de investigación* includes assignments for compositions and / or oral reports on specific aspects of Hispanic American history and society that figure in the novel. The assignments are designed to strengthen students' writing, research, and analytical skills, and to enhance students' grasp of the sociopolitical reality of the country in question.

### Bibliografía

The *Bibliografía* that concludes each chapter suggests books that may serve as points of departure for students and instructors who are interested in reading additional works by the same author or in further exploring the sociohistorical context of the novel.

# To the Student

## How to Interpret a Literary Text

### *Structure of the Novel*

Traditionally, the author of a novel shapes its plot by means of certain recognizable elements, which serve to place the story in a setting, develop character, and advance the action. Keep these in mind as you read through the novel:

1. The *introduction* establishes the *setting* (the time and place of the action of the novel) and presents one or more of the *characters*. It sets up the initial circumstances that will give rise to the plot (for instance, a conflict or problem).
2. The *development* of the plot follows the characters' actions and thoughts as they experience the events and circumstances with which the author confronts them.
3. The *turning point* is an action or decision that changes the characters' situation significantly. It may at first seem to resolve the conflicts, but further complications soon arise.
4. The *climax* is the moment of maximum suspense, when the major conflict comes to a head.
5. The *dénouement* involves the final resolution of the conflict or the recognition that it cannot be resolved. Frequently this final section suggests the effects that the major events of the novel will have on the lives of the protagonist and other characters.

The elements listed above describe the classic structure of the novel, which basically shapes Pacheco's *Las batallas en el desierto*. However, many modern novelists have sought to renovate these traditional structural elements. Thus, Antonio Skármeta's *No pasó nada* presents the events of the story in a fresh, apparently spontaneous fashion as they occur in the mind of the youthful narrator. Rosario Ferré involves the reader in the process of reconstructing and interpreting the events of *La Bella Durmiente*.

## Other Elements of the Novel

1.  The *narrator* is the fictional character that tells the story. He/she is not identical to the author, but is a fictional creation who may or may not be a character in the novel. There may be one or more narrators, who may or may not be *omniscient* (having complete knowledge of the characters' actions, thoughts, feelings, and motivations) and may be *reliable* or *unreliable*. (Sometimes a narrator doesn't tell the reader everything he/she knows, or he/she may lie or otherwise distort the truth.)
2.  The *tone* is the attitude that the narrator adopts toward the situation and events in the novel and toward the readers; it may be relatively objective or subjective, formal or informal, serious or playful, satirical or respectful.
3.  *Style* is the literary use of language, created by the author's choice of words and sentence structures and adapted to the ideas or subject of the novel. The language of the novel may be relatively concrete or abstract, formal or colloquial, literal or symbolic. For instance, an author like Skármeta, who wants to emphasize the specific historical and geographical setting of his/her novel, and who focuses on adolescent characters, might make extensive use of teenage slang used at the time and place in which the story is situated, in order to heighten veracity and color.
4.  A *symbol* is a concrete object or person that is used to represent an abstract concept. For example, in *La Bella Durmiente* the tightrope-walker Carmen Merengue symbolizes the potential for female rebellion and self-realization.
5.  The *world view* of the novel is the overall understanding of reality that is implicit in the novel. Among other things, the world view involves the author's attitudes toward human motivation and the possibilities for individual and social change that exist in a given social context.

## The Novel of Development

The *novela de aprendizaje* (novel of development) deals with an adolescent's passage into adulthood, with her/his learning to become a useful member of her/his society. The first *Bildungsroman,* as the novel of development is called in German, was Goethe's *Wilhelm Meister's Apprenticeship* (1795). Goethe's novel featured a world view typical of the Enlightenment; it implicitly expressed a belief in the possibilities of individual achievement and social progress.

Subsequent novels of development have either shared this attitude or have questioned whether it is possible or even desirable for the individual to become fully integrated into a particular society. The issue is usually presented in terms of conflicting values: specifically, can the individual become incorporated into a given society without compromising too many of her/his fundamental values and beliefs? In particular, the female *Bildungsroman* has tended to be critical of the range of roles that are available to young women entering adulthood in patriarchal societies. Also, Third World writers of *novelas de aprendizaje* have implicitly asked how the individual can assume a responsible role in a developing society that is profoundly dependent on the superpowers, or is repressive or fundamentally corrupt.

As you read each of the novels in this anthology, pay attention to the social context in which the adolescent protagonist is coming of age, and ask yourself how the environment presented in the novel might affect a young person's development. How universal or specific do the character's problems seem to be? What variety of choices are available to the protagonist at each point in the story? Consider both those choices regarding long-range plans and life style (careers, marriage, and the family), and those immediately affecting the character's behavior (adoption of particular sets of attitudes and values). Given what we know of the protagonist, do her/his decisions seem to be productive, positive ones for the individual, for her/his family, and, ultimately, for her/his society? What other choices might the protagonist have made?

## How to Read the Anthology

If you are reading novels in Spanish for the first time, the following strategies will make the process of reading easier and more enjoyable:

1. Study the vocabulary list and related exercises thoroughly before you begin reading the novel. These will prepare you for key words that may not be familiar to you, so that they won't confuse you or slow down your reading when you encounter them in the text.
2. The section entitled *Perspectivas literarias* will introduce you to some basic narrative concepts and techniques that will help you to understand how the novel functions as a literary work.
3. Read each chapter or segment twice. The first time read for a general understanding of the plot. When you run across a *key* word or phrase that you don't know (one that prevents you from

understanding a sentence or major idea), consult the glossary in the margins of the text. Don't look up every unfamiliar word, just the ones that interfere with general comprehension. Try to think in Spanish as you read; translating the text into English will slow you down and probably confuse you.

4. When you reach the end of the chapter or segment, jot down a brief list of the major events that have occurred, as well as any important ideas or themes that stand out in your mind.

5. Check your reading comprehension by answering the questions listed in the post-reading activities under *Análisis del texto* (*Comprensión del argumento*).

6. Once you are satisfied that you understand the chapter or segment on a literal level, read it a second time for other levels of meaning. This time pay close attention to symbols, recurring themes, and the narrator's comments that indicate her/his attitudes toward situations and events. (See "Other Elements of the Novel," page xiv, for definitions of these terms).

7. Check your grasp of the symbolic level of meaning by answering the questions listed under *Interpretación literaria*. With the knowledge that you have acquired from the pre-reading activities, you will now be able to identify and analyze the literary techniques that the author has used and to relate these to the major themes.

8. Save the lists you have made and, once you have completed the novel, put together your notes from the various chapters. This can serve as a guide for a quick review of the major events and themes in the novel. You may also want to review your notes from one chapter before going on to the next one.

*Note:* In Spanish, a masculine noun is conventionally used to refer to an unspecified person who might be either male or female (as in *el lector,* "the reader"). In the pre-reading materials to each novel, the first appearance of such a noun within a section is given in both masculine and feminine form (for instance, *el narrador o la narradora*). Subsequent appearances of the noun within the same section of the text are given in the masculine form only, to avoid repeated instances of such devices as *el/la narrador/a*. These terms should be read as inclusive of both genders.

# Las batallas en el desierto

JOSÉ EMILIO PACHECO

# 1. Introducción a la novela

## Sobre la obra

*Las batallas en el desierto* cuenta la historia del desarrollo de un adolescente de la clase media mexicana, en medio de la expansión económica y los cambios sociales ocurridos en ese país a fines de los años cuarenta. La familia de Carlos, el protagonista de la novela, se ha mudado recientemente desde Guadalajara, una ciudad provinciana, a la Ciudad de México. Allí se instalan en la Colonia Roma, un barrio que en aquel entonces empieza a ser de la clase media baja, de arquitectura del siglo XIX, tan tradicional como hermosa. El espíritu de barrio, de pertenecer a una familia que a su vez es parte de una comunidad, todavía era perceptible en la Colonia Roma que se intenta recrear en la novela. En la escuela, además, Carlos se hace amigo de muchachos que llegan de otros barrios y que son de clases sociales diferentes a la suya, entre ellos de un chico rico, Harry Atherton, y de uno pobre, Rosales.

No puede decirse que haya paz en la escuela, el vecindario o la casa, sin embargo. Los antagonismos sociales entre los adultos repercuten en los juegos bélicos de los niños, juegos que a menudo adquieren connotaciones racistas. También, la rígida moralidad da pie a la chismería[1] maliciosa, en especial sobre Mariana, la madre soltera de Jim, el mejor amigo del protagonista. Los ideales inocentes de Carlos, de justicia y generosidad universales, son puestos a prueba a raíz de estos acontecimientos. Más tarde, él mismo se convierte en una víctima de la intolerancia y la represión.

Puesto que un elemento clave del proceso de crecimiento de una persona es la determinación del lugar que él o ella desea y puede ocupar en la sociedad, Carlos, enfrentado a un mundo corrupto y cruel, debe elegir entre mantenerse fiel a sus propios valores o desarrollar una actitud conformista adoptando los valores de su mundo. Debe así elegir entre la rebeldía y la sumisión, entre la autenticidad y la inautenticidad. Las consecuencias de este dilema — para Carlos, como individuo, y metafóricamente para la sociedad mexicana en general — se exploran en los capítulos finales de la obra.

## Contextos

Los acontecimientos de *Las batallas en el desierto* tienen lugar en la Ciudad de México, durante la presidencia de Miguel Alemán. Alemán, que gobernó el país entre 1946 y 1952, aceleró el proceso de industrialización dando toda clase de facilidades para operar en

---

1. gossip

territorio mexicano a los inversionistas[1] extranjeros, en especial a las grandes compañías estadounidenses. También pretendió modernizar la agricultura, deteniendo y desmantelando el proceso de reforma agraria con el pretexto de que una nueva concentración de la tierra aumentaría la capacidad productiva del campo. La reforma agraria había sido una de las metas de la Revolución Mexicana (1910–1920).

Otra característica importante del gobierno de Alemán fue su intervención en los asuntos sindicales.[2] El estado llegó a controlar las organizaciones de los trabajadores y a reprimir con implacable violencia sus huelgas y manifestaciones. La distribución del ingreso nacional se hizo así cada vez más injusta. Pese a[3] las declaraciones de los funcionarios[4] del gobierno, quienes decían que lo que ellos estaban implementando era el ideal revolucionario de prosperidad igualitaria, lo cierto es que las modernizaciones de Alemán hicieron a los ricos más ricos y a los pobres más pobres.

En cuanto a la política internacional, la devastación provocada por la Segunda Guerra Mundial y la amenaza del holocausto nuclear eran entonces los temas principales de preocupación. No faltaban, sin embargo, los mexicanos optimistas que predecían una utopía de plenitud y paz para los años ochenta. Respecto al título de la novela, *Las batallas en el desierto*, alude a los juegos en que los chicos reproducían en el patio de la escuela la guerra en Palestina, la misma que condujo a la formación del estado de Israel en 1948. México empezaba a ser una región del mundo afectada por acontecimientos internacionales que ocurrían a miles de millas de su territorio.

Paralelamente a la inundación[5] del capital y la tecnología estadounidenses, se produce en esta época un gran desarrollo de los medios de comunicación de masas cuyos mensajes van transformando las costumbres y los modos de pensar de la gente. Como los chicos estadounidenses en la década del cuarenta, los chicos mexicanos sufrieron con Bambi, amaron a Lassie y se estremecieron de miedo ante las hazañas[6] de Drácula y el Hombre Lobo. Empezaban entre tanto a rechazar la comida típica mexicana y a aficionarse a las hamburguesas y los hotdogs, y a numerosas expresiones inglesas que hacían lo imposible por pronunciar correctamente. Estimulada por las películas de Hollywood y por los avisos comerciales perpetrados en Madison Avenue, la actitud nacional era de admiración e imitación abiertas del "sueño americano". La clase media se avergonzaba de su cultura, a la que sentía atrasada[7] o inferior frente a las brillantes importaciones venidas del norte. Tal como las grandes compañías estadounidenses dominaban la economía de México, los productos comerciales, los

---

1. investors   2. of the unions   3. in spite of   4. bureaucrats   5. flood
6. feats   7. backward

gustos y los valores de Estados Unidos empezaban a dominar las preferencias de muchos mexicanos.

Por cierto, no todos los sectores de la sociedad mexicana participaron de este proceso de modernización y "americanización". Aquellos a quienes las políticas de Alemán no beneficiaban y que por eso eran demasiado pobres para gozar del consumo de bienes importados, no tuvieron más remedio que mantenerse fieles a la tradición. Así, las diferencias entre los mexicanos se agudizaron, lo que se reflejó en la rígida separación entre los barrios de acuerdo con sus respectivas composiciones de clase.

En *Las batallas en el desierto,* la familia de Carlos asciende socialmente y se muda desde la Colonia Roma hasta un vecindario de la clase media alta. También su estilo de vida y sus valores se americanizan. Mientras más se identifican con la clase media de Estados Unidos, más se distancian de la clase baja de su propio país. El sentido de comunidad y la responsabilidad social tienden en ellos a causa de eso a disminuir.[1]

La familia de Carlos es en muchos sentidos una típica familia provinciana que se muda a la capital. Allí, en la ciudad, muchos de los vínculos familiares propios de la "familia extendida", de carácter rural, se rompen. Sin embargo, constituidos en un "núcleo familiar", sus miembros permanecen próximos (aunque no siempre íntimos) y se sienten responsables por la suerte del grupo. La madre de Carlos es un ama de casa tradicional, católica devota y siempre temerosa de las tentaciones y corrupción de la vida urbana. Domina a la familia, y ejerce así una influencia que ella estima necesaria para la salud espiritual de los suyos, pero que es en el fondo profundamente represiva. Su marido es quien gana el pan y quien transforma el estilo de vida familiar con su éxito económico. En el interior de la casa, su presencia es débil, sin embargo. Quizás sea esa la razón que lo lleva a mantener fuera de la casa legítima una casa ilegítima o "casa chica".

Aunque la mujer domina la vida familiar de la clase media mexicana, la imaginación popular (y en esto coincidían en los años cuarenta las películas de Hollywood con sus contrapartidas mexicanas y con las canciones de amor) se niega a aceptarlo, optando más bien por la imagen del hombre que roba el corazón de la mujer o que la salva de una vida infeliz y a menudo inmoral. En la concepción popular de la pareja, el hombre era el socio[2] emocionalmente más fuerte y su fuerza era lo que le permitía proteger a la mujer. El conocido bolero puertorriqueño "Obsesión", cuya letra se cita varias veces en la novela, subraya esta idea:

---

1. decrease   2. partner

## Obsesión

*Pedro Flores*

Por alto [que] esté el cielo en el mundo,
por hondo que sea el mar profundo,
no habrá una barrera en el mundo
que mi amor no pueda romper.

Amor es el pan de la vida,
amor es la cosa divina,
amor es un algo sin nombre
que obsesiona al hombre por una mujer.

Yo estoy obsesionado contigo
y el mundo es testigo de mi frenesí;
por más que se oponga el destino
serás para mí, para mí.

Por alto [que] esté el cielo en el mundo,
por hondo que sea el mar profundo,
no habrá una barrera en el mundo
que mi amor profundo no rompa por ti.

## *El autor*

Aclamado como el poeta mexicano más importante de su generación, José Emilio Pacheco es también un verdadero maestro de la narrativa breve. Rasgos notables en sus cuentos son la introspección meditativa y una intensa nostalgia por valores auténticos que el paso del tiempo va liquidando. Ese tiempo cuya desaparición lamentan sus relatos es doble. Por un lado, es el tiempo de la historia personal, de la pérdida de la inocencia del niño en la dureza de la vida adulta. Por otro, es el tiempo de la historia contemporánea, una historia de guerras, de gobiernos injustos y crueles, de contaminación de la naturaleza y de constante degradación de la cultura. El período que sigue a la Segunda Guerra Mundial, durante el cual se desarrollan los sucesos de *Las batallas en el desierto,* es para Pacheco especialmente significativo. Fue entonces cuando su vida cambió, al mismo tiempo que cambiaba la historia de su ciudad y su país.

Pacheco nació en la Ciudad de México, el 30 de junio de 1939. Allí cursó sus estudios de literatura y empezó a escribir obras dramáticas y crítica literaria. Hombre de múltiples oficios, si bien todos en conexión con las actividades intelectuales, hace varios años que es investigador del Instituto Nacional de Antropología e Historia y que escribe una columna sobre la cultura mexicana en el semanario *Proceso*. Además, suele ser profesor visitante en universidades inglesas, canadienses y de Estados Unidos.

En 1980, Pacheco reunió sus siete libros de poesía, uno de los cuales había obtenido el Premio Nacional en 1967, en un solo volumen al que tituló *Tarde o temprano: Obra poética reunida.* En cuanto a su narrativa, después de publicar dos libros de cuentos, su primera novela fue *Morirás lejos* (1967), que trata la persecución del pueblo judío a través de los siglos. La estructura y técnicas narrativas de esta novela son experimentales. En cambio, los cuentos y la segunda novela de Pacheco, *Las batallas en el desierto,* son realistas y sus temas principales son lo fantástico y la iniciación a la vida adulta.

Además de ser un lector voraz — él mismo ha dicho que es más lector que escritor — Pacheco es un aficionado a las ciudades, sobre todo a su ciudad natal, la Ciudad de México. Caminante inveterado, llega a conocer los barrios de una ciudad de la misma manera en que algunas personas aprenden a reconocer y gozar de los vinos. Este sentido topográfico[1] de Pacheco es especialmente importante en *Las batallas en el desierto,* que recrea la Colonia Roma tal como él la conoció cuando era niño.

## 2. Actividades de prelectura

### *Vocabulario activo*

**Sustantivos**

*el conjunto*  group; entirety
*el farol*  streetlight
*la infamia*  disgrace
*la lancha*  boat
*la mendicidad*  begging, mendicity
*el pecado*  sin
*el/la peluquero/a*  barber, hairdresser
*el pleito*  fight, dispute
*el/la querido/a*  lover, beloved
*el ratero*  petty thief, pickpocket
*la sublevación*  uprising, revolt
*el tranvía*  streetcar, trolley

**Adjetivos**

*abnegado/a*  self-sacrificing
*angustioso/a*  distressing, trying

*bobo/a*  stupid, dumb, foolish
*demolido/a*  demolished
*hondo/a*  deep
*húmedo/a*  damp
*intachable*  faultless, irreproachable
*listo/a*  smart, clever
*rayado/a*  striped
*sobresaliente*  outstanding
*sumiso/a*  submissive

**Verbos**

*acercar*  to bring (something) near or nearer
*ahorcar(se)*  to hang (oneself)
*arrepentirse*  to repent, regret
*atreverse a*  to dare to
*burlarse de*  to make fun of, mock
*comulgar*  to take communion
*decretar*  to decree

---

1. sense of place

*dedicarse a (una profesión)* to be employed as (a profession)

*desenredar* to unravel, untangle

*dilapidar* to squander, waste

*entreabrir* to open slightly, set ajar

*estremecerse* to tremble, shiver

*extrañarse* to wonder

*hincarse* to kneel

*regañar* to scold

*resistir* to stand, put up with; to resist

*secuestrar* to kidnap

**Adverbios**

*diariamente* daily

*en efecto* actually, really

*inclusive* including

**Expresiones universales**

*a toda prueba* infallible

*alzar la vista* to look up, raise one's eyes

*darle asco (a alguien)* to disgust

*darle rabia (a alguien)* to anger

*de mediopelo* middle-class

*de una vez* once and for all

*dirigirle la palabra (a alguien)* to speak to (someone)

*en resumidas cuentas* after all, in short

*me encanta* I love it (her/him)

*pegarse un tiro* to shoot oneself

*salir a* to look like or take after (a relative)

*tender trampas* to set traps, trick

*tomarle el pelo (a alguien)* to pull someone's leg, tease

*venido a menos* fallen on hard times, gone downhill

**Mexicanismos**

*la bola de ladrones* bunch of thieves

*darle pamba (a alguien)* to hit (someone) on the head

*hacer de cuenta* to imagine, suppose

*mano* [*hermano*] pal, buddy (used in direct address)

*ni modo* it's no use, too bad

*el/la pelado/a* poor person, peasant

*el rastrillo* razor

*vaciarse* to outdo oneself, excel

*vacilarle (a alguien)* to pull someone's leg, tease

## Ejercicios

*A.* Identifique la palabra o expresión de cada grupo que no corresponde, y justifique la relación entre las dos palabras o expresiones restantes.

| | | |
|---|---|---|
| 1. sublevación | farol | rebelión |
| 2. demolido | a toda prueba | intachable |
| 3. difícil | sobresaliente | angustioso |
| 4. hondo | abnegado | sacrificado |
| 5. tomarle el pelo | dirigirle la palabra | vacilarle |
| 6. rayado | pelado | pobre |
| 7. ahorcarse | estremecerse | pegarse un tiro |
| 8. miseria | mendicidad | rastrillo |
| 9. pelea | pleito | pecado |
| 10. arrepentirse | decretar | lamentar |

***B.*** Agregue un párrafo más a la siguiente narración con palabras y expresiones de la lista.

Me encanta mi nueva vecina, la hija del peluquero. Se llama Elena y es una chica lista, que no deja que nadie se burle de ella. Mi abuela me contó que su madre era de una buena familia, pero que habían venido a menos. Yo no sé, entiendo poco de esas cosas; lo único que puedo decir es que Elena es sobresaliente en la escuela y que me extraña que en mi casa no quieran dirigirle la palabra.

| | |
|---|---|
| tender trampas | angustioso |
| resistir | a toda prueba |
| pleito | regañar |
| atreverse a | darle rabia (a uno/a) |

***C.*** Complete las frases siguientes con la palabra apropiada (un antónimo u otra palabra que contraste con la palabra en cursiva):

1. —¿*Cerraste* la puerta? —No, sólo la _____ para que entrara aire fresco.
2. A mí *me gustó mucho* la sopa de ajo en España, pero a mi novio _____.
3. En mi casa no comemos carne _____; sólo la comemos *de vez en cuando*.
4. No saques las sábanas de la máquina hasta que estén *secas*. Todavía están _____.
5. Mi mamá es una persona muy *rebelde;* no ha sido nunca una mujer _____.
6. Cuando salí con Jorge *se quedó callado* toda la noche; casi no me _____.
7. Mi padre nunca *me ha tomado en serio;* siempre _____.
8. David _____ cuando Irene entró en la oficina, pero inmediatamente después *bajó la vista* hacia sus papeles y siguió trabajando.
9. Me da gusto que Pedro esté *tranquilo* después de pasar por una época tan _____.
10. Ya no soy amiga de Miguel porque no *es honesto;* siempre me _____.

***D.*** Complete la historia siguiente eligiendo una de las dos opciones que se ofrecen entre paréntesis.

Anoche ví una película divertidísima. Se trataba de (una bola de ladrones / un grupo de peluqueros) en Chicago que (decretaron / secuestraron) a (la querida / la infamia) de (un pelado / un pistolero) famoso, para vengarse de un antiguo (farol / pleito). Como eran muy religiosos, primero la llevaron a una iglesia para (dilapidar / comulgar) y (arrepentirse / extrañarse) de sus (rastrillos / pecados). Luego la llevaron en (un tranvía / una lancha) hasta un edificio en el centro de la ciudad. Allí estuvieron al punto de (regañarla / ahorcarla). El (bobo / ratero) famoso llegó entonces y (les dio pamba / les dio rabia) a los secuestradores, salvando así la vida de su novia. (En efecto / Ni modo) la película (me dio asco / me encantó); es la mejor que he visto desde hace por lo menos una semana.

## Perspectivas literarias

Aunque una narración es siempre una totalidad de elementos interrelacionados, para los efectos de un análisis crítico es legítimo considerar separadamente lo que una obra cuenta y la manera cómo lo cuenta. Lo primero es *el contenido* de esa obra y lo segundo es *la forma*. En estas "Perspectivas literarias" para la novela de Pacheco, nos ocuparemos de los conceptos básicos que permiten analizar el contenido. Dejaremos así para el próximo capítulo las cuestiones relativas a la forma.

En primer lugar, lo que el relato pone ante los ojos del lector (o de la lectora) es un mundo. Ese mundo puede parecerse más o menos al nuestro, pero se diferencia del nuestro esencialmente porque es la creación de un autor o una autora. Existe sólo a través del lenguaje y por obra de la actividad imaginativa de una persona.

Al estudiar el mundo de un relato, nos interesan los seres que lo habitan (*los personajes*), lo que esos seres hacen (*las acciones*) y el dónde y el cuándo lo hacen (*el espacio* o *marco escénico* y *el tiempo*). En lo que sigue, nos referiremos con más detalle a cada uno de estos elementos.

Al hacer el análisis de los personajes, debemos tener muy en cuenta dos aspectos: la oposición entre lo particular y lo general, y los métodos de caracterización. En cuanto a lo primero, un personaje puede ser un individuo y nada más o puede representar a un grupo o inclusive puede representar una idea. Cuando el personaje es fuertemente individualizado, tenemos que preguntarnos por sus rasgos psicológicos. ¿Cómo es el personaje y por qué es así? Por el contrario, si el personaje es representativo de un grupo o de una idea, decimos que es *un tipo* o *un arquetipo*. La *femme fatale*, el Don Juan, el político corrupto son tipos literarios o sociales. Los arquetipos, por su parte, representan conceptos tales como la maldad, la civilización, la sabiduría, etc.

En *Las batallas en el desierto*, donde uno de los objetivos es ofrecer la imagen de la sociedad mexicana de una cierta época, hay numerosos tipos que expresan diversos aspectos de esa realidad. Dos de esos tipos son Harry Atherton, el chico rico, y Rosales, el chico pobre, quienes interesan menos como individuos que como representantes de sectores sociales diferentes y aun opuestos.

Los métodos de caracterización son múltiples. Podemos conocer a los personajes a través de las descripciones del narrador (o de la narradora) y también a través de lo que otros personajes dicen de ellos. Esto último es lo que ocurre en la novela de Pacheco, cuando Carlos nos cuenta lo que su familia y los psicólogos opinan de él. Además, los personajes pueden definirse a sí mismos, ya sea directamente, diciendo lo que piensan de sí, o indirectamente, a través de sus acciones y su pensamiento (en *los monólogos interiores*, por ejemplo). En cualquier caso, la idea que nosotros, los lectores, llegamos a tener de un personaje es por lo general una síntesis de las varias "vistas" que logramos de él gracias al uso de distintos métodos de caracterización.

El segundo problema que presenta el análisis del relato es el estudio de las acciones. Toda narración contiene el desarrollo de un cierto número de acciones en el tiempo. Hay acciones más y menos extensas. El amor que Carlos siente por Mariana en *Las batallas en el desierto* es una acción extensa, que abarca toda o gran parte de la historia. Por otro lado, la cena en la casa de los Atherton es una acción breve, que comienza y termina en un tiempo muy corto.

El espacio o marco escénico es el lugar donde los personajes existen y realizan sus acciones. El narrador puede detallar minuciosamente el espacio, como pasa en la narrativa realista. También puede, como en muchas novelas contemporáneas, sugerir el espacio apenas, mediante tres o cuatro observaciones, y dejándole al lector la tarea de completar el cuadro con su imaginación. Entre estas dos posibilidades, la novela de Pacheco elige obviamente el realismo. Para reconstruir el estilo de vida mexicano de una época, Pacheco debe ofrecer la mayor cantidad posible de detalles.

Por otra parte, es importante advertir que los espacios de un relato suelen ser simbólicos: el lugar en el que un personaje vive, trabaja o pasa su tiempo libre puede ser una extensión de lo que él o ella es, de sus intereses y sus aspiraciones.

Existe una estrecha interrelación entre el espacio y el tiempo de la narración (de hecho, espacio y tiempo son términos que no existen el uno sin el otro). Cuando un autor como José Emilio Pacheco pone énfasis en el tiempo en que tienen lugar los acontecimientos de su obra, ello también es señal de una intención realista e inclusive documental. El autor de esa obra quiere que nosotros tengamos ante lo que él cuenta una actitud similar a la que tendríamos ante un relato de hechos históricos, de hechos que ocurrieron verdaderamente. A la inversa, la despreocupación por el tiempo es a menudo una característica de aquellos autores que quieren darle una proyección más universal a su trabajo.

Para terminar, toda obra literaria tiene una cierta significación, le "dice algo" al lector. Eso que la obra dice puede o no coincidir con lo que el autor se propuso comunicar al escribirla. En realidad, lo que llamamos *la significación* o cosmovisión de un texto narrativo es siempre el resultado del conocimiento que el lector tiene del mundo de la obra más su experiencia de la vida en general. Por eso, diferentes lectores pueden leer un mismo texto de maneras diferentes. Ninguna obra tiene un significado fijo y definitivo. El lector "hace" la obra con su lectura tanto como el autor con su escritura.

Los críticos llaman *temas* a las ideas o grupos de ideas que constituyen la significación del relato. En la novela de aprendizaje, por ejemplo, el tema principal es el de la iniciación de los jóvenes a la vida adulta. Este tema supone un triple proceso: el crecimiento físico y espiritual del (o de la) joven, el logro de su madurez y su integración armónica en la sociedad.

En el siguiente pasaje, Carlos, el narrador y personaje principal de *Las batallas en el desierto,* después de una intensa crisis personal, vuelve a la plaza donde jugaba cuando era niño. La narración que hace de este suceso incluye referencias a tres épocas de la historia mexicana: la dictadura de Porfirio Díaz (1876-1911), la época de la revolución mexicana, iniciada por Francisco Madero (1910–1920), y la actualidad del personaje (1948). Lea cuidadosamente el pasaje y conteste las preguntas que van a continuación del texto:

> Volví a ser niño y regresé a la plaza Ajusco a jugar solo con mis carritos de madera. La plaza Ajusco adonde me llevaban recién nacido a tomar sol y en donde aprendí a caminar. Sus casas porfirianas, algunas ya demolidas para construir edificios horribles. Su fuente en forma de trébol, llena de insectos que se deslizaban sobre el agua. Y entre el parque y mi casa vivía doña Sara P. de Madero. Me parecía imposible ver de lejos a una persona de quien hablaban los libros de historia, protagonista de cosas ocurridas cuarenta años atrás. La viejita frágil, dignísima, siempre de luto por su marido asesinado.

## Preguntas

1. ¿Por medio de la descripción de qué elementos nos da el narrador una imagen de la plaza Ajusco?
2. ¿Qué contraste establece entre la arquitectura antigua y la nueva? ¿De qué manera indica ese contraste la opinión que el narrador tiene sobre su propio tiempo?
3. Si doña Sara P. de Madero es un símbolo de la revolución mexicana, ¿en qué condiciones sobrevive la revolución en 1948?
4. ¿Le parece verosímil que un niño se fije en tantos detalles de la arquitectura y el ambiente que le rodean? ¿Le sorprende que él pueda expresar con un lenguaje tan poético lo que observa? ¿Qué nos muestra acerca del carácter del narrador?

# 3. Novela: Las batallas en el desierto

*José Emilio Pacheco*

> The past is a foreign country.
> They do things differently there.
> L. P. Hartley: *The Go-Between*

## I. El mundo antiguo

Me acuerdo, no me acuerdo: ¿qué año era
aquél? Ya había supermercados pero no
televisión, radio tan sólo: Las aventuras de
Carlos Lacroix, Tarzán, El Llanero Solitario,
5　El Monje Loco, La Legión de los Madrugadores, Los Niños Catedráticos, Leyendas de
las calles de México, Panseco, El Doctor I.Q.,
La Doctora Corazón desde su Clínica de
Almas.[1] Paco Malgesto narraba las corridas
10　de toros, Carlos Albert era el cronista° de　*feature writer*
fútbol, el Mago° Septién trasmitía el béisbol.　*wizard*
Circulaban los primeros coches producidos
después de la guerra: Packard, Cadillac,
Buick, Chrysler, Mercury, Hudson, Pontiac,
15　Dodge, Plymouth, De Soto. Ibamos a ver
películas de Errol Flynn y Tyrone Power,[2] a
matinés[3] con una de episodios completa: La
invasión de Mongo era mi predilecta.°　*favorite*
Estaban de moda Sin ti, La rondalla, La
20　burrita, La múcura, Amorcito Corazón.[4]
Volvía a sonar en todas partes un antiguo
bolero puertorriqueño: Por alto esté el cielo
en el mundo, por hondo que sea el mar

---

1. **Las…Almas:** The radio programs alluded to are: "The Adventures of Carlos Lacroix," a detective program; "Tarzan"; "The Lone Ranger"; "The Mad Monk," a thriller; "The Legion of the Early Risers," a program to wake up children; "The Child-Professors," in which a man on the street would test and reward children's knowledge; "Legends of the Streets of Mexico City," told in verse; "*Panseco*," a program of comedy; "Dr. I.Q.," in which a reporter asked people in movie theaters questions and gave prizes for correct answers; and "Dr. Lonelyhearts," a program of advice similar to "Dear Abby."

2. **Errol Flynn y Tyrone Power:** Hollywood actors of the 1940s and 1950s who were noted for their adventure films

3. **matinés:** Each matinee consisted of one or two complete movies plus a segment of a serial. "*La invasión de Mongo,*" an adventure of Flash Gordon, was one of these serials.

4. **Sin ti…Corazón:** popular Spanish American songs, most of them Mexican

profundo, no habrá una barrera en el mundo que mi amor profundo no rompa por ti.

Fue el año de la poliomielitis: escuelas llenas de niños con aparatos° ortopédicos; de *devices (braces)*
5 la fiebre aftosa:° en todo el país fusilaban por *hoof and mouth*
decenas de miles reses° enfermas; de las *disease / cattle*
inundaciones: el centro de la ciudad se convertía otra vez en laguna,[1] la gente iba por las calles en lanchas. Dicen que con la
10 próxima tormenta estallará el canal del desagüe° y anegará° la capital. Qué importa, *sewer / will flood*
contestaba mi hermano, si bajo el régimen de Miguel Alemán[2] ya vivimos hundidos en la mierda.
15 La cara del Señorpresidente en donde-
quiera: dibujos inmensos, retratos idealizados, fotos ubicuas, alegorías del progreso con Miguel Alemán como Dios Padre, caricaturas laudatorias, monumen-
20 tos. Adulación pública, insaciable maledicen-
cia° privada. Escribíamos mil veces en el *slander*
cuaderno de castigos: Debo ser obediente, debo ser obediente, debo ser obediente con mis padres y con mis maestros. Nos
25 enseñaban historia patria, lengua nacional, geografía del DF:° los ríos (aún quedaban *Distrito Federal*
ríos), las montañas (se veían las montañas). Era el mundo antiguo. Los mayores se quejaban de la inflación, los cambios, el
30 tránsito, la inmoralidad, el ruido, la delincuencia, el exceso de gente, la mendicidad, los extranjeros, la corrupción, el enriquecimiento sin límite de unos cuantos y la miseria de casi todos.
35 Decían los periódicos: El mundo atravie-
sa por un momento angustioso. El espectro de la guerra final se proyecta en el horizonte. El símbolo sombrío de nuestro tiempo es el hongo atómico.° Sin embargo había *mushroom cloud*
40 esperanza. Nuestros libros de texto afirmaban: visto en el mapa México tiene

---

1. **laguna:** The ancient city of Mexico (Tenochtitlán) was built on an island in the middle of a lake.

2. **Miguel Alemán:** Mexican president from 1946 to 1952. (See *Contextos,* pp. 2–3.)

forma de cornucopia o cuerno de la abundancia. Para el impensable 1980 se auguraba° — sin especificar cómo íbamos a lograrlo — un porvenir° de plenitud y
5  bienestar universales. Ciudades limpias, sin injusticia, sin pobres, sin violencia, sin congestiones, sin basura.° Para cada familia una casa ultramoderna y aerodinámica (palabras de la época). A nadie le faltaría
10  nada. Las máquinas harían todo el trabajo. Calles repletas de° árboles y fuentes, cruzadas por vehículos sin humo ni estruendo° ni posibilidad de colisiones. El paraíso en la tierra. La utopía al fin
15  conquistada.

    Mientras tanto nos modernizábamos, incorporábamos a nuestra habla términos que primero habían sonado como pochismos[1] en las películas de Tin Tan[2] y luego
20  insensiblemente se mexicanizaban: tenquíu,° oquéi,° uasamara,° sherap,° sorry, uan móment pliis.° Empezábamos a comer hamburguesas, páys,° donas,° jotdogs,° malteadas,° áiscrim,° margarina, mante-
25  quilla de cacahuate.° La cocacola sepultaba° las aguas frescas de jamaica, chía, limón. Únicamente los pobres seguían tomando tepache.[3] Nuestros padres se habituaban al jaibol° que en principio les supo a medicina.
30  En mi casa está prohibido el tequila, le escuché decir a mi tío Julián. Yo nada más sirvo whisky a mis invitados: Hay que blanquear° el gusto de los mexicanos.

## II.  Los desastres de la guerra

En los recreos° comíamos tortas de nata° que
35  no se volverán a ver jamás. Jugábamos en dos bandos: árabes y judíos. Acababa de

*Margin glosses:*
*it was predicted* / *future* (lines 3–4)
*litter* (line 7)
*full of* (line 11)
*noise* (line 13)
*thank you* (line 20)
*okay / what's the matter / shut up one moment please* (lines 21–22)
*pies / donuts / hot dogs / malteds / ice cream / peanut butter / was burying* (lines 23–25)
*highball* (line 28)
*whiten* (line 32)
*during recess / cream cakes* (line 34)

---

1. **pochismos:** English words pronounced with a Spanish accent

2. **Tin Tan:** Mexican comedian and movie star of the 1940s and 1950s

3. **aguas . . . . tepache:** traditional Mexican soft drinks, made with natural flavorings of flowers, fruits, and seeds, and sold on the street by vendors who make them themselves

establecerse Israel y había guerra contra la
Liga Arabe.[1] Los niños que de verdad eran
árabes y judíos sólo se hablaban para
insultarse y pelear. Bernardo Mondragón,
5 nuestro profesor, les decía: Ustedes nacieron
aquí. Son tan mexicanos como sus
compañeros. No hereden el odio. Después de
cuanto acaba de pasar (las infinitas
matanzas,° los campos de exterminio, la    *slaughters*
10 bomba atómica, los millones y millones de
muertos), el mundo de mañana, el mundo en
el que ustedes serán hombres, debe ser un
sitio de paz, un lugar sin crímenes y sin
infamias. En las filas de atrás° sonaba una    *back rows*
15 risita. Mondragón nos observaba tristísimo,
seguramente preguntándose qué iba a ser de
nosotros con los años, cuántos males y
cuántas catástrofes aún estarían por delante.

   Hasta entonces la fuerza abolida° del    *abolished*
20 imperio otomano[2] perduraba como la luz de
una estrella muerta: Para mí, niño de la
colonia Roma,[3] árabes y judíos eran
"turcos". Los "turcos" no me resultaban
extraños como Jim, que nació en San
25 Francisco y hablaba sin acento los dos
idiomas; o Toru, crecido en un campo de
concentración para japoneses; o Peralta y
Rosales. Ellos no pagaban colegiatura,°    *tuition*
estaban becados,° vivían en las vecindades[4]    *scholarship recipients*
30 ruinosas de la colonia de los Doctores.[5] La
calzada° de la Piedad, todavía no llamada    *street or avenue (old-*
avenida Cuauhtémoc, y el parque Urueta    *fashioned term)*

---

1. **Acababa. . . Arabe:** On May 15, 1948, the provisional government of the Jewish part of Palestine (then a British colony) proclaimed Israeli statehood. The new state of Israel was immediately attacked by the countries of the Arab League (Egypt, Jordan, and Syria).

2. **imperio otomano:** The Ottoman Empire (1299–1923) originated in what is now Turkey, and by the late seventeenth century it had expanded to cover an area which extended from Algeria and Hungary in the west to Iraq in the east. It included all the countries involved in the 1948 Middle East war. (See note 1, above.)

3. **la colonia Roma:** a middle-class neighborhood in Mexico City

4. **vecindades:** A *vecindad* is a one or two-story building, inhabited by a large number of poor families. Each family lives in a one-room apartment, and all families share one bathroom.

5. **la colonia de los Doctores:** a working-class neighborhood in Mexico City

formaban la línea divisoria entre Roma y
Doctores. Romita era un pueblo aparte. Allí
acecha° el Hombre del Costal, el Gran          *lies in ambush*
Robachicos.¹ Si vas a Romita, niño, te
5  secuestran, te sacan los ojos, te cortan las
manos y la lengua, te ponen a pedir caridad°   *charity*
y el Hombre del Costal se queda con todo. De
día es un mendigo; de noche un millonario
elegantísimo gracias a la explotación de sus
10 víctimas. El miedo de estar cerca de Romita.
El miedo de pasar en tranvía por el puente de
avenida Coyoacán: sólo rieles° y durmien-     *rails*
tes;° abajo el río sucio de La Piedad que a    *wooden girders*
veces con las lluvias se desborda.°            *overflows*
15     Antes de la guerra en el Medioriente el
principal deporte de nuestra clase consistía
en molestar° a Toru. Chino chino japonés:     *pester*
come caca y no me des. Aja, toru, embiste:
voy a clavarte un par de banderillas.² Nunca
20 me sumé a° las burlas. Pensaba en lo que     *I never joined in*
sentiría yo, único mexicano en una escuela de
Tokio; y lo que sufriría Toru con aquellas
películas en que los japoneses eran represen-
tados como simios gesticulantes° y morían    *gesticulating monkeys*
25 por millares. Toru, el mejor del grupo,
sobresaliente en todas las materias. Siempre
estudiando con su libro en la mano. Sabía jiu-
jit-su. Una vez se cansó y por poco hace
pedazos° a Domínguez. Lo obligó a pedirle    *tore to pieces*
30 perdón de rodillas. Nadie volvió a meterse
con Toru. Hoy dirige una industria japonesa
con cuatro mil esclavos° mexicanos.          *slaves*
    Soy de la Irgún.³ Te mato: soy de la
Legión Arabe. Comenzaban las batallas en el
35 desierto. Le decíamos así porque era un patio
de tierra colorada, polvo de tezontle° o      *volcanic rock*
ladrillo,° sin árboles ni plantas, sólo una caja *brick*
de cemento al fondo. Ocultaba un pasadizo°   *passageway*

---

1. **el Hombre** . . . **Robachicos:** a Mexican version of the bogeyman who goes around with a sack over his shoulder in which to carry children whom he kidnaps

2. **Chino** . . . **banderillas:** Chinese, Chinese, Japanese: eat poop and don't give me any. Ha! Ha! Charge, Toru: I'm going to stick you with *banderillas*. (Children's tease; the "joke" is based on the similar sounds of the words *Toru* and *toro*. In bullfighting, *banderillas* are the darts used to taunt the bull.)

3. **la Irgún:** Zionist paramilitary organization which defended Israel against the Arab League armies (See note 1, p. 15.)

hecho en tiempos de la persecución religiosa para llegar a la casa de la esquina y huir por la otra calle. Considerábamos el subterráneo un vestigio° de épocas prehistóricas. Sin em-     *vestige*
5   bargo en aquel momento la guerra cristera[1] se hallaba menos lejana de lo que nuestra infancia está de ahora. La guerra en que la familia de mi madre participó con algo más que simpatía. Veinte años después
10   continuaba venerando° a los mártires como     *worshipping* el padre Pro y Anacleto González Flores.[2] En cambio nadie recordaba a los miles de campesinos muertos, los agraristas,° los     *agrarian reformers* profesores rurales, los soldados de leva.°     *drafted soldiers*
15      Yo no entendía nada: la guerra, cualquier guerra, me resultaba algo con lo que se hacen películas. En ella tarde o temprano ganan los buenos (¿quiénes son los buenos?). Afortu- nadamente en México no había guerra desde
20   que el general Cárdenas venció la sublevación de Saturnino Cedillo.[3] Mis padres no podían creerlo porque su niñez, adolescencia y juventud pasaron sobre un fondo continuo de batallas° y fusilamientos.°     *battles / executions*
25   Pero aquel año, al parecer, las cosas andaban muy bien: a cada rato° suspendían las clases     *time after time* para llevarnos a la inauguración de carreteras,° avenidas, presas,° parques     *roads / dams* deportivos, hospitales, ministerios, edificios
30   inmensos.
     Por regla general eran nada más un montón de piedras.[4] El presidente inaugu- raba enormes monumentos inconclusos a sí

---

1. **la guerra cristera:** an uprising (1926–1929) of supporters of the Catholic church against the anticlerical policies of the government of President Calles

2. **el padre... Flores:** Padre Pro was a priest who was executed without a trial after President-Elect Obregón was assassinated by Catholic extremists in 1928, and thus became a martyr to the Cristero cause. Anacleto González Flores (d. 1927) was a popular leader of the Cristero rebellion in Jalisco state.

3. **el general... Cedillo:** In 1938, President Lázaro Cárdenas sent Federal troops to put down an insurrection led by Saturnino Cedillo, a *caudillo* (local political boss) who maintained a private army at San Luis Potosí. Cedillo, who had become a leader of the right-wing Falangist movement in Mexico in the 1930s, was killed in the fighting.

4. **Por... piedras:** As a rule they (the new highways, etc.) were nothing but piles of rocks. (The sentence repeats part of the concluding sentence of one of the greatest Mexican novels of the XXth century, Juan Rulfo's *Pedro Páramo* [1955].)

mismo. Horas y horas bajo el sol sin movernos ni tomar agua — Rosales trae limones; son muy buenos para la sed; pásate uno — esperando la llegada de Miguel
5 Alemán. Joven, sonriente, simpático, brillante, saludando a bordo de un camión de redilas° con su comitiva.° Aplausos, confeti, serpentinas,° flores, muchachas, soldados (todavía con sus cascos franceses),[1] pisto-
10 leros° (aún nadie los llamaba guaruras),° la eterna viejecita que rompe la valla militar°y es fotografiada cuando entrega al Señorpresidente un ramo de rosas.

    Había tenido varios amigos pero nin-
15 guno le cayó bien° a mis padres: Jorge por ser hijo de un general que combatió a los cristeros; Arturo por venir de una pareja divorciada y estar a cargo de una tía que cobraba por echar las cartas;° Alberto
20 porque su madre viuda trabajaba en una agencia de viajes, y una mujer decente no debía salir de su casa. Aquel año yo era amigo de Jim. En las inauguraciones, que ya formaban parte natural de la vida, Jim decía:
25 Hoy va a venir mi papá. Y luego: ¿Lo ven? Es el de la corbata azulmarina. Allí está junto al presidente Alemán. Pero nadie podía distinguirlo entre las cabecitas bien peinadas con linaza o Glostora.[2] Eso sí: a menudo se
30 publicaban sus fotos. Jim cargaba los recortes° en su mochila.° ¿Ya viste a mi papá en el Excélsior? Qué raro: no se parecen en nada. Bueno, dicen que salí a mi mamá. Voy a parecerme a él cuando crezca.

*pickup truck / escort streamers*

*gangsters / bodyguards military barrier*

*none of them was liked*

*tell fortunes with cards*

*newspaper clippings / backpack*

## III.  *Alí Babá y los cuarenta ladrones*[3]

35 Era extraño que si su padre tenía un puesto tan importante en el gobierno y una

---

1. **todavía...franceses:** still with their French helmets (The word *todavía* refers here to the subsequent change from French to U.S. models of military uniforms and systems.)

2. **linaza o Glostora:** types of hair cream

3. **Alí...ladrones:** "Ali Baba and the Forty Thieves," one of the most famous of the classic collection of stories *One Thousand and One Arabian Nights*

influencia decisiva en los negocios, Jim
estudiara en un colegio de mediopelo, propio
para quienes vivíamos en la misma colonia
Roma venida a menos, no para el hijo del
5 poderosísimo amigo íntimo y compañero de
banca de Miguel Alemán; el ganador de
millones y millones a cada iniciativa del
presidente: contratos por todas partes,
terrenos° en Acapulco, permisos de importa- *property*
10 ción, constructoras, autorizaciones para
establecer filiales° de compañías norteameri- *affiliates*
canas; asbestos, leyes para cubrir todas las
azoteas° con tinacos° de asbesto can- *flat roofs / shingles*
cerígeno; reventa° de leche en polvo hurtada° *resale / stolen*
15 a los desayunos gratuitos en las escuelas
populares, falsificación de vacunas° y *vaccinations*
medicinas, enormes contrabandos de oro y
plata, inmensas extensiones° compradas a *lands*
centavos por metro, semanas antes de que se
20 anunciaran la carretera o las obras de
urbanización que elevarían° diez mil veces el *would increase*
valor de aquel suelo;° cien millones de pesos *ground*
cambiados en dólares y depositados en Suiza
el día anterior a la devaluación.
25    Aún más indescifrable resultaba que Jim
viviera con su madre no en una casa de Las
Lomas, o cuando menos Polanco,¹ sino en un
departamento en un tercer piso cerca de la
escuela. Qué raro. No tanto, se decía en los
30 recreos: la mamá de Jim es la *querida* de ese
tipo. La esposa es una vieja horrible que sale
mucho en sociales. Fíjate cuando haya algo
para los niños pobres (je je, mi papá dice que
primero los hacen pobres y luego les dan
35 limosna)° y la verás retratada:° espantosa,° *alms (hand-outs) /*
gordísima. Parece guacamaya° o mamut.° *pictured / horrible*
En cambio la mamá de Jim es muy guapa, *macaw / mammoth*
muy joven, muchos creen que es su hermana.
Y él, terciaba° Ayala, no es hijo de ese cabrón *chimed in*
40 ratero que está chingando a México sino de
un periodista gringo que se llevó a la mamá a
San Francisco y nunca se casó con ella. El
Señor no trata muy bien al pobre de Jim.
Dicen que tiene mujeres por todas partes.

---

1. **Las Lomas**...**Polanco:** upper-class neighborhoods of Mexico City

Hasta estrellas de cine y toda la cosa. La mamá de Jim sólo es una de tantas.

No es cierto, les contestaba yo. No sean así. ¿Les gustaría que se hablara de sus
5 madres en esa forma? Nadie se atrevió a decirle estas cosas a Jim pero él, como si adivinara° la murmuración,° insistía: Veo *he could guess /*
poco a mi papá porque siempre está fuera, *rumors*
trabajando al servicio de México. Sí cómo no,
10 replicaba Alcaraz: "trabajando al servicio de México": Alí Babá y los cuarenta ladrones. Dicen en mi casa que están robando hasta lo que no hay. Todos en el gobierno de Alemán son una bola de ladrones. Ya que te compre
15 otro suetercito° con lo que nos roba. *sweater*

Jim se pelea° y no quiere hablar con *quarrels*
nadie. No me imagino qué pasaría si se enterase° de los rumores acerca de su madre *he were to find out*
(cuando él está presente los ataques de
20 nuestros compañeros se limitan al Señor). Jim se ha hecho mi amigo porque no soy su juez. En resumidas cuentas, él qué culpa tiene.° Nadie escoge cómo nace, dónde nace, *what fault is it of his*
cuándo nace, de quiénes nace. Y ya no vamos
25 a entrar en la guerra de los recreos. Hoy los judíos tomaron Jerusalén pero mañana será la venganza de los árabes.

Los viernes, a la salida de la escuela, iba con Jim al Roma, el Royal, el Balmori, cines
30 que ya no existen. Películas de Lassie o Elizabeth Taylor adolescente. Y nuestro predilecto: programa triple visto mil veces: Frankenstein, Drácula, El Hombre Lobo. O programa doble: Aventuras en Birmania y
35 Dios es mi copiloto. O bien una que al padre Pérez del Valle le encantaba proyectar los domingos en su Club Vanguardias:¹ Adiós, míster Chips. Me dio tanta tristeza como Bambi. Cuando a los tres o cuatro años vi
40 esta película de Walt Disney, tuvieron que sacarme del cine llorando porque los cazadores mataban a la mamá de Bambi. En la guerra asesinaban a millones de madres.

---

1. **Club Vanguardias:** a boy scout club for lower-middle class boys attending Catholic schools

Pero no lo sabía, no lloraba por ellas ni por sus hijos; aunque en el Cinelandia — junto a las caricaturas del Pato Donald, el Ratón Mickey, Popeye el Marino, el Pájaro Loco° y
5   Bugs Bunny — pasaban los noticieros:° formación de bombas cayendo a plomo° sobre las ciudades, cañones,° batallas, incendios,° ruinas, cadáveres.

*Woody Woodpecker*
*newsreels*
*bombs falling right on*
*   target / cannons*
*fires*

## IV. *Lugar de enmedio*

Eramos tantos hermanos que no podía
10  invitar a Jim a mi casa. Mi madre siempre arreglando lo que dejábamos tirado, cocinando, lavando ropa; ansiosa de comprar lavadora, aspiradora,° licuadora,° olla express,° refrigerador eléctrico (el nuestro
15  era de los últimos que funcionaban con un bloque de hielo° cambiado todas las mañanas). En esa época mi madre no veía sino el estrecho° horizonte que le mostraron en su casa. Detestaba a quienes no eran de
20  Jalisco. Juzgaba extranjeros al resto de los mexicanos y aborrecía en especial a los capitalinos. Odiaba la colonia Roma porque empezaban a desertarla las buenas familias y en aquellos años la habitaban árabes y judíos
25  y gente del sur: campechanos, chiapanecos, tabasqueños, yucatecos.[1] Regañaba a Héctor que ya tenía veinte años y en vez de asistir a la Universidad Nacional en donde estaba inscrito, pasaba las semanas en el Swing
30  Club y en billares,° cantinas, burdeles.° Su pasión era hablar de mujeres, política, automóviles. Tanto quejarse de los militares, decía, y ya ven cómo anda el país cuando imponen en la presidencia a un civil.° Si no le
35  hubieran hecho fraude a mi general Henríquez Guzmán,[2] México estaría tan bien

*vacuum cleaner /*
*   blender / pressure*
*   cooker*
*ice*

*narrow*

*pool rooms /*
*   bordellos*

*civilian*

---

1. **campechanos . . . yucatecos:** people from the Southern Mexican states of Campeche, Chiapas, Tabasco, and Yucatán

2. **general Henríquez Guzmán:** candidate of the opposition *Federación de Partidos del Pueblo* in the presidential elections of 1952. He was defeated by the candidate of the ruling *Partido Revolucionario Institucional*, Adolfo Ruiz Cortines, who served as president from 1952 to 1958.

como Argentina con el general Perón.[1] Ya
verán cómo se van a poner aquí las cosas en
1952. Me canso que con el PRI o contra el
PRI Henríquez Guzmán va a ser presidente.[2]

5    Mi padre no salía de su fábrica de
jabones que se ahogaba° ante la *was drowning*
competencia° y la publicidad de las marcas *competition*
norteamericanas. Anunciaban por radio los
nuevos detergentes: Ace, Fab, Vel, y
10 sentenciaban:° El jabón pasó a la historia. *declared*
Aquella espuma que para todos (aún
ignorantes de sus daños) significaba
limpieza, comodidad, bienestar y, para las
mujeres, liberación de horas sin término ante
15 el lavadero, para nosotros representaba la
cresta de la ola° que se llevaba nuestros *wave*
privilegios.

    Monseñor Martínez, arzobispo de
México, decretó un día de oración° y *prayer*
20 penitencia contra el avance del comunismo.
No olvido aquella mañana: en el recreo le
mostraba a Jim uno de mis Pequeños
Grandes Libros, novelas ilustradas que en el
extremo superior de la página tenían cinito° *kind of cartoon*
25 (las figuras parecían moverse si uno dejaba
correr las hojas con el dedo pulgar),° cuando *thumb*
Rosales, que nunca antes se había metido
conmigo, gritó: Hey, miren: esos dos son
putos. Vamos a darles pamba a los putos. Me
30 le fui encima° a golpes.° Pásate a tu madre, *I jumped on*
pinche buey, y verás qué tan puto, indio *him / blows*
pendejo.[3] El profesor nos separó. Yo con un
labio roto, él con sangre de la nariz que le
manchaba la camisa.

35    Gracias a la pelea mi padre me enseñó a
no despreciar.° Me preguntó con quién me *not to look down on*
había enfrentado. Llamé "indio" a Rosales. *others*
Mi padre dijo que en México todos éramos

---

1. **Perón:** Gen. Juan Domingo Perón, the very popular president of Argentina from
1946 to 1955 (and again from 1973 until his death in 1974)

2. **Me...presidente:** I've always said that Henríquez Guzmán is going to be
president with or without the PRI. (The Partido Revolucionario Institucional has been
the ruling political party in Mexico since the revolution of 1910–1920.)

3. **Pásate...pendejo:** Screw your mother, you dumb ass, and you'll see how much of
a queer I am, you dumb Indian.

indios aun sin saberlo ni quererlo, y si los
indios no fueran al mismo tiempo los pobres
nadie usaría esa palabra a modo de insulto.
Me referí a Rosales como "pelado". Mi padre
5 señaló que nadie tiene la culpa de estar en la
miseria, y antes de juzgar mal a alguien debía
pensar si tuvo las mismas oportunidades que
yo.

Millonario frente a Rosales, frente a
10 Harry Atherton yo era un mendigo. El año
anterior, cuando aún estudiábamos en el
Colegio México, Harry Atherton me invitó
una sola vez a su casa en Las Lomas: billar
subterráneo, piscina, biblioteca con miles de
15 tomos encuadernados° en piel, despensa,°     *bound / pantry*
cava,° gimnasio, vapor,° cancha de tenis, seis     *wine cellar / sauna*
baños (¿Por qué tendrán tantos baños las
casas ricas mexicanas?). Su cuarto daba a un
jardín en declive° con árboles antiguos y una     *slope*
20 cascada artificial. A Harry no lo habían
puesto en el Americano° sino en el México     *the American (school)*
para que conociera un medio° totalmente de     *environment*
lengua española y desde temprano se
familiarizara con quienes iban a ser sus
25 ayudantes, sus prestanombres,° sus eternos     *front men*
aprendices,° sus criados.     *apprentices*

Cenamos. Sus padres no me dirigieron la
palabra y hablaron todo el tiempo en inglés.
Honey, how do you like the little Spic? He's a
30 midget, isn't he? Oh Jack, please. Maybe the
poor kid is catching on. Don't worry, dear, he
wouldn't understand a thing. Al día
siguiente Harry me dijo: Voy a darte un
consejo: aprende a usar los cubiertos.°     *silverware*
35 Anoche comiste filete con el tenedor del
pescado. Y no hagas ruido al tomar la sopa,
no hables con la boca llena, mastica°     *chew*
despacio trozos pequeños.

Lo contrario me pasó con Rosales cuando
40 acababa de entrar en esta escuela, ya que
ante la crisis de su fábrica mi padre no pudo
seguir pagando las colegiaturas del México.
Fui a copiar unos apuntes de civismo° a casa     *civics notes*
de Rosales. Era un excelente alumno, el de
45 mejor letra y ortografía,° y todos lo     *spelling*
utilizábamos para estos favores. Vivía en
una vecindad apuntalada con vigas.° Los     *propped up by beams*

caños° inservibles° anegaban el patio. En el    *pipes / useless*
agua verdosa flotaba mierda.

5    A los veintisiete años su madre parecía
de cincuenta. Me recibió muy amable y,
aunque no estaba invitado, me hizo
compartir la cena. Quesadillas de sesos.[1] Me
dieron asco. Chorreaban° una grasa    *they dripped*
extrañísima semejante al aceite para coches.
Rosales dormía sobre un petate° en la sala.    *woven mat*
10   El nuevo hombre de su madre lo había
expulsado del único cuarto.

## V.  *Por hondo que sea el mar profundo*

El pleito convenció a Jim de que yo era su
amigo. Un viernes hizo lo que nunca había
hecho: me invitó a merendar°en su casa. Qué    *eat lunch*
15   pena no poder llevarlo a la mía. Subimos al
tercer piso y abrió la puerta. Traigo llave
porque a mi mamá no le gusta tener
sirvienta. El departamento olía a perfume,
estaba ordenado y muy limpio. Muebles
20   flamantes° de Sears Roebuck. Una foto de la    *gleaming*
señora por Semo,[2] otra de Jim cuando
cumplió un año (al fondo el Golden Gate),
varias del Señor con el presidente en
ceremonias, en inauguraciones, en el Tren
25   Olivo,[3] en el avión El Mexicano,[4] en fotos de
conjunto. "El Cachorro de la Revolución"[5] y
su equipo:° los primeros universitarios que    *team*
gobernaban el país. Técnicos, no políticos.
Personalidades morales intachables, insistía
30   la propaganda.
    Nunca pensé que la madre de Jim fuera
tan joven, tan elegante y sobre todo tan
hermosa. No supe qué decirle. No puedo

---

1. **quesadillas de sesos:** fried tortillas filled with (animal) brains

2. **Semo:** a Czech who was the most famous photographer in Mexico in the 1940s

3. **Tren Olivo:** Alemán's presidential train

4. **avión El Mexicano:** Alemán's presidential airplane

5. **"El Cachorro de la Revolución":** This nickname was given to Miguel Alemán because his father was a general in the Mexican Revolution. The name implies that, as the "offspring" of one of the "lions" who brought about the Revolution, the "cub" (*cachorro*) inherits his father's traits.

describir lo que sentí cuando ella me dio la
mano. Me hubiera gustado quedarme allí
mirándola. Pasen por favor al cuarto de Jim.
Voy a terminar de prepararles la merienda.

5   Jim me enseñó su colección de plumas
atómicas° (los bolígrafos° apestaban,°
derramaban° tinta viscosa; eran la novedad
absoluta aquel año en que por última vez
usábamos tintero,° manguillo,° secante),°los
10  juguetes que el Señor le compró en Estados
Unidos: cañón que disparaba cohetes de
salva, cazabombardero de propulsión a
chorro, soldados con lanzallamas, tanques de
cuerda,¹ ametralladoras° de plástico (apenas
15  comenzaban los plásticos), tren eléctrico
Lionel, radio portátil.° No llevo nada de esto
a la escuela porque nadie tiene juguetes así
en México. No, claro, los niños de la Segunda
Guerra Mundial no tuvimos juguetes. Todo
20  fue producción militar. Hasta la Parker y la
Esterbrook,² leí en Selecciones,³ fabricaron
materiales de guerra. Pero no me importaban
los juguetes. Oye ¿cómo dijiste que se llama
tu mamá? Mariana. Le digo así, no le digo
25  mamá. ¿Y tú? No, pues no, a la mía le hablo
de usted;⁴ ella también les habla de usted a
mis abuelitos. No te burles Jim, no te rías.

Pasen a merendar, dijo Mariana. Y nos
sentamos. Yo frente a ella, mirándola. No
30  sabía qué hacer: no probar bocado° o
devorarlo todo para halagarla.° Si como,
pensará que estoy hambriento; si no como,
creerá que no me gusta lo que hizo. Mastica
despacio, no hables con la boca llena. ¿De qué
35  podemos conversar? Por fortuna Mariana
rompe el silencio. ¿Qué te parecen?° Les
dicen Flying Saucers: platos voladores,
sándwiches asados en este aparato. Me

*ultramodern pens /
ball point pens /
stunk / spilled*

*ink well / protective
sleeve / blotter*

*machine guns*

*portable*

*to not taste a bite*
*to please her*

*How do you like them?*

---

1. **cañón**…**cuerda:** a cannon that fired a salvo of rockets, a jet-propelled fighter-
bomber, soldiers with flamethrowers, wind-up tanks

2. **Parker**…**Esterbrook:** manufacturers of pens

3. **Selecciones:** *Reader's Digest* in Spanish

4. **a**…**usted:** I address my mother as *"usted"* (Traditionally, Mexican children used
the formal verb form with their parents as a sign of respect.)

encantan, señora, nunca había comido nada
tan delicioso. Pan Bimbo,[1] jamón, queso
Kraft,    tocino,    mantequilla,    ketchup,
mayonesa, mostaza. Eran todo lo contrario
5  del pozole, la birria, las tostadas de pata, el
chicharrón en salsa verde[2] que hacía mi
madre. ¿Quieres más platos voladores? Con
mucho gusto te los preparo. No, mil gracias,
señora. Están riquísimos pero de verdad no
10  se moleste.°                                                    *don't bother*

　　　Ella no tocó nada. Habló, me habló todo
el tiempo. Jim callado, comiendo uno tras
otro platos voladores. Mariana me preguntó:
¿A  qué  se  dedica  tu  papá?  Qué  pena
15  contestarle: es dueño de una fábrica, hace
jabones de tocador y de lavadero.° Lo están       *hand and laundry*
arruinando los detergentes. ¿Ah sí? Nunca lo          *soaps*
había pensado. Pausas, silencios. ¿Cuántos
hermanos tienes? Tres hermanas y un
20  hermano. ¿Son de aquí de la capital? Sólo la
más chica y yo, los demás nacieron en
Guadalajara.  Teníamos  una  casa  muy
grande en la calle de San Francisco. Ya
la tumbaron. ¿Te gusta la escuela? La
25  escuela  no  está  mal  aunque—¿verdad
Jim?—nuestros   compañeros   son   muy
latosos.°                                                            *tiresome*

　　　Bueno, señora, con su permiso, ya me
voy. (¿Cómo aclararle:° me matan si regreso      *to clarify to her*
30  después de las ocho?) Un millón de gracias,
señora. Todo estuvo muy bueno deveras.°          *really*
Voy a decirle a mi mamá que compre el
asador y me haga platos voladores. No hay
en México, intervino por primera vez Jim. Si
35  quieres te lo traigo ahora que vaya a los
Estados Unidos.

　　　Aquí tienes tu casa. Vuelve pronto.
Muchas gracias de nuevo, señora. Gracias
Jim. Nos vemos el lunes. Cómo me hubiera
40  gustado permanecer allí para siempre o

---

1. **Pan Bimbo:** a kind of pre-packaged white bread similar to that sold in the U.S.

2. **del pozole . . . verde:** traditional Mexican dishes; *pozole*: soup made of pork and hominy; *birria*: soup made of mutton, a regional dish from the city of Guadalajara; *tostadas de pata*: tortillas with pork and vegetables; *chicharrón en salsa verde*: fried pork rind in green chile sauce

cuando menos llevarme la foto de Mariana
que estaba en la sala. Caminé por Tabasco, di
vuelta en Córdoba para llegar a mi casa en
Zacatecas.[1] Los faroles plateados° daban   *silvery*
5  muy poca luz. Ciudad en penumbra,°   *semidarkness*
misteriosa colonia Roma de entonces. Atomo
del inmenso mundo, dispuesto° muchos años   *set up*
antes de mi nacimiento como una
escenografía° para mi representación.° Una   *stage set / performance*
10  sinfonola° tocaba el bolero. Hasta ese   *jukebox*
momento la música había sido nada más el
Himno Nacional, los cánticos de mayo[2] en la
iglesia, CriCri, sus canciones infantiles —
Los caballitos, Marcha de las letras, Negrito
15  sandía, El ratón vaquero, Juan Pestañas[3] —
y la melodía circular, envolvente, húmeda de
Ravel[4] con que la XEQ iniciaba sus
trasmisiones° a las siete menos cuarto, y mi   *broadcasts*
padre encendía° el radio para despertarme   *would turn on*
20  con el estruendo de La Legión de los
Madrugadores. Al escuchar el otro bolero
que nada tenía que ver con el de Ravel, me
llamó la atención la letra.° Por alto esté el   *lyrics*
cielo en el mundo, por hondo que sea el mar
25  profundo.
     Miré la avenida Alvaro Obregón[5] y me
dije: Voy a guardar intacto el recuerdo de
este instante porque todo lo que existe ahora
mismo nunca volverá a ser igual. Un día lo
30  veré como la más remota prehistoria. Voy a
conservarlo entero porque hoy me enamoré
de Mariana. ¿Qué va a pasar? No pasará
nada. Es imposible que algo suceda. ¿Qué
haré? ¿Cambiarme de escuela para no ver a
35  Jim y por tanto no ver a Mariana? ¿Buscar a
una niña de mi edad? Pero a mi edad nadie
puede buscar a ninguna niña. Lo único que

---

1. **Tabasco**...**Zacatecas:** streets located in Colonia Roma

2. **cánticos de mayo:** May Hymns (May 5 is the Mexican national holiday.)

3. **Cri-Cri**...**Pestañas:** Cri-Cri (Gabilondo Soler) was a popular children's entertainer. "*Los caballitos,*" etc., are some of his songs.

4. **Ravel:** Maurice Ravel (1875–1937), French composer of Basque descent, whose well-known orchestral piece *Bolero* (1928) is referred to here

5. **avenida Alvaro Obregón:** major avenue in Colonia Roma which had streetcars

puede es enamorarse en secreto, en silencio, como yo de Mariana. Enamorarse sabiendo que todo está perdido y no hay ninguna esperanza.

## VI. *Obsesión*

5 Cuánto tardaste. Mamá, le dije que iba a merendar a casa de Jim. Sí pero nadie te dio permiso para volver a estas horas: son ocho y media. Estaba preocupadísima: pensé que te mataron o te secuestró el Hombre del Costal.
10 Qué porquerías° habrás comido. Ve tú a saber° quiénes serán los padres de *tu amiguito.* ¿Es ese mismo con el que vas al cine?

 Sí. Su papá es muy importante. Trabaja
15 en el gobierno. ¿En el gobierno? ¿Y vive en ese mugroso° edificio? ¿Por qué nunca me habías contado? ¿Cómo dijiste que se llama? Imposible: Conozco a la esposa. Es íntima amiga de tu tía Elena. No tienen hijos. Es su
20 tragedia en medio de tanto poder y tanta riqueza. Te están tomando el pelo, Carlitos. Quién sabe con qué fines° pero te están tomando el pelo. Voy a preguntarle a tu profesor para que desenrede tanto misterio.
25 No, por favor, se lo suplico: no le diga nada a Mondragón. ¿Qué pensaría la mamá de Jim si se enterase? La señora fue muy buena conmigo. Ahora sí, sólo eso me faltaba.° ¿Qué secreto te traes? Di la verdad: ¿No
30 fuiste a casa del tal Jim?

 Finalmente convencí a mi madre. De todos modos le quedó la sospecha de que algo extraño había ocurrido. Pasé un fin de semana muy triste. Volví a ser niño y regresé
35 a la plaza Ajusco[1] a jugar solo con mis carritos de madera. La plaza Ajusco adonde me llevaban recién nacido a tomar sol y en donde aprendí a caminar. Sus casas por-firianas,[2] algunas ya demolidas para cons-

*junk*

*who knows*

*grimy*

*what they are after*

*that's all I needed*

---

1. **plaza Ajusco:** Ajusco Square in Colonia Roma

2. **casas porfirianas:** houses built during the reign of the dictatorial President Porfirio Díaz (1876–1911)

truir edificios horribles. Su fuente en forma de trébol,° llena de insectos que se deslizaban° sobre el agua. Y entre el parque y mi casa vivía doña Sara P. de Madero.[1] Me

*clover*
*glided*

5    parecía imposible ver de lejos a una persona de quien hablaban los libros de historia, protagonista de cosas ocurridas cuarenta años atrás. La viejita frágil, dignísima, siempre de luto° por su marido asesinado.

*in mourning*

10    Jugaba en la plaza Ajusco y una parte de mí razonaba: ¿Cómo puedes haberte enamorado de Mariana si sólo la has visto una vez y por su edad podría ser tu madre? Es idiota y ridículo porque no hay ninguna

15    posibilidad de que te corresponda.° Pero otra parte, la más fuerte, no escuchaba razones: únicamente repetía su nombre como si el pronunciarlo fuera a acercarla. El lunes resultó peor. Jim dijo: Le caíste muy bien a

*that she will return (your love)*

20    Mariana. Le gusta que seamos amigos. Pensé: Entonces me registra,° se fijó en mí, se dio cuenta—un poco, cuando menos un poco—de en qué forma me ha impresionado.

*she takes note of me*

Durante semanas y semanas preguntaba

25    por ella, oblicuamente,° con cualquier pretexto, para que Jim no se extrañase. Trataba de camuflar° mi interés y al mismo tiempo sacarle información sobre Mariana. Jim nunca me dijo nada que yo no supiera. Al

*obliquely*

*camouflage*

30    parecer ignoraba completamente su propia historia. Me pregunto cómo podían saberla los demás. Una y otra vez le rogaba° que me llevara a su casa para ver los juguetes, los libros ilustrados, los cómics. Jim leía cómics

*I begged him*

35    en inglés que Mariana le compraba en Sanborn's.[2] Por tanto despreciaba nuestras lecturas: Pepín, Paquín, Chamaco, Cartones;[3] para algunos privilegiados el Billiken argentino o El Peneca chileno.

40    Como siempre nos dejaban mucha tarea sólo podía ir los viernes a casa de Jim. A esa

---

1. **Sara P. de Madero:** widow of Francisco I. Madero, moderate liberal leader of the revolt against Porfirio Díaz and president from 1911 until his assassination in 1913

2. **Sanborn's:** elegant department-store chain in Mexico City

3. **Pepín . . . Cartones:** names of Mexican comic books

hora Mariana se hallaba invariablemente en el salón de belleza,° arreglándose para salir *beauty parlor* de noche con el Señor. Volvía a las ocho y media o nueve y jamás pude quedarme a
5  esperarla. En el refrigerador estaba lista la merienda: ensalada de pollo, cole-slaw, carnes frías, pay de manzana. Una vez, al abrir Jim un closet, cayó una foto de Mariana a los seis meses, desnuda sobre una piel de
10 tigre. Sentí una gran ternura al pensar en lo que por obvio nunca se piensa: Mariana también fue niña, también tuvo mi edad, también sería una mujer como mi madre y después una anciana como mi abuela. Pero en
15 aquel entonces era la más hermosa del mundo y yo pensaba en ella en todo momento. Mariana se había convertido en° *had turned into* mi obsesión. Por alto esté el cielo en el mundo, por hondo que sea el mar profundo.

## VII.  *Hoy como nunca*

20 Hasta que un día — un día nublado de los que me encantan y no le gustan a nadie—sentí que era imposible resistir más. Estábamos en clase de lengua nacional como se le llamaba al español. Mondragón nos enseñaba el
25 pretérito pluscuamperfecto de subjuntivo: Hubiera o hubiese amado, hubieras o hubieses amado, hubiera o hubiese amado, hubiéramos o hubiésemos amado, hubierais o hubieseis amado, hubieran o hubiesen
30 amado. Eran las once. Pedí permiso para ir al baño. Salí en secreto de la escuela. Toqué el timbre del departamento 4. Una dos tres veces. Al fin me abrió Mariana: fresca, hermosísima, sin maquillaje.° Llevaba un *make-up*
35 kimono de seda.° Tenía en la mano un *silk* rastrillo° como el de mi padre pero en *razor* miniatura. Cuando llegué seguramente se afeitaba las axilas,° las piernas. Por supuesto *underarms* se asombró al verme. Carlos ¿qué haces aquí?
40 ¿Le ha pasado algo a Jim? No, no señora: Jim está muy bien, no pasa nada.
     Nos sentamos en el sofá. Mariana cruzó las piernas. Por un segundo el kimono se

entreabrió levemente. Las rodillas, los muslos,° los senos,° el vientre plano,° el misterioso sexo escondido. No pasa nada, repetí. Es que... No sé cómo decirle, señora.

5 Me da tanta pena. Qué va a pensar usted de mí. Carlos, de verdad no te entiendo. Me parece muy extraño verte así y a esta hora. Deberías estar en clase ¿no es cierto? Sí claro, pero es que ya no puedo, ya no pude. Me

10 escapé, me salí sin permiso. Si me cachan° me expulsan. Nadie sabe que estoy con usted. Por favor, no le vaya a decir a nadie que vine. Y a Jim, se lo suplico, menos que a nadie. Prométalo.

15 Vamos a ver: ¿Por qué andas tan exaltado?° ¿Ha ocurrido algo malo en tu casa? ¿Tuviste algún problema en la escuela? ¿Quieres un chocomilk, una cocacola, un poco de agua mineral? Ten confianza en mí.° Dime

20 en qué forma puedo ayudarte. No, no puede ayudarme, señora. ¿Por qué no, Carlitos? Porque lo que vengo a decirle — ya de una vez,° señora, y perdóneme — es que estoy enamorado de usted.

25 Pensé que iba a reírse, a gritarme: estás loco. O bien: fuera de aquí, voy a acusarte° con tus padres y con tu profesor. Temí todo esto: lo natural. Sin embargo Mariana no se indignó ni se burló. Se quedó mirándome

30 tristísima. Me tomó la mano (nunca voy a olvidar que me tomó la mano) y me dijo:

Te entiendo perfectamente. No sabes hasta qué punto. Ahora tú tienes que comprenderme y darte cuenta de que eres un

35 niño como mi hijo y yo para ti soy una anciana: acabo de cumplir veintiocho años. De modo que ni ahora ni nunca podrá haber nada entre nosotros. ¿Verdad que me entiendes? No quiero que sufras. Te esperan

40 tantas cosas malas, pobrecito. Carlos, toma esto como algo divertido. Algo que cuando crezcas puedas recordar con una sonrisa, no con resentimiento. Vuelve a la casa con Jim y sigue tratándome como lo que soy: la madre

45 de tu mejor amigo. No dejes de venir con Jim, como si nada hubiera ocurrido, para que se te pase la *infatuation* — perdón: el enamora-

*thighs / breasts / flat belly*

*they catch*

*all worked up*

*Trust me*

*once and for all*

*to tell on you*

miento — y no se convierta en un problema para ti, en un drama capaz° de hacerte daño toda tu vida.

     *capable*

     Sentí ganas de llorar. Me contuve° y dije:
5 Tiene razón, señora. Me doy cuenta de todo. Le agradezco mucho que se porte así. Discúlpeme. De todos modos tenía que decírselo. Me iba a morir si no se lo decía. No tengo nada que perdonarte, Carlos. Me gusta
10 que seas honesto y enfrentes tus cosas. Por favor no le cuente a Jim. No le diré, pierde cuidado.°

     *I held myself back*

     *don't worry*

     Solté mi mano de la suya. Me levanté para salir. Entonces Mariana me retuvo:°
15 Antes de que te vayas ¿puedo pedirte un favor?: Déjame darte un beso. Y me dio un beso, un beso rápido, no exactamente en los labios sino en las comisuras.° Un beso como el que recibía Jim antes de irse a la escuela.
20 Me estremecí. No la besé. No dije nada. Bajé corriendo las escaleras. En vez de regresar a clases caminé hasta Insurgentes.¹ Después llegué en una confusión total a mi casa. Dije que estaba enfermo e iba a acostarme.

     *held me back*

     *corners of the mouth*

25 Pero acababa de telefonear el profesor. Alarmados al ver que no aparecía, me buscaron en los baños y por toda la escuela. Jim afirmó: Debe de haber ido a visitar a mi mamá. ¿A estas horas? Sí: Carlitos es un tipo
30 muy raro.° Quién sabe qué se trae.° Yo creo que no anda bien de la cabeza. Tiene un hermano gángster medioloco.°

     *strange / he is up to*

     *half-crazy*

     Mondragón y Jim fueron al departamento. Mariana confesó que yo había estado
35 allí unos minutos porque el viernes anterior olvidé mi libro de historia. Y a Jim le dio rabia esta mentira. No sé cómo pero vio claro todo y le explicó al profesor. Mondragón habló a la fábrica y a la casa para contar lo
40 que yo había hecho, aunque Mariana lo negaba. Con ello me volvió aún más sospechoso° a los ojos de Jim, de Mondragón, de mis padres.

     *suspicious*

---

1. **Insurgentes:** a major avenue that runs the length of Mexico City from north to south

## VIII. Príncipe de este mundo

Nunca pensé que fueras un monstruo.
¿Cuándo has visto aquí malos ejemplos?
Dime que fue Héctor quien te indujo° a esta   *talked you into*
barbaridad.° El que corrompe a un niño   *atrocity*
5   merece la muerte lenta y todos los castigos
del infierno. Anda, habla, no te quedes
llorando como una mujerzuela.° Di que tu   *dissolute woman*
hermano te malaconsejó° para que lo   *gave you bad advice*
hicieras.
10   Oiga usted, mamá, no creo haber hecho
algo tan malo, mamá. Todavía tienes el
cinismo de alegar° que no has hecho nada   *to declare*
malo. En cuanto se te baje la fiebre vas a
confesarte y a comulgar para que Dios
15   Nuestro Señor perdone tu pecado.
Mi padre ni siquiera° me regañó.   *not even*
Simplemente dijo: Este niño no es normal.
En su cerebro hay algo que no funciona. Debe
ser el golpe que se dio a los seis meses cuando
20   se nos cayó en la plaza Ajusco. Voy a llevarlo
con un especialista.
Todos somos hipócritas, no podemos
vernos ni juzgarnos como vemos y juzgamos
a los demás. Hasta yo que no me daba cuenta
25   de nada sabía que mi padre llevaba años
manteniendo la casa chica de una señora,°   *supporting a mistress*
exsecretaria, con la que tuvo dos niñas.
Recordé lo que me pasó una vez en la
peluquería mientras esperaba mi turno.
30   Junto a las revistas políticas estaban Vea y
Vodevil.¹ Aproveché que el peluquero y su
cliente, absortos, hablaban mal del gobierno.
Escondí el Vea dentro del Hoy² y miré las
fotos de Tongolele, Su Muy Key, Kalantán,³
35   casi desnudas.° Las piernas, los senos, la   *nude*
boca, la cintura, las caderas,° el misterioso   *hips*
sexo escondido.

---

1. **Vea y Vodevil:** semi-pornographic magazines that focus on nightclubs and
burlesque

2. **Hoy:** the major Mexican political magazine of the 1940s. It was later called
*Mañana,* and is now *Siempre.*

3. **Tongolele**...**Kalantán:** burlesque entertainers of the 1940s and 1950s

El peluquero — que afeitaba casi diariamente a mi padre y me cortaba el pelo desde que cumplí un año — vio por el espejo la cara que puse. Deja eso, Carlitos. Son

5  cosas para grandes.° Te voy a acusar con tu   *grown-ups*
papá. De modo, pensé, que si eres niño no tienes derecho a que te gusten las mujeres. Y si no aceptas la imposición se forma el gran escándalo y hasta te juzgan loco. Qué

10 injusto.

¿Cuándo, me pregunté, había tenido por vez primera conciencia del deseo? Tal vez un año antes, en el cine Chapultepec, frente a los hombros desnudos de Jennifer Jones en

15 Duelo al sol.[1] O más bien al ver las piernas de Antonia cuando se subía las faldas para trapear el suelo pintado de congo amarillo.[2] Antonia era muy linda y era buena conmigo. Sin embargo yo le decía: Eres mala porque

20 ahorcas a las gallinas. Me angustiaba verlas agonizar. Mejor comprarlas muertas y desplumadas. Pero esa costumbre apenas se iniciaba. Antonia se fue porque Héctor no la dejaba en paz.°   *didn't leave her alone*

25  No volví a la escuela ni me dejaron salir a ningún lado. Fuimos a la iglesia de Nuestra Señora del Rosario. Allí íbamos los domingos a oír misa, hice mi primera comunión y, gracias a mis primeros viernes, seguía

30 acumulando indulgencias. Mi madre se quedó en una banca,° rezando° por mi alma   *pew / praying*
en peligro de eterna condenación. Me hinqué ante el confesionario. Muerto de pena, le dije todo al padre Ferrán.

35  En voz baja y un poco acezante° el padre   *breathing heavily*
Ferrán me preguntó detalles: ¿Estaba desnuda? ¿Había un hombre en la casa? ¿Crees que antes de abrirte la puerta cometió un acto sucio? Y luego: ¿Has tenido malos

---

1. **Jennifer**...**sol:** *Duel in the Sun,* starring Jennifer Jones, a U.S. actress of the 1940s and 1950s.

2. **congo amarillo:** a liquid used to preserve wooden floors

tactos? ¿Has provocado derrame?[1] No sé que
es eso, padre. Me dio una explicación muy
amplia. Luego se arrepintió, cayó en cuenta°    *he realized*
de que hablaba con un niño incapaz de
5  producir todavía la materia prima para el
derrame, y me echó un discurso que no
entendí: Por obra del pecado original, el
demonio es el príncipe de este mundo y nos
tiende trampas, nos presenta ocasiones para
10  desviarnos° del amor a Dios y obligarnos a    *to make us stray*
pecar: una espina° más en la corona que hace    *thorn*
sufrir a Nuestro Señor Jesucristo.

    Dije: Sí padre; aunque no podía concebir
al demonio ocupándose° personalmente de    *taking it upon himself*
15  hacerme caer en tentación. Mucho menos a
Cristo sufriendo porque yo me había
enamorado de Mariana. Como es de rigor,°    *as prescribed*
manifesté propósito de enmienda. Pero no
estaba arrepentido ni me sentía culpable:
20  querer a alguien no es pecado, el amor está
bien, lo único demoniaco es el odio. Aquella
tarde el argumento del padre Ferrán me
impresionó menos que su involuntaria guía
práctica para la masturbación. Llegué a mi
25  casa con ganas de intentar los malos tactos y
conseguir el derrame. No lo hice. Recé veinte
padresnuestros° y cincuenta avesmarías.°    *Lord's Prayers /*
Comulgué al día siguiente. Por la noche me    *Hail Marys*
llevaron al consultorio° psiquiátrico de    *office*
30  paredes blancas y muebles niquelados.°    *nickel-plated*

## IX. *Inglés obligatorio*

Un joven me interrogó y apuntó° cuanto le    *jotted down*
decía en unas hojas amarillas rayadas. No
supe contestar. Yo ignoraba el vocabulario
de su oficio° y no hubo comunicación posible.    *profession*
35  Nunca me había imaginado las cosas que me
preguntó acerca de mi madre y mis
hermanas. Después me hicieron dibujar a

---

1. ¿**Has tenido**....**derrame?**:  Have you touched yourself? Have you had an
ejaculation?

cada miembro de la familia y pintar árboles y
casas. Más tarde me examinaron con la
prueba de Rorschach (¿Habrá alguien que no
vea monstruos en las manchas° de tinta?),    *blotches*
5  con números, figuras geométricas y frases
que yo debía completar. Eran tan bobas
como mis respuestas:

    "Mi mayor placer": Subirme a los
árboles y escalar las fachadas de las casas
10  antiguas, la nieve de limón,° los días de    *lemon ice*
lluvia, las películas de aventuras, las novelas
de Salgari.[1] O no: más bien quedarme en
cama despierto. Pero mi padre me levanta a
las seis y media para que haga ejercicio,
15  inclusive sábados y domingos. "Lo que más
odio": La crueldad con la gente y con los
animales, la violencia, los gritos, la presun-
ción, los abusos de los hermanos mayores, la
aritmética, que haya quienes no tienen para
20  comer mientras otros se quedan° con todo;    *end up*
encontrar dientes de ajo° en el arroz o en los    *cloves of garlic*
guisados;° que poden° los árboles o los    *stews / prune*
destruyan; ver que tiren el pan a la basura.

    La muchacha que me hizo las últimas
25  pruebas conversó delante de mí con el otro.
Hablaron como si yo fuera un mueble. Es un
problema edípico° clarísimo, doctor. El niño    *Oedipal*
tiene una inteligencia muy por debajo de lo
normal. Está sobreprotegido y es sumiso.
30  Madre castrante, seguramente escena
primaria:° fue a ver a esa señora a sabiendas°    *primal scene /*
de que podría encontrarla con su amante.    *knowing full well*
Discúlpeme, Elisita, pero creo todo lo
contrario: el chico es listísimo y extraordi-
35  nariamente precoz, tanto que a los quince
años podría convertirse en un perfecto idiota.
La conducta atípica se debe a que padece°    *he suffers from*
desprotección, rigor excesivo de ambos
progenitores, agudos sentimientos de
40  inferioridad: Es, no lo olvide, de muy corta

---

1. **Salgari:** Emilio Salgari (1863–1911), Italian sea captain and author of some one
hundred adventure novels which were very popular among adolescents.

estatura° para su edad y resulta el último de    *height*
los hermanos varones. Fíjese° cómo se    *notice*
identifica con las víctimas, con los animales y
los árboles que no pueden defenderse. Anda
5   en busca del afecto que no encuentra en la
constelación familiar.

    Me dieron ganas de gritarles: imbéciles,
siquiera° pónganse de acuerdo antes de    *at least*
seguir diciendo pendejadas° en un lenguaje    *stupid things*
10  que ni ustedes mismos entienden. ¿Por qué
tienen que pegarle etiquetas° a todo? ¿Por    *labels*
qué no se dan cuenta de que uno simplemente
se enamora de alguien? ¿Ustedes nunca se
han enamorado de nadie? Pero el tipo vino
15  hacia mí y dijo: Ya puedes irte, mano.
Enviaremos el resultado de los tests a tu
papi.

    Mi padre me esperaba muy serio en la
antesala, entre números maltratados° de    *beat-up issues*
20  Life, Look, Holiday, orgulloso de poder
leerlos de corrido.° Acababa de aprobar, el    *easily*
primero en su grupo de adultos, un curso
nocturno e intensivo de inglés y diariamente
practicaba con discos y manuales. Qué
25  curioso ver estudiando a una persona de su
edad, a un hombre viejísimo de 42 años. Muy
de mañana, después del ejercicio y antes del
desayuno, repasaba sus verbos irregulares —
be, was, were, been; have, had, had; get, got
30  gotten; break, broke, broken; forget, forgot,
forgotten — y sus pronunciaciones — apple,
world, country, people, business — que para
Jim eran tan naturales y para él resultaban
de lo más complicado.

35      Fueron semanas terribles. Sólo Héctor
tomaba mi defensa: Te vaciaste, Carlitos. Me
pareció estupenda puntada. Mira que
meterte a tu edad con esa tipa que es un
auténtico mango, de veras está más buena
40  que Rita Hayworth. Qué no harás, pinche
Carlos, cuando seas grande. Haces bien
lanzándote desde ahora a tratar de coger,
aunque no puedas todavía, en vez de andar
haciéndote la chaqueta. Qué espléndido que
45  con tantas hermanas tú y yo no salimos para
nada maricones. Ora cuídate, Carlitos: no sea

que ese cabrón vaya a enterarse y te eche a
sus pistoleros y te rompan la madre.[1] Pero,
hombre, Héctor, no es para tanto.° Nomás°        *it's no big deal / only*
le dije que estaba enamorado de ella. Qué
5   tiene de malo. No hice nada de nada. En serio
no me explico el escándalo.

Tenía que suceder — se obstinaba mi
madre —: por la avaricia° de tu papá, que no    *avarice*
tiene dinero para sus hijos aunque le sobra
10  para derrocharlo° en *otros* gastos, fuiste a    *waste it*
caer, pobre niño, en una escuela de pelados.
Imagínate: admiten al hijo de una
cualquiera.° Hay que inscribirte en un lugar    *loose woman*
donde sólo haya gente de nuestra clase. Y
15  Héctor: Pero, mamá ¿cuál clase? Somos
puritito mediopelo, típica familia venida a
menos de la colonia Roma: la esencial clase
media mexicana. Allí está bien Carlos. Su
escuela es nuestro nivel. ¿Dónde va usted a
20  meterlo?

## X.  *La lluvia de fuego*

Mi madre insistía en que la nuestra — es
decir, la suya — era una de las mejores
familias de Guadalajara. Nunca un escándalo como el mío. Hombres honrados y traba-
25  jadores. Mujeres devotas, esposas abnega-
das, madres ejemplares. Hijos obedientes y
respetuosos. Pero vino la venganza de la
indiada y el peladaje contra la decencia y la
buena cuna.[2] La revolución — esto es, el viejo
30  cacique — se embolsó° nuestros ranchos y      *stole*
nuestra casa de la calle de San Francisco,
bajo pretexto de que en la familia hubo

---

1. **Te vaciaste** . . . . **madre:** You really outdid yourself, Carlitos. I thought it was great.
Look, getting mixed-up at your age with that broad, she's a real dish, she's really
sexier than Rita Hayworth. Damn, Carlos what won't you do when you get older. It's
good you're trying to make it now, even if you can't yet, instead of playing with
yourself. I'm glad that, with so many sisters, you and I didn't turn out to be faggots.
Now, watch out, Carlitos: don't let that bastard find out and sic his thugs on you and
smash your head in.

2. **Pero** . . . **cuna:** But then the hordes of Indians and beggars took their revenge
against decency and good breeding.

muchos dirigentes cristeros.[1] Para colmo° mi   *to make things worse*
padre — despreciado, a pesar de su título de
ingeniero, por ser hijo de un sastre —
dilapidó la herencia del suegro° en negocios   *father-in-law*
5   absurdos como un intento de línea aérea
entre las ciudades del centro y otro de exportación de tequila a los Estados Unidos.
Luego, a base de préstamos° de mis tíos   *loans*
maternos, compró la fábrica de jabón que
10   anduvo bien durante la guerra y se hundió°   *sank*
cuando las compañías norteamericanas
invadieron el mercado nacional.

   Y por eso, no cesaba de repetirlo mi
madre, estábamos en la maldita ciudad de
15   México. Lugar infame, Sodoma y Gomorra
en espera de la lluvia de fuego,[2] infierno
donde sucedían monstruosidades nunca
vistas en Guadalajara como el crimen que yo
acababa de cometer. Siniestro Distrito
20   Federal en que padecíamos revueltos° con   *mixed up*
gente de lo peor.° El contagio, el mal ejemplo.   *worst kind*
Dime con quién andas y te diré quién eres.[3]
Cómo es posible, repetía, que en una escuela
que se supone *decente* acepten al bastardo
25   (¿qué es bastardo?) o mejor dicho al máncoro
de una mujer pública.[4] Porque en realidad no
se sabe quién habrá sido el padre entre todos
los clientes de esa ramera° pervertidora de   *prostitute*
menores.° (¿Qué significa máncoro? ¿Qué   *minors*
30   quiere decir mujer pública? ¿Por qué la llama
ramera?)

   Momentáneamente mi madre se había
olvidado de Héctor. Héctor se vanagloriaba
de ser *conejo* de la Universidad.[5] Decía que él

---

1. **cristeros:** supporters of the clergy in the Cristero War (See note 1, p. 17.)

2. **Sodoma...fuego:** Sodom and Gomorra waiting for the rain of fire (This refers to the Biblical cities that were destroyed by fire because of the depravity of their inhabitants [Genesis, 19:24].)

3. **Dime...eres:** Tell me who your friends are, and I'll tell you who you are. (a popular saying)

4. **máncoro...pública:** the son of a prostitute (a Guadalajara colloquialism)

5. **se vanagloriaba...Universidad:** prided himself on being a rabbit (right-wing student militant) of the University (the National University of Mexico)

fue uno de los militantes derechistas que
expulsaron° al rector Zubirán y borraron° el   *expelled / erased*
letrero "Dios no existe" en el mural que
Diego Rivera pintó en el hotel del Prado.¹
5  Héctor leía Mi lucha,² libros sobre el mariscal
Rommel,³ la Breve historia de México del
maestro Vasconcelos,⁴ Garañón en el harén,°   *harem*
Las noches de la insaciable,° Memorias de   *insatiable woman*
una ninfómana, novelitas pornográficas
10  impresas° en La Habana que se vendían bajo   *printed*
cuerda en San Juan de Letrán y en los
alrededores del Tívoli.⁵ Mi padre devoraba
Cómo ganar amigos e influir en los negocios,
El dominio de sí mismo, El poder del
15  pensamiento positivo, La vida comienza a los
cuarenta. Mi madre escuchaba todas las
radionovelas de la XEW mientras hacía sus
quehaceres° y a veces descansaba leyendo   *chores*
algo de Hugo Wast o M. Delly.⁶
20    Héctor, quién lo viera ahora.° El cin-   *if you could only see*
cuentón enjuto, calvo,° solemne y elegante   *him now / the lean,*
en que se ha convertido mi hermano. Tan   *bald, fifty-year-old*
grave, tan serio, tan devoto, tan respetable,
tan digno en su papel de hombre de empresa°   *businessman*
25  al servicio de las transnacionales.° Caballero   *multinational*
católico, padre de once hijos, gran señor de la   *companies*
extrema derecha mexicana. (En esto al

---

1. **el mural . . . Prado:** Diego Rivera (1880–1957), Mexican artist and socialist best
known for his murals dealing with themes of the Mexican Revolution, one of which is
located in the Prado Hotel. The defacement of the mural referred to here took place in
1948; this situates the novel in that year.

2. **Mi lucha:** *Mein Kampf,* a book (1924—26) by Adolf Hitler, in which he sets forth
the doctrines and program of National Socialism (Nazism)

3. **Rommel:** Erwin Rommel (1891–1944), German Nazi army officer who commanded
the North African campaign during World War II

4. **Vasconcelos:** José Vasconcelos (1881–1959), Mexican author and politician who
adopted right-wing positions toward the end of his career

5. **se vendían . . . Tívoli:** were sold clandestinely on San Juan de Letrán and around
the Tívoli (San Juan de Letrán, now called Lázaro Cárdenas, is a main north-south
avenue in downtown Mexico City. The Tívoli is a burlesque theater near Garibaldi
Square.)

6. **Hugo Wast o M. Delly:** Both writers of popular, sentimental novels which were
very widely read in Latin America. Hugo Wast is the pseudonym of the Argentine
Gustavo Martínez Zubiria; M. Delly is the pseudonym of the French novelists Marie
and Frédéric Petitjean de la Rocière, many of whose works were widely distributed in
Spanish translation.

menos ha sido de una coherencia a toda
prueba.)°   *he has remained absolutely true to form*

Pero en aquella época: sirvientas que
huían porque "el joven" trataba de violarlas
5 (guiado por la divisa° de su pandilla:° "Carne   *motto / gang*
de gata,[1] buena y barata", Héctor irrumpía a
medianoche, desnudo y erecto, enloquecido°   *driven crazy*
por sus novelitas, en el cuarto de la azotea;
forcejeaba° con las muchachas y durante los   *he wrestled*
10 ataques y defensas Héctor eyaculaba en sus
camisones° sin lograr penetrarlas: los gritos   *night-shirts*
despertaban a mis padres; subían; mis
hermanas y yo observábamos todo agaza-
pados° en la escalera de caracol;° regañaban   *crouched / spiral staircase / they threatened*
15 a Héctor, amenazaban° con echarlo de la casa
y a esas horas despedían a la criada, aun más
culpable que "el joven" por andar
*provocándolo);* enfermedades venéreas que le
contagiaban las putas de Meave o bien las del
20 2 de Abril;[2] un pleito de bandas° rivales en los   *gangs*
bordes del río de La Piedad;[3] a Héctor de una
pedrada° le rompieron los incisivos;° él con   *with a stone / incisors*
una varilla le fracturó el cráneo a un
cerrajero;° una visita a la delegación° porque   *locksmith / Mexican police station / got stoned*
25 Héctor se endrogó° con sus amigos del
parque Urueta e hizo destrozos° en un café de   *wrecked*
chinos; mi padre tuvo que pagar la multa° y   *fine*
los daños y mover influencias° en el gobierno   *pull strings*
para que Héctor no fuera a Lecumberri.[4]
30 Cuando escuché que se había endrogado creí
que Héctor debía dinero, pues en mi casa
siempre se les llamó drogas a las deudas (en
este sentido mi padre era el perfecto
drogadicto). Más tarde Isabel, mi hermana
35 mayor, me explicó de qué se trataba. Era
natural que Héctor simpatizara conmigo:
provisionalmente le había quitado su lugar
como oveja° negra.   *sheep*

---

1. **gata:** derogatory name given to maids in Mexican slang

2. **Meave...2 de Abril:** streets in Mexico City frequented by prostitutes

3. **río de la Piedad:** a viaduct in Mexico City which formed the eastern city limit in the 1940s

4. **Lecumberri:** a former prison in Mexico City which now houses the National Archives

## XI.  Espectros

También hubo líos° a principios de año
cuando Isabel se hizo novia de Esteban. En
los treintas Esteban había sido famoso como
actor infantil. Lógicamente, al crecer perdió
5  su vocecita y su cara de inocencia. Ya no le
dieron papeles en cine ni en teatro: se ganaba
la vida leyendo chistes° en la XEW, bebía
como loco, estaba empeñado° en casarse con
Isabel e ir a probar suerte en Hollywood
10  aunque no sabía una palabra de inglés.
Llegaba a verla borracho, sin corbata,
oliendo a rayos,° con el traje manchado y
luido,° los zapatos sucios.

    Nadie se lo explicaba. Pero Isabel era
15  aficionada fanática. Esteban le parecía
maravilloso porque Isabel lo vio en su época
de oro y, a falta de Tyrone Power, Errol
Flynn, Clark Gable, Robert Mitchum, o Cary
Grant, Esteban representaba su única
20  posibilidad de besar a un artista de cine.
Aunque fuera de cine mexicano, tema
predilecto de las burlas familiares, casi tan
socorrido° por nosotros como el régimen de
Miguel Alemán. ¿Ya viste qué cara de chofer
25  tiene el tal Pedro Infante?[1] Sí claro, con razón
les encanta a las gatas.

    Una noche mi padre sacó a° Esteban a
gritos y empujones:° al llegar tardísimo de su
clase de inglés lo encontró en la sala a media
30  luz con la mano metida bajo la falda de
Isabel. Héctor lo golpeó en la calle, lo derribó
y lo siguió pateando hasta que Esteban pudo
levantarse ensangrentado y huir como un
perro. Isabel le retiró la palabra a° Héctor y
35  empezó a hostilizarme por cualquier motivo,
si bien yo había tratado de frenar° a mi
hermano cuando pateaba en el suelo al pobre
de Esteban. Isabel y Esteban no volvieron a
encontrarse jamás: poco después, aniqui-
40  lado° por el fracaso,° la miseria y el alcoholis-
mo, Esteban se ahorcó en un ínfimo° hotel de

*troubles*

*jokes*
*he was determined*

*stinking to high heaven*
*crumpled*

*frequently used*

*threw out*
*screaming and shoving*

*stopped speaking to*

*stop*

*annihilated / failure*
*seedy*

---

1. **Pedro Infante:**  Mexican movie star and singer of the 1940s and 1950s

Tacubaya.[1] A veces pasan por televisión sus
películas y me parece que contemplo a un
fantasma.

Pero en aquel momento la única ventaja° *advantage*
5 fue quedarme con un cuarto propio. Hasta
entonces había dormido en camas gemelas° *twin beds*
con Estelita, mi hermana menor. Cuando me
declararon perverso, mi madre juzgó que la
niña corría peligro. La cambiaron a la pieza
10 de las mayores, con gran disgusto de Isabel,
que estudiaba en la Preparatoria, y de Rosa
María que acababa de recibirse de° secretaria *graduated as*
en inglés y español.

Héctor pidió que compartiéramos la
15 habitación. Mis padres se negaron. A raíz de
sus hazañas° policiales y su último intento° *exploits / attempt*
de forzar a una criada, Héctor dormía bajo
candado° en el sótano.° Unicamente le daban *padlock / basement*
cobijas° y un colchón° viejo. Su antigua *blankets / mattress*
20 recámara° la utilizaba mi padre para guardar *bedroom*
la contabilidad secreta de la fábrica y repetir
mil veces cada lección de sus discos. At what
time did you go to bed last night, that you
are not yet up? I went to bed very late, and I
25 overslept myself. I could not sleep until four
o'clock in the morning. My servant did not
call me, therefore I did not wake up. No
conozco otra persona adulta que en efecto
haya aprendido a hablar inglés en menos de
30 un año. Ciertamente no le quedaba otro
remedio.° *he didn't have any*
*other choice*

Escuché sin ser visto una conversación
entre mis padres. Pobre Carlitos. No te
preocupes, se le pasará.° No, esto lo va a *he'll get over it*
35 afectar toda su vida. Qué mala suerte. Cómo
pudo ocurrirle a nuestro hijo. Fue un
accidente, como si lo hubiera atropellado un
camión, haz de cuenta. Dentro de unas
semanas ya ni se acordará. Si hoy le parece
40 injusto lo que hemos hecho, cuando crezca
comprenderá que ha sido por su bien. Es la
inmoralidad que se respira en este país bajo

---

1. **Tacubaya**: a working-class neighborhood which had been very elegant in the
nineteenth century

el más corrupto de los regímenes. Ve las revistas, el radio, las películas: todo está hecho para corromper al inocente.

Así pues, nadie podía ayudarme, estaba
5 completamente solo. El mismo Héctor consideraba todo una travesura,° algo *prank* divertido, un vidrio roto por un pelotazo.° Ni *stray ball* mis padres ni mis hermanos ni Mondragón ni el padre Ferrán ni los autores de los tests se
10 daban cuenta de nada. Me juzgaban según leyes en las que no cabían mis actos.

Entré en la segunda nueva escuela a fines de julio. No conocía a nadie. Una vez más fui el intruso° extranjero. No había árabes ni *intruder*
15 judíos ni becarios pobres ni batallas en el desierto — aunque sí, como siempre, inglés obligatorio. Las primeras semanas resultaron infernales. Pensaba todo el tiempo en Mariana. Mis padres creyeron que me habían
20 curado el castigo, la confesión, las pruebas psicológicas de las que nunca pude enterarme. Sin embargo, a escondidas y con gran asombro del periodiquero,° compraba Vea y *newspaper vendor* Vodevil, practicaba los malos tactos sin
25 conseguir el derrame. La imagen de Mariana reaparecía por encima de Tongolele, Kalantán, Su Muy Key. No, no me había curado: el amor es una enfermedad en un mundo en que lo único natural es el odio.° *hatred*
30 Desde luego no volví a ver a Jim. No me atrevía a acercarme a su casa ni a la antigua escuela. Al pensar en Mariana el impulso de ir a su encuentro se mezclaba a la sensación de molestia° y ridículo. Qué estupidez *discomfort*
35 meterme en un lío° que pude haber evitado *get myself into a mess* con sólo resistirme a mi imbécil declaración de amor. Tarde para arrepentirme: hice lo que debía y ni siquiera ahora, tantos años después, voy a negar que me enamoré de
40 Mariana.

## XII. *Colonia Roma*

Hubo un gran temblor en octubre. Apareció un cometa en noviembre. Dijeron que anunciaba la guerra atómica y el fin del

mundo o cuando menos otra revolución en
México. Luego se incendió la ferretería° La — *hardware store*
Sirena y murieron muchas personas. Al
llegar las vacaciones de fin de año todo era

5   muy distinto para nosotros: mi padre había
vendido la fábrica y acababan de nombrarlo
gerente° al servicio de la empresa norte- — *manager*
americana que absorbió° sus marcas de — *took over*
jabones. Héctor estudiaba en la Universidad

10  de Chicago y mis hermanas mayores en
Texas.

    Un mediodía yo regresaba de jugar tenis
en el Junior Club.[1] Iba leyendo una novelita
de Perry Mason[2] en la banca transversal de

15  un Santa María[3] cuando, en la esquina de
Insurgentes y Alvaro Obregón, Rosales
pidió permiso al chofer y subió con una caja
de chicles Adams.[4] Me vio. A toda velocidad
bajó apenadísimo° a esconderse tras un árbol — *very ashamed*

20  cerca de "Alfonso y Marcos", donde mi
madre se hacía permanente y maniquiur° — *manicure*
antes de tener coche propio y acudir° a un — *go to*
salón de Polanco.

    Rosales, el niño más pobre de mi antigua

25  escuela, hijo de la afanadora° de un hospital. — *cleaning woman and*
Todo ocurrió en segundos. Bajé del Santa     *laundress*
María ya en movimiento, Rosales intentó
escapar, fui a su alcance.° Escena ridícula: — *I caught up with him*
Rosales, por favor, no tengas pena.° Está — *don't be ashamed*

30  muy bien que trabajes (yo que nunca había
trabajado). Ayudar a tu mamá no es ninguna
vergüenza, todo lo contrario (yo en el papel
de la Doctora Corazón desde su Clínica de
Almas). Mira, ven, te invito un helado en La

35  Bella Italia. No sabes cuánto gusto me da
verte (yo el magnánimo que a pesar de la
devaluación y de la inflación tenía dinero de

---

1. **Junior Club:** an upper-middle-class country club

2. **Perry Mason:** hero of popular U.S. detective stories

3. **la banca**...**María:** the bench at the back of the bus that runs from the Santa María
neighborhood to the Condesa and Roma neighborhoods

4. **caja de chicles Adams:** box of Adams chewing gum (to sell)

sobra). Rosales hosco,° pálido, retrocedien-   *sullen*
do.° Hasta que al fin se detuvo y me miró a   *backing away*
los ojos.

    No, Carlitos, mejor invítame una torta, si
5 eres tan amable. No me he desayunado. Me
muero de hambre. Oye ¿no me tienes coraje°   *anger*
por nuestros pleitos? Qué va,° Rosales, los   *no way*
pleitos ya qué importan (yo el generoso,
capaz de perdonar porque se ha vuelto
10 invulnerable). Bueno, muy bien, Carlitos:
vamos a sentarnos y platicamos.°   *let's talk*

    Mientras cruzábamos Obregón y
atravesábamos Insurgentes le pregunté:
¿Pasaste de año?° ¿Cómo le fue a Jim en los   *Did you pass all your*
15 exámenes? ¿Qué dijeron cuando ya no   *subjects?*
regresé a clases? Rosales callado.° Nos   *silent*
sentamos en la tortería. Pidió una de chorizo,
dos de lomo y un Sidral Mundet.[1] ¿Y tú,
Carlitos: no vas a comer? No puedo: me
20 esperan en mi casa. Hoy mi mamá hizo rosbif
que me encanta. Si ahora pruebo algo,
después no como. Tráigame por favor una
coca bien fría.

    Rosales puso la caja de chicles Adams
25 sobre la mesa. Miró hacia Insurgentes: los
Packards, los Buicks, los Hudsons, los
tranvías amarillos, los postes plateados, los
autobuses de colores, los transeúntes°   *passersby*
todavía con sombrero: la escena y el
30 momento que no iban a repetirse jamás. En el
edificio de enfrente General Electric,
calentadores° Helvex, estufas° Mabe. Largo   *heaters / stoves*
silencio, mutua incomodidad.° Rosales   *discomfort*
inquietísimo,° esquivando° mis ojos. Las   *very nervous / avoiding*
35 manos húmedas repasaban el gastado°   *worn (out)*
pantalón de mezclilla.°   *denim*

    Trajeron el servicio. Rosales mordió la
torta de chorizo. Antes de masticar el bocado
tomó un trago de sidral para humedecerlo.°   *moisten it*
40 Me dio asco. Hambre atrasada y ansiedad:[2]
devoraba. Con la boca llena me interrogó. ¿Y
tú? ¿Pasaste de año a pesar del cambio de

---

1. **Pidió**...**Mundet:** He ordered one sausage sandwich, two pork sandwiches, and an apple-flavored soft drink.

2. **Hambre**...**ansiedad:** Hunger long put off and eagerness

escuela? ¿Te irás de vacaciones a algún lado?
En la sinfonola terminó La Múcura y empezó
Riders in the Sky.¹ En Navidad vamos a
reunirnos con mis hermanos en Nueva York.
5  Tenemos reservaciones en el Plaza. ¿Sabes lo
que es el Plaza? Pero oye: ¿Por qué no me
contestas lo que te pregunté?

　　　Rosales tragó saliva, torta, sidral. Temí
que se asfixiara.° Bueno, Carlitos, es que,　　*he would choke*
10 mira, no sé cómo decirte: en nuestro salón se
supo todo. ¿Qué es todo? Eso de la mamá.
Jim lo comentó con cada uno de nosotros. *Te
odia.* Nos dio harta risa° lo que hiciste. Qué　　*a lot of laughter*
loco. Para colmo, alguien te vio en la iglesia
15 confesándote después de tu declaración de
amor. Y en alguna forma se corrió la voz° de　　*word got around*
que te habían llevado con el loquero.°　　　*to a shrink*

　　　No contesté. Rosales siguió comiendo en
silencio. De pronto alzó la vista y me miró:
20 Yo no quería decirte, Carlitos, pero eso no es
lo peor. No, que otro te diga. Déjame
acabarme mis tortas. Están riquísimas.
Llevo un día sin comer. Mi mamá se quedó
sin trabajo porque trató de formar un
25 sindicato° en el hospital. Y el tipo que ahora　　*union*
vive con ella dice que, como no soy hijo suyo,
él no está obligado a mantenerme.° Rosales,　　*support me*
de verdad lo siento; pero eso no es asunto
mío° y no tengo por qué meterme. Come lo　　*my business*
30 que quieras y cuanto quieras — yo pago —
pero dime qué es lo peor.

　　　Bueno, Carlitos, es que me da mucha
pena, no sabes. Anda ya de una vez, no me
chingues,² Rosales; habla, di lo que me ibas a
35 decir. Es que, mira, Carlitos, no sé cómo
decirte: la mamá de Jim murió.

　　　¿Murió? ¿Cómo que murió? Sí, sí: Jim ya
no está en la escuela: desde octubre vive en
San Francisco. Se lo llevó su verdadero papá.
40 Fue espantoso. No te imaginas. Parece que
hubo un pleito o algo con el Señor ese del que

---

1. **La Múcura**...**Riders in the Sky:** popular songs of the late 1940s, one Mexican and
the other from the U.S.

2. **Anda**...**chingues:** Come on now, once and for all, don't screw around with me

Jim decía que era su padre y no era. Estaban él y la señora — se llamaba Mariana ¿no es cierto? — en un cabaret, en un restorán o en una fiesta muy elegante en Las Lomas.[1]

5 Discutieron° por algo que ella dijo de los robos en el gobierno, de cómo se derrochaba el dinero arrebatado° a los pobres. Al Señor no le gustó que le alzara la voz allí delante de sus amigos poderosísimos: ministros,
10 extranjeros millonarios, grandes socios de sus enjuagues, en fin.[2] Y la abofeteó° delante de todo el mundo y le gritó que ella no tenía derecho a hablar de honradez porque era una puta. Mariana se levantó y se fue a su casa en
15 un libre° y se tomó un frasco de Nembutal o se abrió las venas con una hoja de rasurar° o se pegó un tiro° o hizo todo esto junto, no sé bien cómo estuvo. El caso es que° al despertar Jim la encontró muerta, bañada en
20 sangre. Por poco él también se muere° del dolor y del susto. Como no estaba el portero del edificio, Jim fue a avisarle a Mondragón: no tenía a nadie más. Y ya ni modo: se enteró toda la escuela. Hubieras visto el montonal°
25 de curiosos° y la Cruz Verde y el agente del ministerio público y la policía. Yo no me atreví a verla muerta, pero cuando la sacaron en camilla° las sábanas estaban todas llenas de sangre. Para todos nosotros fue lo más
30 horrible que nos ha pasado en la vida. Su mamá le dejó a Jim una carta en inglés, una carta muy larga en que le pedía perdón y le explicaba lo que te conté. Creo que también escribió otros recados — a lo mejor había uno
35 para ti, cómo saberlo — aunque se hicieron humo, pues el Señor de inmediato le echó tierra al asunto[3] y nos prohibieron hacer comentarios entre nosotros y sobre todo en nuestras casas. Pero ya ves cómo vuelan los
40 chismes° y qué difícil es guardar un secreto.

*they argued*

*snatched*

*he smacked her*

*taxi*
*razor blade*
*shot herself*
*in any case*

*he almost died too*

*crowd*
*nosy people*

*stretcher*

*rumors*

---

1. **Las Lomas:** See note 1, p. 19.

2. **grandes . . . fin:** partners in his shady dealings, and so on

3. **se . . . asunto:** they vanished into thin air, because *el Señor* immediately covered up the mess

Pobre Jim, pobre cuate,° tanto que lo *guy*
fregamos° en la escuela. De verdad me *we teased him so much*
arrepiento.

Rosales, no es posible. Me estás
5 vacilando. Todo eso que me cuentas lo
inventaste. Lo viste en una pinche película
mexicana de las que te gustan. Lo escuchaste
en una radionovela° cursi° de la XEW. Esas *soap opera / tacky*
cosas no pueden pasar. No me hagas
10 bromas° así por favor. *play jokes*

Es la verdad, Carlitos. Por Dios Santo te
juro que es cierto. Que se muera mi
mamacita si te he dicho mentiras. Pregúntale
a quién quieras de la escuela. Habla con
15 Mondragón. Todos lo saben aunque no salió
en los periódicos. Me extraña que hasta
ahora te enteres. Conste° que yo no quería *let me tell you*
ser el que te lo dijera: por eso me escondí, no
por los chicles. Carlitos, no pongas esa cara:° *don't make that face*
20 ¿estás llorando? Ya sé que es muy terrible y
espantoso lo que pasó. A mí también me
impresionó como no te imaginas. Pero no me
vas a decir que, en serio, a tu edad, estabas
enamorado de la mamá de Jim.

25 En vez de contestar me levanté, pagué
con un billete de diez pesos y salí sin esperar
el cambio ni despedirme. Vi la muerte por
todas partes: en los pedazos° de animales a *pieces*
punto de convertirse en tortas y tacos entre
30 la cebolla, los tomates, la lechuga, el queso, la
crema, los frijoles, el guacamole, los chiles
jalapeños. Animales vivos como los árboles
que acababan de talarle° a Insurgentes. Vi la *fell*
muerte en los refrescos: Mission Orange,
35 Spur, Ferroquina.[1] En los cigarros: Belmont,
Gratos, Elegantes, Casinos.

Corrí por la calle de Tabasco diciéndome,
tratando de decirme: Es una chingadera° de *vile lie*
Rosales, una broma imbécil, siempre ha sido
40 un cabrón. Quiso vengarse de que lo encontré
muertodehambre° con su cajita de chicles y *starving*
yo con mi raqueta de tenis, mi traje blanco,
mi Perry Mason en inglés, mis reservaciones

---

1. **Mission Orange, Spur, Ferroquina:** brand-names of soft drinks

en el Plaza. No me importa que abra la puerta Jim. No me importa el ridículo. Aunque todos vayan a reírse de mí quiero ver a Mariana. Quiero comprobar° que no está  *to make sure*
5  muerta Mariana.

     Llegué al edificio, me sequé las lágrimas con un clínex,° subí las escaleras, toqué el  *Kleenex* timbre del departamento cuatro. Salió una muchacha de unos quince años. ¿Mariana?
10  No, aquí no vive ninguna señora Mariana. Ésta es la casa de la familia Morales. Nos cambiamos hace dos meses. No sé quién habrá vivido antes aquí. Mejor pregúntale al portero.

15     Mientras hablaba la muchacha pude ver una sala distinta, sucia, pobre, en desorden. Sin el retrato de Mariana por Semo ni la foto de Jim en el Golden Gate ni las imágenes del Señor *trabajando al servicio de México* en el
20  equipo del Presidente. En vez de todo aquello, La Última Cena en relieve metálico y un calendario con el cromo de La Leyenda de los Volcanes.[1]

     También el portero estaba recién llegado
25  al edificio. Ya no era don Sindulfo, el de antes, el viejo excoronel zapatista[2] que se volvió amigo de Jim y a veces nos contaba historias de la revolución y hacía la limpieza en su casa porque a Mariana no le gustaba
30  tener sirvienta. No, niño: no conozco a ningún don Sindulfo ni tampoco a ese Jim que me dices. No hay ninguna señora Mariana. Ya no molestes, niño; no insistas. Le ofrecí veinte pesos. Ni mil que me dieras,°  *not if you gave me a*
35  niño: no puedo aceptarlos porque no sé nada  *thousand* de nada.

---

1. **La Ultima**...**Volcanes:** a picture of the Last Supper stamped in thin metal and a calendar with a color drawing of the Legend of the Volcanoes (This story explains the origin of Ixtlaccíhuatl and Popocatépetl, the two volcanoes which can be seen from Mexico City. According to the legend, the warrior Popocatépetl returned victorious from battle to find that his beloved, the Aztec princess Ixtlaccíhuatl, had died. In his grief he built a pyramid upon which to lay her body, and another for himself nearby where he stands holding a torch.)

2. **zapatista:** a follower of the Mexican Revolutionary leader Emiliano Zapata, who was assassinated in 1919

Sin embargo tomó el billete y me dejó continuar la búsqueda. En ese momento me pareció recordar que el edificio era propiedad del Señor y tenía empleado a don Sindulfo
5  porque su padre — al que Jim llamaba "mi abuelito" — había sido amigo del viejo cuando ambos pelearon en la revolución. Toqué a todas las puertas. Yo tan ridículo con mi trajecito blanco y mi raqueta y mi
10 Perry Mason, preguntando, asomándome, a punto de llorar otra vez. Olor a sopa de arroz, olor a chiles rellenos. En todos los departamentos me escucharon casi con miedo. Qué incongruencia mi trajecito
15 blanco. Era la casa de la muerte y no una cancha de tenis.°  *tennis court*

Pues no. Estoy en este edificio desde 1939 y, que yo sepa, nunca ha vivido aquí ninguna señora Mariana. ¿Jim? Tampoco lo
20 conocemos. En el ocho hay un niño más o menos de tu edad pero se llama Everardo. ¿En el departamento cuatro? No, allí vivía un matrimonio de viejitos sin hijos. Pero si vine un millón de veces a casa de Jim y de la
25 señora Mariana. Cosas que te imaginas, niño. Debe ser en otra calle, en otro edificio. Bueno, adiós; no me quites más tiempo. No te metas en lo que no te importa ni provoques más líos.[1] Ya basta, niño, por favor. Tengo que
30 preparar la comida; mi esposo llega a las dos y media. Pero, señora. Vete, niño, o llamo a la patrulla y te vas derechito al Tribunal de Menores.°  *Juvenile Court*

Regresé a mi casa y no puedo recordar
35 qué hice después. Debo de haber llorado días enteros. Luego nos fuimos a Nueva York. Me quedé en una escuela en Virginia. Me acuerdo, no me acuerdo ni siquiera del año. Sólo estas ráfagas,° estos destellos° que  *gleams of light /*
40 vuelven con todo y las palabras exactas. Sólo  *flashes*
aquella cancioncita que no escucharé nunca. Por alto esté el cielo en el mundo, por hondo que sea el mar profundo.

---

1. **no** . . . . **líos:** don't waste any more of my time. Mind your own business and stop causing trouble.

Qué antigua, qué remota, qué imposible
esta historia. Pero existió Mariana, existió
Jim, existió cuanto me he repetido después
de tanto tiempo de rehusarme° a enfrentarlo.    *refusing*
5   Nunca sabré si el suicidio fue cierto. Jamás
volví a ver a Rosales ni a nadie de aquella
época. Demolieron° la escuela, demolieron el    *they tore down*
edificio de Mariana, demolieron mi casa,
demolieron la colonia Roma. Se acabó esa
10  ciudad. Terminó aquel país. No hay memoria
del México de aquellos años. Y a nadie le
importa: de ese horror quién puede tener
nostalgia. Todo pasó como pasan los discos
en la sinfonola. Nunca sabré si aún vive
15  Mariana. Si viviera tendría sesenta años.

# 4.   Actividades de postlectura

## A.   Análisis del texto

Para facilitar la comprensión e interpretación de *Las batallas en el desierto*, después que haya leído cada capítulo cuidadosamente, conteste a las preguntas de comprensión del argumento y de interpretación literaria que le proponemos más abajo. Luego refiérase a los temas de conversación aportando su experiencia personal en la medida de lo posible.

## I.   El mundo antiguo (págs. 12–14)

*Comprensión del argumento*

1.  ¿Qué importancia tiene la lista de programas de radio, marcas de coches, películas, canciones, enfermedades y desastres naturales en las páginas 12 y 13? ¿Por qué comienza la novela así?
2.  ¿Qué imagen proyectaba el gobierno de Miguel Alemán?
3.  ¿Qué problemas sociales había en la ciudad de México en 1948?
4.  ¿Qué se auguraba para el año 1980?
5.  ¿Qué cambios empezaban a ocurrir en el idioma? ¿En la comida?
6.  ¿Qué significa el título de este capítulo?

*Interpretación literaria*

1.  ¿Quién es el narrador de la novela? ¿Cuándo tienen lugar los hechos que nos está contando? ¿Cuánto tiempo ha transcurrido entre esos hechos y el momento de la narración? ¿Puede tener

esta distancia temporal alguna influencia en la actitud del narrador hacia su historia? Explique.

2.  ¿Por qué no sabe el narrador si se acuerda de la historia que nos va a contar? Aparte de los años que han pasado, ¿podría tener su olvido otro motivo?
3.  ¿Qué relación podría haber entre el epígrafe de L.P. Hartley y esta historia?

*Tema de conversación*

¿Recuerda usted la imagen que tenía del mundo a los doce años? ¿Qué pasaba entonces en los Estados Unidos y en otros países? ¿Cómo era el barrio en que usted vivía? ¿Con qué detalles (objetos, edificios, canciones, películas, programas de televisión) asocia usted esta época? ¿La recuerda con nostalgia? ¿Por qué?

## II.  Los desastres de la guerra *(págs. 14-18)*

*Comprensión del argumento*

1.  ¿A qué cambios generales (e irónicos) de la vida económica de México alude el narrador cuando dice "hoy Toru dirige una industria japonesa con cuatro mil esclavos mexicanos"?
2.  ¿En qué consistían "las batallas en el desierto" en las que participaba Carlos?
3.  ¿Por qué no les caían bien a los padres de Carlos los amigos que este tenía?
4.  "Los desastres de la guerra" también es el título de una serie de grabados que Francisco de Goya hizo entre 1810 y 1820, sobre la resistencia española a la invasión de Napoleón. ¿Por qué piensa usted que Pacheco le ha dado el mismo título a este capítulo de su novela?

*Interpretación literaria*

1.  ¿Qué relación hay entre el juego de los niños y las otras guerras mencionadas en este capítulo: la segunda guerra mundial, la guerra del Medioriente y la guerra cristera?
2.  ¿Cómo se presentan los diferentes barrios de la ciudad en este capítulo (Colonia Roma y el sector de Romita)? ¿Cree usted que un niño que vivía en el sector de Romita habría visto aquel vecindario de la misma manera que lo veía Carlos?

*Tema de conversación*

¿Ha participado usted alguna vez en juegos bélicos? ¿Le sorprende que los niños estén tan influidos por los conflictos políticos? ¿Le sorprende que los niños jueguen a la guerra?

## III.   Alí Babá y los cuarenta ladrones (págs. 18-21)

*Comprensión del argumento*

1.  ¿Por qué le parecía extraño a Carlos que el padre de Jim tuviera un puesto importante en el gobierno?
2.  ¿Qué chismes se decían sobre los padres de Jim?
3.  ¿Cuál es el significado del contraste que se establece entre la reacción de Carlos por la muerte de Bambi y su reacción ante los noticieros que pasaban en el Teatro Cinelandia?
4.  ¿Cuál es la relación entre el título de este capítulo y la conducta del gobierno mexicano de la época?

*Interpretación literaria*

1.  ¿Qué relación hay entre la corrupción individual y la corrupción social en este capítulo?
2.  ¿Cómo difiere la actitud de Carlitos hacia Jim de la actitud que tienen hacia este los otros compañeros de la escuela? ¿Cómo explica usted esta diferencia?

*Tema de conversación*

¿Conoce usted un caso de corrupción gubernamental en este país? ¿Qué se puede hacer cuando un funcionario del gobierno es corrupto? ¿Qué pasa si el funcionario corrupto es el presidente? ¿Por qué cree usted que los personajes de esta novela se quejan del gobierno sin tomar medidas para cambiarlo?

## IV.   Lugar de enmedio (págs. 21-24)

*Comprensión del argumento*

1.  ¿Cómo era la casa de Carlos? ¿Qué actitudes sociales tenía su madre?
2.  ¿A qué se dedicaba su hermano Héctor? ¿Qué posición política tenía?
3.  ¿Qué dificultades comerciales tenía el padre de Carlos?
4.  ¿Por qué pelearon Carlos y Rosales?
5.  ¿Qué le enseñó a Carlos su padre sobre los indios y la pobreza?
6.  ¿Cómo era la casa de Harry Atherton? ¿Dónde estudiaba y por qué?
7.  ¿Cómo se portaron los padres de Harry durante la cena?
8.  ¿Cómo era la casa de Rosales? ¿Cómo eran su madre y su vida familiar?
9.  ¿En qué sentido es el lugar de Carlos y su familia "en medio"?

*Interpretación literaria*

1. ¿Cómo está organizada la estructura de clases de la sociedad mexicana, según este capítulo? ¿Con qué palabras nos da Carlos su impresión y opinión de esta estructura?
2. ¿Qué actitud tiene Carlos hacia lo que está narrando en el último párrafo de este capítulo? ¿Hace Carlos comentarios que indiquen su opinión? Si no es así, ¿cómo sabemos lo que él piensa o siente hacia lo narrado?

*Temas de conversación*

1. ¿Ha tenido usted alguna vez la experiencia de sentirse fuera de lugar al estar entre personas de una clase social diferente a la suya? ¿Qué sintió? ¿Le parece más cómodo estar con personas más ricas que uno o con personas más pobres? ¿Por qué?
2. La clase va a imaginar un encuentro entre Harry Atherton, Rosales y Carlos. Divídanse en grupos de tres para que cada grupo prepare y presente una conversación entre ellos sobre la situación en que se encontrará México para el año 1980.

# V. *Por hondo que sea el mar profundo* (págs. 24–28)

*Comprensión del argumento*

1. ¿Cómo era la casa de Jim? ¿Cómo era su madre?
2. ¿Tiene alguna importancia que Jim tratara de "Mariana" a su madre? ¿Cómo reacciona Carlos a este hecho?
3. ¿Qué diferencias hay entre la comida en la casa de Jim y la comida mexicana tradicional? ¿Qué significado tiene esta diferencia para Carlos?
4. Explique la siguiente descripción de la Colonia Roma: "átomo del inmenso mundo, dispuesto muchos años antes de mi nacimiento como una escenografía para mi representación".
5. ¿Estaba Carlos feliz de haberse enamorado de Mariana? ¿Por qué?
6. ¿Qué significa el título de este capítulo?

*Interpretación literaria*

1. En la página 27, Carlos dice: "Voy a guardar intacto el recuerdo de este instante porque todo lo que existe ahora mismo nunca volverá a ser igual. Un día lo veré como la más remota prehistoria". Hasta este punto de la narración, ¿cree usted que Carlos realmente ve esta época de su vida "como la más remota prehistoria"? Si es así, ¿cómo se refleja esta perspectiva en su narración? Si no es así, ¿qué aspectos de su narración (busque ejemplos) reflejan lo contrario?

2. De los comentarios que hace el narrador en este capítulo, ¿cuáles podrían reflejar las reacciones del niño Carlitos en 1948, y cuáles probablemente son del Carlos adulto en 1980?

*Tema de conversación*

¿Recuerda usted algún acontecimiento personal de su infancia o adolescencia o algún suceso histórico de esa época que le pareció transcendental cuando ocurrió? Al recordar ese acontecimiento ahora, ¿sigue teniendo para usted tanta importancia? ¿Por qué?

## VI. Obsesión *(págs. 28-30)*

*Comprensión del argumento*

1. ¿Por qué la expresión "tu amiguito" aparece escrita en cursiva en el diálogo entre Carlos y su madre?
2. ¿Por qué volvió Carlos a ser niño ese fin de semana?
3. ¿Qué decía la parte racional de Carlos sobre su enamoramiento? ¿Y la otra parte?
4. ¿Qué reflexionó Carlos al ver la foto de Mariana a la edad de seis meses?
5. ¿Qué significa el título de este capítulo?

*Interpretación literaria*

1. ¿Qué relación puede haber entre el amor que Carlos siente por Mariana y las manifestaciones de la cultura popular que se mencionan en el texto (por ejemplo, el bolero "Obsesión")?
2. ¿Qué nos indica el diálogo del principio del capítulo sobre la personalidad de la madre de Carlos? ¿Y sobre la relación que tiene Carlos con su madre? ¿Cómo difiere esta relación de la que tienen Jim y Mariana?

*Tema de conversación*

¿Hay ocasiones en que usted quisiera volver a ser niño/a? En esos momentos, ¿qué aspectos de la niñez le parecen atractivos?

## VII. Hoy como nunca *(págs. 30-32)*

*Comprensión del argumento*

1. ¿Qué sintió Carlos en la clase de lengua nacional?
2. ¿En qué detalles se fijó Carlos al ver a Mariana a solas por primera vez?
3. ¿Cómo se sentía Carlos cuando le declaró su amor a Mariana? ¿Cómo reaccionó ella en realidad?
4. Según Mariana, ¿qué tipo de cosas le esperaban a Carlos en su futuro?

5. ¿Cómo se sintió entonces Carlos? ¿Qué relación había entre sus verdaderos sentimientos y su reacción exterior?
6. ¿Cómo reaccionó Carlos al ser besado por Mariana?
7. ¿Cómo explicó Jim la ausencia de Carlos en la escuela?
8. ¿Qué explicación dio Mariana de la visita de Carlos? ¿Por qué le dio rabia a Jim?
9. ¿Qué significa el título de este capítulo?

*Interpretación literaria*

1. ¿Es convincente la declaración de amor que Carlos le hace a Mariana? ¿Son convincentes las circunstancias en las que se desarrolla toda la escena? ¿Es convincente que Carlos se enamore de una mujer mayor? Explique sus respuestas.
2. ¿Cómo está descrita Mariana en este capítulo? ¿Corresponde a algún "tipo" literario que usted conoce?

*Tema de conversación*

Cuando usted estaba en la escuela primaria o secundaria, ¿faltó a la clase alguna vez sin estar enfermo/a? ¿A dónde fue? ¿Por qué lo hizo? ¿Qué riesgos corría usted al hacerlo? ¿Qué riesgos corre Carlos al faltar a la escuela primaria? ¿Cree usted que la mayoría de los jóvenes hacen lo mismo alguna vez? Explique.

## VIII.  *Príncipe de este mundo* (págs. 33-35)

*Comprensión del argumento*

1. ¿Cómo reaccionó la madre de Carlos ante su "delito"? ¿Y el padre? ¿Por qué le parece hipócrita a Carlos la actitud de su padre?
2. ¿Cómo intentaron salvarle el alma a Carlos? ¿Qué piensa Ud. de la actitud del padre Ferrán durante la confesión?
3. ¿Se sentía culpable Carlos? ¿Por qué? ¿Qué impresión se llevó de la confesión?
5. ¿Qué significa el título de este capítulo?

*Interpretación literaria*

1. Comente—con ejemplos—la naturaleza de la relación entre Carlos y sus padres. ¿Es la incomprensión que muestran los padres un fenómeno común? Si lo es, ¿a qué se debe?
2. Al comienzo de este capítulo, como en algunos de los capítulos anteriores, el diálogo está presentado directamente en el texto, sin separación y sin ninguna indicación en forma de puntuación o comentarios del narrador. ¿Qué efectos tiene esto en el lector?

*Tema de conversación*

¿Es convincente la presentación de la sexualidad de Carlitos? ¿Tienen los niños de su edad conciencia del sexo?

## IX.   Inglés obligatorio (págs. 35-38)

*Comprensión del argumento*

1. Describa la experiencia psiquiátrica de Carlos. ¿Cuál es su opinión sobre las pruebas a las que fue sometido?
2. ¿A qué conclusiones llegaron los psiquiatras respecto de los problemas emocionales de Carlos? ¿Cómo reaccionó Carlos?
3. ¿Qué opinó Héctor sobre las acciones de Carlos?
4. Según la madre de Carlos, ¿cómo influyó la escuela en la "caída" de su hijo?
5. ¿Qué significa el título de este capítulo?

*Interpretación literaria*

1. ¿Qué tipo de persona es Carlos, según las listas de preferencias que escribe para los psiquiatras? ¿Cómo caracterizaría usted su sistema de valores?
2. ¿Cómo utiliza Pacheco el lenguaje freudiano en este capítulo? ¿Qué opinión de los psicoanalistas se detecta en este uso del lenguaje?

*Tema de conversación*

¿Cree usted que la psiquiatría es útil en el tratamiento de los problemas de la adolescencia? Si es así, ¿por qué no funciona en el caso de Carlos?

## X.   La lluvia de fuego (págs. 38-41)

*Comprensión del argumento*

1. Según la madre de Carlos, ¿por qué se mudó la familia a la Ciudad de México? ¿Qué imagen tiene ella de la ciudad?
2. ¿Qué libros leían Héctor, el padre y la madre de Carlos? ¿Qué indican estas lecturas sobre sus respectivas personalidades?
3. ¿Cómo es Héctor hoy? ¿En qué ha cambiado? ¿De qué manera "ha sido de una coherencia a toda prueba"? Según el narrador, ¿por qué simpatizaba Héctor con él?
4. ¿Qué significa la alusión bíblica que hay en el título de este capítulo?

*Interpretación literaria*

1. ¿Qué representa Héctor para Carlos? ¿Qué indicaciones nos da Carlos para llegar a esta conclusión? ¿Corresponde Héctor a algún "tipo" literario o social que usted conoce?
2. ¿Qué cambios sociales que México experimentó después de la revolución se pueden observar en la familia de Carlos? Fíjese en las experiencias familiares y profesionales del padre y de la madre.

*Tema de conversación*

Los padres de Carlos despedían a las criadas perseguidas por Héctor, porque supuestamente ellas andaban provocándolo. ¿Conoce usted otras situaciones en las que se suele culpar a la víctima y no al agresor?

## XI. Espectros *(págs. 42–44)*

*Comprensión del argumento*

1. ¿Por qué estaba enamorada Isabel de Esteban?
2. ¿Cuál era la opinión que la familia tenía del cine mexicano? ¿Qué paralelo establece el narrador entre la actitud de la familia hacia el cine nacional y la que tenían hacia el régimen de Alemán?
3. ¿Cómo terminó la relación entre Isabel y Esteban? ¿Cómo murió Esteban?
4. ¿Cómo era el inglés que aprendía el padre de Carlos en los discos?
5. ¿Qué opinaban los padres de Carlos sobre su estado psicológico en este momento?
6. Según Carlos, ¿por qué no le podía entender nadie?
7. ¿Qué seguía haciendo Carlos a escondidas?
8. Según Carlos, ¿en qué consistió su error? ¿Cómo se sentía al pensar en la posibilidad de volver a ver a Mariana?
9. ¿Cuáles son los espectros a los que se refiere el título de este capítulo?

*Interpretación literaria*

1. En la página 44, Carlos dice " . . . el amor es una enfermedad en un mundo en que lo único natural es el odio". ¿Qué acontecimientos han influido en él para que tenga esta opinión?
2. ¿Ve usted semejanzas entre el amor que siente Isabel por Esteban y el que siente Carlos por Mariana? ¿Hasta qué punto están ambos influidos por los modelos románticos de la cultura popular (la música y el cine)?
3. En las últimas dos oraciones de este capítulo, Carlos evalúa contradictoriamente este episodio de su vida. ¿En qué consiste la contradicción? ¿Parece sentir Carlos ahora más o menos ambivalencia que al principio de la novela?

*Temas de conversación*

1. ¿Es el sentimiento de soledad e incomprensión común entre los adolescentes? Si es así, ¿a qué factores se debe? Cuando esto pasa, ¿pueden hacer algo los padres o los amigos? ¿Puede usted dar ejemplos de este tipo de situaciones?

2. La clase va a resumir oralmente las reacciones de la gente que conoce a Carlos respecto a la declaración de amor que este hace a Mariana. Dividan la clase en cinco grupos. Cada grupo debe preparar y presentar el monólogo de lo que diría uno de los siguientes personajes: el padre, la madre, Héctor, el cura, el psiquiatra.

## XII.  Colonia Roma *(págs. 44–52)*

*Comprensión del argumento*

1. ¿Qué cambios hubo en la familia de Carlos durante el año siguiente?
2. ¿Qué cambios hubo en la vida de Rosales? ¿Cómo reaccionó Rosales cuando vio a Carlos en el camión? ¿Por qué?
3. ¿Cómo intentó Carlos consolar a Rosales?
4. Comente la función del siguiente pasaje en la novela: "Miró hacia Insurgentes: los Packards, los Buicks, los Hudsons, los tranvías amarillos, los postes plateados, los autobuses de colores, los transeúntes todavía con sombrero: la escena y el momento que no iban a repetirse jamás".
5. ¿Por qué la manera de comer de Rosales le da asco a Carlos?
6. ¿Cómo responde Carlos cuando Rosales le cuenta sus problemas familiares?
7. Según Rosales, ¿cómo murió Mariana?
8. ¿Cómo reacciona Carlos al enterarse de su muerte? ¿Por qué piensa que Rosales le ha mentido? ¿Qué se propone hacer?
9. ¿Qué cambios había habido en el departamento de Mariana?
10. ¿Por qué sentía Carlos una incongruencia entre su propia apariencia y el edificio en el cual habían vivido Mariana y Jim?
11. ¿Qué le contestó la vecina que había vivido en el edificio desde 1939?
12. ¿Qué hizo Carlos después? ¿Cómo es su memoria de este período de su vida? ¿Qué piensa ahora de la historia que está contando?
13. ¿Cuánto queda del México de aquellos años? ¿Por qué?

*Interpretación literaria*

1. ¿Es posible que Carlos haya imaginado todo el episodio con Mariana? ¿Qué evidencias hay en este capítulo a favor y en contra de esta hipótesis?
2. ¿Cuál es la actitud del narrador, Carlos el adulto, hacia Carlos el adolescente? ¿Cómo se expresa esa actitud? ¿Se arrepiente de su primer enamoramiento? ¿Qué aspectos de sus actitudes y acciones adolescentes le parecen lamentables ahora? ¿A qué se deben los cambios que ha experimentado en los últimos treinta años? ¿Qué emociones despiertan en él sus recuerdos del pasado?

*Tema de conversación*

En este capítulo Carlos implícitamente hace una crítica de su propia irresponsabilidad social ("Rosales, de verdad lo siento; pero eso no es asunto mío y no tengo por qué meterme"). ¿Cree usted que las personas privilegiadas deben ayudar a los menos afortunados? Si es así, ¿qué forma debería adoptar esta ayuda? ¿Es este deber tan urgente en un país desarrollado como en un país subdesarrollado?

## B. Temas de investigación

1. La narración de *Las batallas en el desierto* se mueve entre dos tiempos; México a fines de los años cuarenta, y México a fines de los setenta y comienzos de los ochenta. Investigue las características más relevantes de un aspecto de la vida mexicana actual (por ejemplo: la estructura social, las costumbres familiares o la cultura popular) y determine la relación de ruptura y/o continuidad entre lo que usted ha investigado y lo que la novela de Pacheco refiere acerca de la misma materia. Escriba finalmente un trabajo breve sobre este asunto.

2. El narrador describe acontecimientos que tienen lugar durante la presidencia de Miguel Alemán. Investigue la política y las acciones del gobierno alemanista, y escriba un breve ensayo comparando el resultado de sus investigaciones con la presentación del alemanismo en la novela.

## C. Bibliografía

1. **Sobre México, su historia y su gente:**

Cockcroft, James D. *Mexico: Class Formation, Capital Accumulation, and the State.* New York: Monthly Review Press, 1983.

Cosío Villegas, Daniel, et al. *Historia mínima de México.* México: El Colegio de México, 1973.

Keen, Benjamin, and Mark Wasserman. "The Mexican Revolution and After." Chap. 12 in *A Short History of Latin America.* Boston: Houghton Mifflin Company, 1980, 268-98.

Ulloa, Berta, et al. *Historia general de México,* Tomo IV. México: El Colegio de México, 1976.

2. **Sobre la presidencia de Miguel Alemán:**

Medina, Luis y Blanca Torres. *Historia de la Revolución Mexicana,* Tomos 18-21: *1940-1952.* México: El Colegio de México, 1978-1984.

## 3. Sobre la cultura de masas:

Horkheimer, Max, and Theodor W. Adorno. *Dialectic of Enlightenment.* New York: Herder and Herder, 1972 (1944).

Schiller, Herbert I. *"Media and Imperialism." Tabloid: A Review of Mass Culture and Everyday Life,* 1–2 (Spring–Summer 1980), 16–24.

————. *The Mind Managers.* Boston: Beacon Press, 1973.

## 4. De José Emilio Pacheco:

### A. Poesía

*Los elementos de la noche.* México: Universidad Nacional Autónoma de México, 1963.

*El reposo del fuego.* México: Universidad Nacional Autónoma de México, 1966.

*No me preguntes cómo pasa el tiempo.* México: Joaquín Mortiz, 1969.

*Irás y no volverás.* México: Fondo de Cultura Económica, 1973.

*Islas a la deriva.* México: Siglo XXI, 1976.

*Al margen.* París: Colección Imaginaria, 1976.

*Jardín de niños.* México: Ediciones Multiarte, 1978.

*Desde entonces.* México: Ediciones Era, 1980.

*Ayer es nunca jamás.* Caracas: Monte Avila, 1980.

*Tarde o temprano: Obra poética reunida.* México: Fondo de Cultura Económica, 1983.

*Los trabajos del mar.* México: Ediciones Era, 1983.

*Alta traición: Antología poética.* Selección y prólogo de José María Guelbenzú. Madrid: Alianza Editorial, 1985.

### B. Poesía en traducción:

*Don't Ask Me How the Time Goes By.* Tr. Alistair Reed. New York: Columbia University Press, 1978.

*Signals from the Flames.* Tr. Thomas Hoeksema. Pittsburgh: Latin American Literary Review Press, 1980.

*Tree between Two Walls.* Tr. Edward Dorn and Gordon Brotherston. Los Angeles: Black Sparrow Press, 1980.

### C. Narrativa:

*La sangre de Medusa.* México: Cuadernos del Unicornio, 1958; ed. revisada Editorial Latitudes, 1978.

*El viento distante.* México: Ediciones Era, 1963; 2a ed. revisada y ampliada, 1969.

*Morirás lejos.* México. Joaquín Mortiz, 1967; 2*a* ed. revisada 1977.

*El principio del placer.* México: Ediciones Era, 1981.

## 5. Sobre José Emilio Pacheco:

Aponte, Barbara Bockus. "José Emilio Pacheco, cuentista." *Journal of Spanish Studies: Twentieth Century,* 7 (1979), 5–21.

Hoeksema, Thomas. "José Emilio Pacheco: A Poetry of Extremes," in *Signals from the Flames,* Jose Emilio Pacheco, Tr. Thomas Hoeksema. Pittsburgh: Latin American Literary Review Press, 1980, 1–15.

Jiménez de Báez, Yvette. *Ficción e historia: la narrativa de José Emilio Pacheco.* México: El Colegio de México, 1979.

# No pasó nada

ANTONIO SKÁRMETA

# 1. Introducción a la novela

## Sobre la obra

*No pasó nada* es una novela corta en la que se combinan el modelo clásico de la novela de aprendizaje y el del relato del exilio. El relato del exilio cuenta la historia de una o más personas que han tenido que dejar su tierra natal por obligación y que deben aprender a vivir en otra. En esta novela de Antonio Skármeta, el protagonista y su familia sufren esta dura experiencia, la de encontrarse lejos de la patria, entre personas de una cultura y un lenguaje muy distintos a los suyos. Todos ellos han tenido que abandonar Chile a causa del golpe de estado[1] que los militares dieron allí el 11 de septiembre de 1973.

Lucho, el protagonista y narrador de *No pasó nada*, tiene catorce años y está llegando al fin de su niñez. En realidad, cuando empieza a contar sus aventuras ese proceso ha concluido ya, lo que le permite narrar con cierta distancia irónica e inclusive burlándose cordialmente de sus "errores juveniles" y del mundo en general. Por otra parte, su aprendizaje de la vida adulta coincide con su aprendizaje de la vida del exilio. Berlín Occidental,[2] la ciudad más moderna de Europa, es el lugar en el que residirá de ahora en adelante, donde se enamorará por primera vez, donde adquirirá amigos y enemigos, aliados[3] y adversarios. Las calles de Berlín, sus plazas, el metro, una tienda de discos, el más popular de sus supermercados y hasta una pizzería italiana son algunos de los escenarios entre los que Lucho se mueve. En ellos se enfrenta a la cultura de un gran país europeo, de riqueza y desarrollo abrumadores[4], características que contrastan con los provincianos[5] recuerdos que él tiene de su propio país.

Además, Lucho se mete pronto en dificultades. No es fácil vivir en Berlín, especialmente para los extranjeros, que no hablan la lengua alemana o que la hablan mal y que no siempre saben cuál es la conducta apropiada a las distintas situaciones que les toca experimentar. También debemos tener en cuenta que el exilio no es la inmigración. Los exiliados salen al extranjero no porque quieren, sino porque las circunstancias no les permiten vivir en su país. Los inmigrantes, en cambio, eligen libremente buscar una nueva existencia en una nueva tierra. Estos son algunos de los descubrimientos que Lucho hace mientras crece. En este proceso de crecimiento, las personas mayores de su misma cultura, en particular sus padres, no pueden servirle de guías. Desde el comienzo de la novela, es Lucho quien se convierte en el guía de sus padres.

De importancia fundamental en *No pasó nada* es el lenguaje, no sólo como medio de comunicación sino también como el elemento que

---

1. coup d'état    2. West Berlin    3. allies    4. overwhelming    5. provincial

mejor revela la psicología y los intereses del protagonista. Como es lógico, Lucho usa el vocabulario y los modismos de los adolescentes chilenos de principios de la década del setenta. Dos factores modifican su lenguaje, sin embargo. Ellos son la influencia del alemán, inevitable y que se nota especialmente cuando Lucho habla sobre los deportes, las comidas, la televisión o la música popular, y sus aspiraciones profesionales, pues Lucho ya no quiere ser cantante *pop* y ha decidido transformarse en[1] escritor. De aquí que el lenguaje de *No pasó nada* sea también, en buena medida, el del (o de la) joven artista: ingenioso, irónico (a veces bordeando en lo sarcástico), pero al mismo tiempo sincero, tierno y hondamente poético.

Toda novela de aprendizaje tiene una dimensión universal. La transición de la infancia a la madurez ocurre en todas las sociedades, pero en cada una con características diferentes. Lo peculiar del crecimiento de Lucho es la conexión entre su aprendizaje de la madurez, por un lado, y los problemas del exilio y la adaptación a una cultura distinta, por otro.

## Contextos

En la madrugada del 11 de septiembre de 1973, el presidente de la República de Chile, el doctor Salvador Allende, anunciaba por radio a los habitantes de su país que las Fuerzas Armadas se habían rebelado y que exigían su renuncia. Allende no sólo no obedeció ese ultimátum de los militares, sino que con algunos de sus colaboradores permaneció en el palacio de gobierno y allí resistió los ataques de la Aviación y el Ejército chilenos. Fue una lucha desigual, en la que el presidente Allende perdió la vida. En la tarde de aquel mismo día, las Fuerzas Armadas se apoderaron del gobierno. Hasta la fecha, han pasado doce años, Chile sigue estando bajo su control, y el actual presidente es el general que dirigió el golpe militar, Augusto Pinochet.

Las causas del golpe fueron los cambios económicos, sociales y políticos que Allende había empezado a introducir en Chile después de su elección en 1970. Esos cambios no eran propiamente socialistas, pero tendían a una redistribución de la riqueza del país que beneficiara a la gente más pobre, y a un aumento del poder político de esa misma gente. Es decir que el gobierno de Allende estaba favoreciendo a los grupos de chilenos a quienes los gobiernos anteriores habían abandonado. Por esto, y por su política internacional independiente de las presiones de las superpotencias (los Estados Unidos y la Unión Soviética), Allende se atrajo la oposición de las clases ricas chilenas, de las corporaciones transnacionales (de

---

1. to become

la ITT, por ejemplo) y del Departamento de Estado estadounidense. Dado que la oposición contra Allende no contaba con el apoyo del pueblo para sacarlo de la presidencia de Chile por medio de elecciones democráticas, decidió recurrir a la fuerza militar.

Además de la muerte de Allende, varios cientos de miles de chilenos murieron, fueron encarcelados o se exiliaron debido al golpe del 73. Esas eran personas que habían apoyado las reformas allendistas y a las que los militares persiguieron con increíble violencia. Hoy hay exiliados chilenos en quince o veinte países, principalmente en países americanos y europeos. En las grandes ciudades de Canadá, por ejemplo, los chilenos son una minoría significativa e influyente. En Europa, aunque son menos, se unen a otros grupos de extranjeros que han tenido que emigrar de sus respectivos países por razones similares. Entre 1967 y 1974, uno de esos grupos fue el de los griegos, perseguidos y expulsados de su país por la dictadura que encabezaba el jefe de la policía militar, Dimitrios Ioannides. En *No pasó nada*, la amistad entre Lucho y un par de chicos de esa nacionalidad toca el tema de la relación solidaria entre personas del Tercer Mundo que a pesar de tener orígenes diferentes comparten experiencias de vida parecidas.

Los chilenos no son los primeros exiliados del siglo XX y probablemente no serán los últimos. Aunque los exiliados son siempre personas que están lejos de su patria sin desearlo y lamentando ese alejamiento[1] cada día que pasa, hay exilios diferentes dependiendo de las características del lugar al que tales personas llegan y de las diferencias que existen entre ese lugar y su país de origen. Para una persona del Tercer Mundo, estar en el exilio en un país del mundo capitalista avanzado puede ser una experiencia alienante[2] y dolorosa. Los problemas empiezan con el desconocimiento de la lengua y se extienden al desconocimiento aún de las reglas más elementales de la vida cotidiana. Este texto del poeta chileno Gonzalo Millán, exiliado en Canadá, nos muestra esa dificultad:

### Acá nada

Aquí hay "beurre" y "butter"
en todo pan, en cada plato.
Lo que yo quisiera es saber
¡Dónde está mi mantequilla!
(De Seudónimos de la muerte, 1984)

En estas circunstancias, es absolutamente necesario que los exiliados se sumerjan[3] en la cultura del país que los recibe. Pero eso es algo que no todos están dispuestos a hacer, pues aprender la realidad

---

1. separation, estrangement    2. alienating    3. immerse themselves

que tienen ante los ojos puede significar para muchos exiliados olvidar la realidad que guardan en la memoria. No ocurre lo mismo con los jóvenes, tal vez porque ellos no guardan tantos recuerdos como los adultos. Por eso lo que Lucho cuenta en esta novela es en cierto modo la historia de su integración en un mundo alternativo al de sus padres. Tal es su aprendizaje del exilio. Aprendizaje de la cultura formal, en la escuela, en los libros, en las palabras de sus profesores, y aprendizaje también de la cultura informal, en las calles, en el cine, en la música popular, etc. En medio de todo esto, su problema consiste en vivir simultáneamente en dos realidades distintas y sin dejar que ninguna de ellas elimine a la otra.

## El autor

Antonio Skármeta nació en Antofagasta, una ciudad del norte de Chile, el 7 de noviembre de 1940. Nieto de inmigrantes yugoeslavos que llegaron a ese país a fines del siglo XIX, Skármeta se educó en escuelas de Buenos Aires y Santiago y se graduó en filosofía, en la Universidad de Chile, en 1964. También tiene una maestría de la Universidad de Columbia, en Estados Unidos. Viajero infatigable desde muy joven (casi siempre "a dedo"),[1] otras de sus aficiones predilectas son el fútbol, el básquetbol, las carreras de caballos y la música popular. Dramaturgo, actor, director de teatro y cine, pero sobre todo escritor de cuentos y novelas, Skármeta es hoy uno de los más importantes escritores jóvenes de Hispanoamérica.

Las bases de su éxito son nueve libros y ocho películas, todo ello en menos de quince años. Sus libros ya han sido traducidos a media docena de idiomas diferentes y sus películas se exhiben en los festivales más prestigiosos de Europa. En el festival de cine de Huelva, en España, la película de Skármeta *Ardiente paciencia* obtuvo en 1983 los premios máximos tanto de la crítica como del público.

El primer libro de Skármeta fue *El entusiasmo,* una colección de cuentos que apareció en 1967. Los temas principales de ese libro son la vitalidad adolescente, el romanticismo de los primeros amores, las primeras borracheras y las primeras peleas a bofetadas, las dudas de un artista joven, la búsqueda de las raíces familiares, el deseo de la aventura y, en definitiva, la certeza de que la realidad es más rica, más compleja y menos aburrida de lo que mucha gente cree. En 1969, otro volumen de cuentos, *Desnudo en el tejado,* mostró por primera vez en la literatura del autor una fuerte preocupación social y política. Fue así como él se vinculó a las luchas populares de su país y de América Latina.

---

1. hitchhiking (thumbing)

Cuando en 1973 los militares chilenos dieron su golpe de estado, Skármeta, como otros miles de sus compatriotas, tuvo que partir al exilio. Primero a Buenos Aires, entre 1973 y 1975, y después, desde 1975 hasta hoy, a Berlín Occidental. En el exilio, para ganarse la vida,[1] Skármeta escribió libros y filmó películas. Pero no olvidó la realidad hispanoamericana y chilena. A primera vista, las dificultades que experimentó fueron las mismas que sufrieron otros chilenos en esa situación. Tuvo que vivir y pensar en dos culturas diferentes, aprender a vivir en una sin traicionar la otra. Sin embargo, el dilema del escritor (o de la escritora) es todavía más grave. El lenguaje es su instrumento de trabajo y el hecho de estar lejos del lugar donde ese lenguaje se habla diariamente es algo que pone en peligro la autenticidad de sus obras. En el caso de Skármeta, la respuesta a este dilema es *No pasó nada*, una novela sobre la gente chilena del exilio y escrita con el lenguaje de un joven que es un espléndido representante de esa gente.

## 2.  Actividades de prelectura

### *Vocabulario activo*

**Sustantivos**

*la clandestinidad*    clandes-tinity, secrecy; the condition of being "underground"

*el coscorrón*    blow on the head

*el disimulo*    dissimulation, pretense, concealment (of thoughts or motives)

*el estribillo*    refrain (of a song)

*el/la fulano/a*    so-and-so; what's-his/her-name

*el golpe (militar)*    blow; (military) coup

*la patada*    kick

*el ramillete*    bouquet

*el recreo*    recess

*el rizo*    curl

*el tamaño*    size

*el terremoto*    earthquake

**Adjetivos**

*colorado/a*    red

*despistado/a*    stray, lost; absent-minded

*despreciativo/a*    disparaging, contemptuous

*flaco/a*    skinny

*habitual*    habitual, usual, customary

*invicto/a*    undefeated

*pálido/a*    pale

*predilecto/a*    preferred, favorite

*preso/a*    imprisoned

*revuelto/a*    mixed up, jumbled

*ronco/a*    hoarse

*suelto/a*    loose, free

**Verbos**

*adivinar*    to guess

*agarrar*    to grab

*asomarse*    to look or lean out

*bastar*    to be sufficient

*desaguar*    to drain

*enredarse*    to get entangled, get involved

*escasear*    to be in short supply

*mascar*    to chew

*maullar*    to meow

---

1. earn a living

*plantear*  to state, declare, propose
*rascarse*  to scratch oneself
*reclamar*  to complain
*silbar*  to whistle

## Adverbios

*a tientas*  feeling one's way
*apenas*  barely
*de repente*  suddenly
*desde ya*  starting right now
*lento, lentamente*  slow, slowly
*pésimo, pésimamente*  terrible, terribly
*rápido, rápidamente*  quick, quickly
*últimamente*  recently

## Expresiones universales

*buenmozo/buenamoza*  handsome, beautiful
*darle pena (a alguien)*  to make (someone) sad
*darse cuenta*  to realize
*echar (a alguien de un trabajo)*  to fire (someone from a job)
*estar de acuerdo*  to agree

*estar en onda*  to be "with it"; to be "into"
*estar grave*  to be seriously ill
*estar volado*  to be "high," to be "out of it"
*harto (bueno, malo, cansado, feliz, etc.)*  extremely, "real" (good, bad, etc.); a lot
*llevar (tiempo en un lugar)*  to have been somewhere for some time
*meterse en líos*  to get into trouble
*pegar una chupada*  to take a drag
*tener metido entre ceja y ceja*  to be convinced, get it into one's head

## Chilenismos

*al tiro*  immediately
*pelar el ajo*  to go through a hard time
*rascarse con las propias uñas*  to look out for oneself
*ser capo/a*  to be first-class
*ser quemado/a*  to be unlucky

# Ejercicios

**A.**  Escoja del vocabulario la palabra o expresión a la que se refieren las definiciones siguientes:

1. Aceptar la opinión de otras personas
2. Quejarse de algo
3. Sacar la cabeza para mirar
4. Ser suficiente
5. Lo que se hace con la comida antes de tragar
6. Sacar el agua de algún lugar
7. Tomar a alguien o algo con fuerza
8. Quitar el empleo a alguien
9. El sonido que hacen los gatos
10. Sentirse triste por algo

**B.**  Conteste a las siguientes preguntas:

1. ¿Cuál no es un golpe?
   el ramillete, la patada, el coscorrón
2. ¿Cuál no indica un sonido?
   maullar, escasear, silbar

3. ¿Cuál no puede indicar un color de la piel?
   pálido, invicto, colorado
4. ¿Cuál no indica un descubrimiento de nueva información?
   adivinar, estar grave, darse cuenta
5. ¿Cuál no indica el ritmo de una actividad?
   lento, rápido, pésimo
6. ¿Cuál no crea una conmoción en la sociedad?
   el golpe militar, el terremoto, el recreo
7. ¿Cuál no tiene que ver con la libertad?
   suelto, despreciativo, preso
8. ¿Cuál no indica algo secreto?
   el rizo, el disimulo, la clandestinidad

*C.* Agregue un párrafo más a la siguiente narración con palabras y
expresiones de la lista:

Pedro es un tipo que está en onda y que sabe todas las canciones
de moda. El sábado pasado, en una fiesta, conoció a una
muchacha muy buenamoza, rubia y con la cabeza llena de rizos.
Ella le sonrió cuando él estaba cantando el estribillo de una
canción. Como Pedro no es tonto, se dio cuenta y decidió ir a
visitarla al día siguiente.

| | |
|---|---|
| ramillete | enredarse |
| plantear | ser quemado |
| apenas | pésimo |

*D.* Usando las expresiones en cursiva, construya una frase
original:

1. A mi tía *la echaron de su trabajo.*
2. Mis amigos griegos hablan muy bien el alemán porque
   *llevan cinco años* en Berlín.
3. Es muy fácil *meterse en líos* en un país extranjero.
4. Mi hermano *tiene metido entre ceja y ceja* que va a
   casarse con una condesa millonaria.
5. Hoy día en Chile hay mucha gente que está *pelando el
   ajo.*
6. Es bueno que los jóvenes aprendan desde temprano a
   *rascarse con sus propias uñas.*
7. Yo soy un tipo muy *quemado* para jugar a las cartas.
8. Le *pegó una chupada* honda al pucho y *al tiro* lo apagó.
9. Después que conoció a ese muchacho, mi amiga Susana
   *estaba totalmente volada.*
10. Fui a ver una película de cowboys bastante *capa.*

## Perspectivas literarias

En las "Perspectivas literarias" que preceden a *Las batallas en el desierto* nos ocupamos de los conceptos básicos que permiten estudiar el fondo o contenido de un relato. Esta vez nos ocuparemos de los conceptos que permiten estudiar *la forma* o *estructura*.

Al examinar la forma de un relato, el primer elemento en el que debemos fijarnos es *el narrador* (o *la narradora*). El narrador no es el autor (o la autora) de una obra, sino un personaje que el autor de la obra inventa para que cuente la historia. Antonio Skármeta, un escritor chileno, es el autor de *No pasó nada*, y Lucho, un personaje ficticio de catorce años, es el narrador. Es por consiguiente imposible confundir al uno con el otro, aunque Lucho sea una creación de Skármeta, hecho con su vida, sus experiencias y sus conocimientos literarios.

Además, el narrador de un relato puede ser estudiado independientemente del estudio del individuo que escribe ese relato. Para caracterizar la personalidad del narrador, conviene[1] fijarse en lo que él nos dice sobre sí mismo, en primer lugar. Pero aún más interesante suele ser lo que el narrador nos revela sobre su personalidad indirectamente: cuando da opiniones sobre los personajes y sus acciones, cuando expresa sus preferencias, cuando manifiesta sus gustos y disgustos. En la novela de Skármeta, que es una novela en primera persona en la que el narrador es también el personaje principal, este tipo de análisis es especialmente útil. Recuérdese de todas maneras que en muchos relatos es posible encontrar múltiples narradores y que con cada uno de ellos se puede intentar un análisis parecido.

El narrador o los narradores pueden estudiarse también desde un punto de vista técnico, esto es, según el modo como comunican la historia. A esta caracterización la llamaremos *análisis del modo narrativo*. Dos problemas que aquí merecen nuestra atención, y que en la novela de Skármeta tienen una gran importancia, son la determinación del lugar y del tiempo en los que el narrador está localizado en el momento de contar su historia y su distancia espacial y temporal respecto a[2] los hechos que cuenta. ¿Está el narrador cerca o lejos de esos hechos?; ¿Hay algunos hechos que cuenta que están más lejos de él que otros?; ¿Es posible distinguir diferentes lugares y diferentes tiempos en su historia?; ¿Es el tono con el que el narrador se refiere a cada lugar y a cada tiempo siempre el mismo o hay diferencias?

---

1. it is helpful    2. vis-à-vis

Otro asunto que conviene aclarar es cuánto sabe o dice saber el narrador sobre los hechos que cuenta. Un narrador puede saber todo lo que pasa en el mundo del relato, todo lo que los personajes hacen y piensan, y en ese caso es un *narrador omnisciente*. Esto es lo que se observa en las más famosas novelas del siglo XIX. Pero también es posible que el narrador tenga sólo un conocimiento parcial de lo que sucede en el mundo de la novela, y entonces diremos que es un narrador con un *conocimiento limitado* de los hechos. Por ejemplo, en *No pasó nada* los conocimientos de Lucho no van más allá[1] de los que puede tener un personaje inteligente y perceptivo. No pueden ser totales, así como tampoco son totales los conocimientos que cualquier ser humano tiene acerca del mundo que lo rodea. De todas maneras, si Lucho puede reírse de sí mismo, de los errores que cometió en su pasado reciente, es porque cuenta su historia cuando esta ya ha llegado a su fin. Lucho, el narrador, tiene que saber más sobre los hechos de esa historia que Lucho, el personaje.

En otras situaciones, el narrador puede limitar al mínimo su conocimiento del mundo; puede describir solamente lo que los personajes hacen, su conducta, sus actos, sin comentarios o explicaciones de ningún tipo. Este es el caso del *narrador objetivo*.

Algo más que los lectores deben tener en cuenta acerca del narrador es que este puede mentir o no decir toda la verdad. Puede ser por lo tanto un *narrador inconfiable*, al contrario del[2] narrador que dice toda la verdad y al que llamamos *narrador fidedigno*.

Por último, al estudiar la forma de un relato es esencial examinar su lenguaje. El estudio del lenguaje de las obras literarias es el estudio del estilo, y los tres aspectos que tienen más importancia en este sentido son el léxico o vocabulario de la obra, la sintaxis o construcción de las frases y la composición de los párrafos. En *No pasó nada*, el léxico deriva de la jerga[3] de los jóvenes chilenos a comienzos de los años setenta, aunque la vida de Lucho en Berlín y sus aspiraciones de llegar a ser escritor también influyen en su selección de las palabras y expresiones que usa. En cuanto a la sintaxis y la composición de los párrafos, cuando Lucho dice: "...Es que les cuento todo revuelto y a saltos...", nos está dando una clave[4] que permite entender su estilo de narrar. Lo que esa frase sugiere es que el narrador de esta novela se preocupa mucho menos del orden lógico de sus frases y sus párrafos que del fluir[5] desordenado[6] de su memoria y sus emociones.

En lo que sigue, reproducimos el párrafo inicial de *No pasó nada*. Léalo cuidadosamente y conteste las preguntas que van a continuación del texto:

---

1. don't go beyond   2. unlike   3. slang   4. clue   5. flow
6. disorganized

El 11 de septiembre hubo un golpe militar en Chile, y asesinaron al presidente Allende, y murió mucha gente, y los aviones le tiraron bombas al palacio presidencial, y en la casa tenemos una foto grande en colores donde está el palacio lleno de llamas. El 13 de septiembre era mi cumpleaños y mi papi me regaló una guitarra. Yo entonces quería ser cantante. Me gustaban los programas musicales de la televisión y me había dejado el pelo largo y con los amigos del barrio cantábamos en la esquina y queríamos formar un conjunto para tocar en las fiestas de los liceos. Pero nunca pude tocar la guitarra, porque el día de mi cumpleaños nos cambiamos a la casa de mi tía que estaba enferma y a mi papá supimos que lo andaban buscando para llevárselo preso. Mi papi le escribió después a mi tía y le dijo que vendiera no más la guitarra porque a mi tía la echaron de su trabajo en el hospital. Allá en Chile despidieron a mucha gente de sus trabajos y las cosas ahora están muy caras. A mí ya no me importa que hayan vendido la guitarra y que nunca pude tocarla, porque ya no quiero ser más cantante. Ahora quiero ser escritor. En el colegio el profesor me dice que tengo pasta, pese a que no puedo escribir bien el alemán. Claro que yo pienso que eso tiene remedio, porque cuando llegamos con mi papi, mi mamá y mi hermano chico, ninguno sabía hablar el alemán. No es que ahora yo me crea Goethe, pero de defenderme, me defiendo. Además tengo una amiga alemana. Con la Edith nos vemos todos los días desde hace tres meses. Estamos en el mismo colegio, y después de clases yo voy a visitarla, y lo que más me gusta es cuando nos quedamos solos en la casa en que nos ponemos colorados de tanto abrazarnos y besarnos.

## Preguntas

1. ¿Quién es el narrador de este párrafo? ¿Qué tipo de persona diría usted que él es?
2. ¿Dónde está y cómo ha sido su vida hasta este momento y lugar?
3. Desde el punto de vista del autor, para comunicar su historia, ¿que ventajas o desventajas tiene el hecho de que el narrador sea también un personaje de la novela?
4. ¿Cómo es la actitud de este narrador hacia los hechos de su pasado? ¿Y hacia los de su presente?
5. Identifique por lo menos tres características peculiares en el lenguaje de este narrador. Pueden ser características del vocabulario, de la manera como construye y une las frases o de la composición general del párrafo.

# 3. Novela: No pasó nada
### *Antonio Skármeta*

El 11 de septiembre hubo un golpe militar en
Chile, y asesinaron al presidente Allende,[1] y
murió mucha gente, y los aviones le tiraron
bombas al palacio presidencial, y en la casa
5   tenemos una foto grande en colores donde
está el palacio lleno de llamas. El 13 de
septiembre era mi cumpleaños y mi papi me
regaló una guitarra. Yo entonces quería ser
cantante. Me gustaban los programas
10  musicales de la televisión y me había dejado
el pelo largo y con los amigos del barrio
cantábamos en la esquina y queríamos
formar un conjunto para tocar en las fiestas
de los liceos.° Pero nunca pude tocar la     *secondary schools*
15  guitarra, porque el día de mi cumpleaños nos
cambiamos a la casa de mi tía que estaba
enferma y a mi papá supimos que lo andaban
buscando para llevárselo preso. Mi papá le
escribió después a mi tía y le dijo que
20  vendiera no más° la guitarra porque a mi tía   *without further delay*
la echaron de su trabajo en el hospital. Allá
en Chile despidieron a mucha gente de sus
trabajos y las cosas ahora están muy caras.
A mí ya no me importa que hayan vendido la
25  guitarra y que nunca pude tocarla, porque ya
no quiero ser más cantante. Ahora quiero ser
escritor. En el colegio el profesor me dice que
tengo pasta,° pese a que no puedo escribir     *talent*
bien el alemán. Claro que yo pienso que eso
30  tiene remedio, porque cuando llegamos con
mi papi, mi mamá y mi hermano chico,
ninguno sabía hablar el alemán. No es que
ahora yo me crea Goethe, pero de defenderme, me defiendo.[2] Además tengo una

---

1. **Allende:** Salvador Allende (1908–1973), president of Chile, 1970–1973. His
democratically-elected government, made up of a coalition of moderate and left-wing
parties called the *Unidad Popular* (UP), was overthrown by a group of military officers
in a violent coup d'etat on September 11, 1973. For more information, see *Contextos*,
pp. 67–68.

2. **No... defiendo:** It's not that I think I'm another Goethe, but I can make myself
understood. (Johann Wolfgang von Goethe [1749–1832], German playwright and
author)

amiga alemana. Con la Edith nos vemos
todos los días desde hace tres meses.
Estamos en el mismo colegio, y después de
clases yo voy a visitarla, y lo que más me
5 gusta es cuando nos quedamos solos en la
casa en que nos ponemos° colorados de tanto   *we turn*
abrazarnos y besarnos.

    Yo los sábados voy a ver jugar al Hertha[1]
al Olympia Stadion y no estoy muy conforme
10 con la campaña del equipo. Mi jugador
predilecto era Kosteddes. Lástima que el
Hertha lo vendiera. Yo encuentro que juega
con mucha picardía,° y me acuerdo mucho   *sass*
viéndolo en acción de un chileno que se llama
15 Caszelly, que jugaba allá por el Colo-Colo,[2]
que era de la Unidad Popular,[3] y que ahora
triunfa en España. Además me interesa
cómo juega Kliemann en la defensa, que
también se parece a otro jugador chileno, el
20 Elías Figueroa, alias «El Impasable».°   *"The Impenetrable"*
gusta mucho cuando el Hertha gana, y me da
pena cuando pierde, pero no soy de los
fanáticos que van al estadio con bandera y
trompetas, y que se colocan° la camiseta del   *put on*
25 Hertha. En mi familia todos somos del
Hertha y antifascistas. Mi papi está
convencido que un gobierno como el de la
junta militar chilena[4] tiene que caer muy
luego,° porque nadie en el mundo los quiere y   *very soon*
30 la gente allá sufre mucho.

    En el colegio antes ninguno de mi clase
sabía dónde quedaba Chile. Yo después se lo
mostré en el mapa. Muchos se reían porque
no podían creer que hubiera un país tan flaco.
35 Y en realidad en el mapa se ve como un
tallarín.° Me preguntaban que cuánta gente   *strand of spaghetti*
cabía allá dentro. Cuando yo les dije que
cabían como diez millones, creyeron que les

---

1. **Hertha:** a German soccer team

2. **Colo-Colo:** a Chilean soccer team

3. **la Unidad Popular:** See note 1, p. 76 and the *Contextos* section.

4. **junta militar chilena:** After the coup the heads of the different branches of the
armed forces formed a military junta to rule the country. This junta was headed by
General Augusto Pinochet, who has since become president.

estaba tomando el pelo. Yo les dije que el
Estadio Nacional de Chile era más grande
que el Olympia Stadion de aquí y que allá se
había jugado el mundial del 62, cuando ganó
5   Brasil, segundo Checoslovaquia y tercero
Chile. Ellos no saben que en ese Estadio
después los militares metieron mucha gente
presa,[1] y allí mataron a mi tío Rafael que era
profesor y el mejor amigo de mi papi. Yo
10  nunca ando contando estas cosas porque no
me gusta que la gente se ponga triste. Ahora
Brasil ya no es el mejor equipo del mundo,
sino Argentina. Yo les mando postales° a mis        *post cards*
amigos de allá con las fotos de Maier y
15  Beckenbauer.

Al comienzo no nos acostumbrábamos
para nada.° Mi papá y mi mami no tenían        *we couldn't get*
trabajo, mi hermano chico se enfermó con        *adjusted at all*
mucha fiebre por el cambio de clima y
20  vivíamos en una pieza° los cuatro en el        *room*
departamento° de un amigo alemán que        *apartment*
había estado en Chile. Mi mami era la que
más sufría porque allá teníamos una casita
con patio en Nuñoa[2] con hartas piezas, y cada
25  uno tenía lugar para hacer lo que quería. A mí
el que más me molesta es mi hermano chico
que entiende poco alemán, y cada vez que
vemos la televisión me pregunta a cada rato
qué está pasando, y yo me pongo a traducirle,
30  y entonces no oigo yo a los actores y mi
hermano me sigue° jodiendo° con que le        *keeps / pestering me*
explique, hasta que tengo que pegarle un
coscorrón, y se pone a llorar, y mi mamá me
pega un coscorrón a mí, y se pone de mal
35  humor y reta° a mi papá, y el viejo estaba        *scolds*
cansado porque venía de buscar trabajo, y mi
mamá salía con que no podía seguir así, que
ella se iba a Chile, que no tenía nada que
hacer aquí, y mi papá se iba a acostar sin
40  comer.

---

1. **en. . . presa:** Thousands of supporters of Allende were imprisoned and/or tortured
and killed in the National Stadium in Santiago in the first months of the military
government.

2. **Nuñoa:** a suburb of Santiago

Aquí en invierno oscurece muy temprano. Cuando salimos de la escuela con Edith en diciembre ya casi no hay luz. A nosotros nos conviene bastante eso. Siempre
5 sabemos dónde hay algunos lugares más o menos oscuros para meternos un ratito. En Chile la noche es corta, hay más pájaros que en Berlín, una cordillera° muy linda que *mountain chain* siempre tiene nieve en la punta,° hay muchos *peak(s)*
10 insectos, perros sueltos, y moscas. Aquí en Alemania se ven muy pocas moscas. La gente es muy higiénica.

Yo fui el primero en aprender alemán de mi familia, y cada vez que sonaba el teléfono,
15 mi papá me iba a buscar para que yo atendiera. A veces cuando yo no estaba en la casa, el papi y la mami dejaban que el teléfono sonara no más porque les daba vergüenza levantarlo. Y cuando yo llegaba a
20 la casa me retaban porque no había estado cuando sonó el teléfono. Ahora dejamos que suene todo el tiempo que quiera, pero los primeros meses dependía del teléfono que comiéramos. Resulta que el papi y la mami se
25 habían conseguido un trabajo enseñando español, clases particulares. Como los dos son profesores, no les cuesta nada° enseñar. *it's no effort for them* Yo les anotaba en la libreta la dirección de los alumnos, y escribía el día en que querían
30 clases.

En el colegio al comienzo no tuve amigos. En los recreos me juntaba con mi hermano chico y nos dedicábamos a comer el sandwich y a tomar el sol contra la pared. Eso es otra
35 cosa que soy: el mejor tomador de sol del mundo. Tal vez porque paso resfriado y muerto de frío. En Chile me decían «El lagarto».° Yo y el sol, íntimos.° Aquí en la *"The Lizard" /* escuela no dan nada de leche en el recreo, *intimate friends*
40 porque los niños se alimentan bien en la casa. Allá en Chile había muchos niños que se morían de hambre y cuando vino Allende ordenó que a todos los niños de Chile se les diera medio litro de leche por día y eso fue
45 muy bueno porque dejaron de morirse. Aquí los niños no saben lo que es un país pobre

ca una casa hecha    *cardboard / tin plates*
i no me creen que se
abía viento fuerte o    *they would come*
l Chile hay muchos    *(tumbling) down*
se conocen los terre-
on el Henning, el Karl
mm[1] a ver la película
do el teatro comenzó a
rgaron a° reír, pero a mí    *broke out*
a porque me acordé de
onté a mi papá que me
habi        ne pegó un coscacho.[2] Me
dijo que si esta  tonto de andar echando de
menos° los terremotos, que lo único bueno    *missing*
15  que tenía estar lejos de Chile era no sufrir los
terremotos y que ahora yo venía y le salía con
esa estupidez.[3]

    Mi papi y mi mami creen que yo estoy
tonto porque ando enamorado. Y a lo mejor
20  tienen razón, porque me paso horas tendido
contra las murallas tomando el sol y
pensando en la Edith. Pienso cosas que me
gustaría decirle cuando la vuelva a ver otra
vez, que me salgan bien en alemán. Me fijo
25  bien cómo se dicen en el diccionario. Hay que
aprender a decirle cosas lindas a la Edith en
alemán, porque es muy linda, y si me quedo
callado, seguro que puede quitármela algún
otro. Aquí a los cabros más grandes° les    *older guys*
30  gusta mucho eso de quitarnos las novias a los
de más abajo. Van a fiestas con ellas y les
conversan cosas de grandes y las tontas se
sienten actrices de cine con ellos. Yo me fijo
mucho lo que hacen los grandotes del
35  Gymnasium[4] cuando hablan con las
chiquillas. Por ejemplo, me di cuenta que les
conversan tiesos° como postes.° En cambio    *stiff / boards*
cuando nosotros les hablamos parece que nos
picara° el cuerpo de tanto que nos rascamos y    *itches us*

---

1. **Kudamm:** nickname of the *Kurfürstendamm*, one of Berlin's major avenues

2. **me**...**coscacho:** he hit me on the head

3. **ahora**...**salía:** now I come along and let loose this stupid remark

4. **Gymnasium:** German high school

nos movemos. Ultimamente he estado estudiando mucho a los actores de cine, que por eso° son actores de cine. Yo no me encuentro ni feo, ni buenmozo. La Edith me *that's why*
5  halla más o menos,° y yo estoy de acuerdo: *average looking* también me hallo más o menos. Un tipo que siempre le va muy bien en el cine es Robert Mitchum, y no me van a decir que es buenmozo. Yo opino que tienen razón los
10  filósofos que dicen que el amor no sólo es asunto del físico. Allá en Chile había un compañero que se llamaba el Guatón Osorio, que no es que fuera un poco gordito. Era gordo *gordo*. Lo que se llama *gordo*. Tenía
15  una novia que se llamaba la María, que es la mujer más rica° que conocí en mis catorce *delicious* años, incluidas las que he visto en el cine, el teatro y la televisión. Le pregunté al papi qué había sido del Gordo y el papi siguió leyendo
20  el periódico con el diccionario y me dijo que estaba en la Resistencia. Esa fue una muy buena noticia, porque yo soy admirador del Gordo. Juan Carlos Osorio se llama. Digo que me fue bien con el papi, porque siempre
25  que le pregunto por algún tío° me dice que *one of his friends* está preso, o que está muerto, o que está en Canadá, en Rumania, en Africa, qué sé yo. Yo le pregunté al papi que cómo un gallo° como *guy* el Osorio podía estar en la clandestinidad,
30  que con solo verlo uno se daba cuenta que era el Osorio. No hay modo de fondear° bien a un *to disguise* Gordo. El papi para variar me dijo que me iba a sacar la chucha por andar preguntando huevadas.¹ Como se habrán dado cuenta mi
35  papito colabora con cariño y entusiasmo a la educación de sus hijos.

Lo que pasa con el papi es que todo el día hace clases de español y claro, aprende poco alemán, y cada vez que pasan una noticia de
40  Latinoamérica en la televisión me pega el grito para que venga a traducirle. De Chile llegan puras malas noticias, y el papi se ve todos los noticiarios de la televisión. Se traga

---

1. **me**... **huevadas:** he was going to hit me hard for asking stupid questions

cuánto Heute y Taggeschau[1] hay. El viejo no
se da cuenta que el día que caiga Pinochet va
a ser feriado° nacional en todo el mundo, se          *holiday*
van a embanderar° las calles, y los pájaros se        *put out the flags*
5   van a largar a volar° como locos. Yo creo que,      *take off into flight*
salvo la familia del General Pinochet, nadie
más se va a entristecer cuando caiga. Y
cuando vaya a la cárcel, creo difícil° que le         *unlikely*
lleguen visitas. Es que él traicionó a Allende
10  y a la patria, y eso es lo más feo que puede
haber. Muy difícil que alguien lo vaya a ver a
la cárcel. Ni las monjitas, yo creo.
     Yo al comienzo me sentí más tirado que
pucho[2] en Berlín. Para más remate° a mi          *to make things worse*
15  hermano y a mí nos metieron de cabeza en la
Escuela del barrio. Cuando nos decían *Guten
Morgen* creíamos que nos estaban sacando la
madre.° Los cabros eran buena gente y se nos       *calling us dirty names*
acercaban a preguntarnos cosas, pero lo
20  único que podíamos hacer nosotros era
sonreírnos como pavos.° Comencé a aprender        *like turkeys (idiots)*
alemán jugando fútbol en los recreos. Me
ponían de back centro y allí metí tanto fierro°    *I played so rough*
que aprendí distintas palabritas: «desgracia-
25  do», «cabrón», «pata de mulo».[3] Yo me abría
de brazos y miraba al delantero° caído y           *forward*
decía: «No pasó nada». Siempre decía eso.
Entonces me pusieron de sobrenombre «No-
pasó-nada». Todavía cuando algunos me ven,
30  levantan las manos así y me dicen «Hola,
Nopasónada».
     Si ustedes creen que esos días lo pasé
bien, se equivocan. Lo pasé mal, pésimo.
Cuando llegaba a la casa, era fijo° que la          *it was a sure thing*
35  mamá estaba llorando. Y no era porque
estuviese cocinando cebolla. Llegaban unas
cartas de Chile que eran como para desaguar
todo el estanque.[3] Yo prefería eso sí que la
mami llorara, porque lo que es° mi papi no          *being who he is*
40  lloraba nada, pero agarraba a patadas° los        *he would kick*

---

1. **Heute y Taggeschau:** German TV news programs

2. **más ... pucho:** totally lost (lit., more discarded than a cigarette butt)

3. **"desgraciado ... mulo":** English equivalents would be "ass," "jerk," "dirty
bum."

4. **eran ... estanque:** were enough to drain the whole reservoir

muebles, y cuando nosotros estábamos a
mano,° nos tiraba su coscorrón perdido.    *within reach*
Siempre discuten con la mami. Ella dice que
quiere volver a Chile, que hay que estar allá
5  pelando el ajo con los compañeros. Pero la
mami luego se da cuenta que anda° muy    *she is being*
sentimental. Lo que es cierto es que no hay
carta desde allá donde no falte un nuevo
compañero muerto o preso. Yo agarré la
10 costumbre° los sábados en la mañana de    *got in the habit*
abrir el buzón, y si hay cartas, no las entrego
hasta el lunes. Así por lo menos el papi y la
mami no se amargan° el fin de semana. El día    *don't ruin for*
que el papi sepa, seguro que me va a poner    *themselves*
15 knockout. Así que al comienzo lo pasaba
pésimo.

Mis primeros amigos fueron los griegos.
También eran dos y tenían nuestra misma
edad. Claro que se llamaban raro. El mayor
20 se llamaba Homero y el chico Sócrates.
Homero y Sócrates Kumides. Hablaban bien
el alemán, porque llevaban más de cinco
años. Me conocieron un día en que tomaba el
sol contra la muralla del colegio, sacándole
25 punta° a un lápiz. Me dijeron en español:    *sharpening*
«¿Cómo estás, compañero?». Eso fue lo único
que sabían decir en español, pero palabra
que° hasta que volvieron hace poquito a    *but on my word*
Grecia, fueron muy buenos conmigo. Cuando
30 el Homero se me acercó ese día dijo
levantando un dedo de la izquierda:
«Pinochet», y con un dedo de la derecha:
«Ioannides». Y después se pasó la mano por
la garganta, como rebanándola,° y dijo:    *as if slitting it*
35 «Irgandwann, zusammen, kapput». «Ven-
ceremos», dije yo.[1] El Homero y el Sócrates
Kumides fueron mis primeros mejores
amigos. Me llevaron a su casa, me enseñaron
a tomar vino, a bailar como Zorba[2] y, lo más
40 fundamental, a hablar el alemán.

---

1. **Irgandwann....yo:** "One of these days we, together, are going to eliminate
them." "We shall overcome," I said.

2. **Zorba:** protagonist of the film *Zorba the Greek*, played by Anthony Quinn. The
movie, based on the novel by Nikos Kazantzakis, tells the story of a popular Greek
character known for his colorful dancing.

Un día estábamos en la casa del señor
Kumides, y el viejo nos dijo que nos
vistiéramos porque íbamos a ir al teatro. Y
fuimos. Pero claro que no era nada el teatro,
5   sino una sala parecida a un teatro en la
Universidad Técnica. Había mucha gente
juntando plata° con alcancías° y el Homero      *collecting money /*
me dijo que todo el dinero era para ayudar a    *collection boxes*
la gente que estaba en Grecia. Entre los dos
10  juntamos un marco y lo echamos en la
alcancía. Entonces vino un cantante y
comenzó a cantar acompañado de un
conjunto con instrumentos que yo no
conozco, aunque había uno chiquito parecido
15  al charango.¹ Nosotros tenemos también
muy buenos conjuntos. No sé si ustedes
conocerán al Quilapayún, a Inti-Illimani y a
Liberación Americana.² Pero la diferencia
con los griegos es que cuando el cantante
20  comenzó, todo el público se puso de pie con
un puño° en alto y cantaron con el conjunto    *fist*
hasta que la función terminó. Además
estuvieron llorando todo el tiempo. También
el Homero estaba llorando. Cuando salimos,
25  el viejo Kumides, que mide yo creo como dos
metros, me levantó y me apretó bien fuerte y
me dijo «Venceremos». Yo creo que si no me
hubiera hecho tan amigo de la Edith, me
habría ido a Grecia con el Homero y el
30  Sócrates.
    Otra vez que me estaba yendo
tempranito al colegio, me encontré a mi papá
en la cocina oyendo las noticias de la radio a
todo volumen. Me mandó callar con un dedo
35  en la boca, y yo me hice un pan con
mantequilla, y me quedé con él oyendo las
noticias. Cuando terminó el programa, mi
papi casi no podía respirar. «¿Qué
entendiste?», me dijo. «Que cagó
40  Ioannides»,° le dije. «¿Te lavaste bien las    *Ioannides fell*
orejas en el baño?». «Sí, papi», le dije. «¿Y
qué fue lo que entendiste en la radio?» «Lo

---

1. **charango:** small mandolin-like instrument made with an armadillo shell for the box

2. **Quilapayún . . . Americana:** famous Chilean musical groups that play folk music
and protest songs, and whose members are all in exile

que te dije, papi. ¡Que cagaron los fascistas° *the fascists have fallen*
en Grecia!» Mi papi movió despacito la
cabeza, y se tomó muy lento, pero hasta el
último concho,° la taza de café. Yo no me *drop*
5   moví de ahí. Mi viejo estaba totalmente
volado. Pensé que iba a morirse de repente.
Como a los cinco minutos, levantó la mirada
de la taza y me dijo: «¿Qué está[1] haciendo, ahí
parado?° Venga acá a regalonear° con su *standing there / to*
10  papi». Ahí fui yo el que casi me muero. Me *snuggle*
acerqué, y el papi me apretó la cabeza, y me
chasconeó° entero, y me tuvo un buen rato *ruffled my hair*
apretado° contra su corazón. Después me *pressed*
dijo: «Ya. Váyase al colegio a ver a sus
15  amigos. Se queda hueveando° en la cocina, y *hanging around*
va a llegar tarde a clases».
     Me fui corriendo arriba de mis zapatillas
Addidas Olympia, de las mismas que usa
Beckenbauer.[2] Llegué justo a tiempo, pero el
20  Homero no estaba en el curso. Le dije a la
Edith que había caído Ioannides, y ella abrió
muy grandes los ojos, se metió las uñas en la
boca, y me gustó mucho cómo el sol se le veía
en su pelo todo enrulado° a la hippie.° Yo a la *curled / hippie-style /*
25  Edith le digo «Ricitos».° *"Curly" (lit, little curls)*
     Tampoco estaba Sócrates en el recreo, y
durante la hora de Matemáticas no me pude
concentrar, y antes de las 11 me acerqué a la
profesora y le dije que me dolía mucho el
30  estómago y que me iba para la casa. A las
11.05 estaba en el departamento de los
Kumides en Wiclef Strasse, y lo primero que
vi, aparte de que la puerta estaba totalmente
abierta, era que el living se había vaciado y
35  que había dos tipos que no conocía
durmiendo en el suelo. Me metí por el pasillo
hasta la pieza y golpeé° despacio. «Entre.» *I knocked*
Era la voz del señor Kumides. Tiene una voz
ronca y grande, muy parecida a sus bigotes.
40  Mi papi también tiene unos tremendos

---

1. **está:** In informal Chilean Spanish, the *usted* form is sometimes used paradoxically to indicate affection.

2. **Beckenbauer:** Franz Beckenbauer, member of the German national soccer team and one of the most famous players of all time. He was captain of the team in 1974, when Germany won the World Cup Championship.

bigotes, pero no esa voz tan ronca. Me he
fijado que aquí los alemanes no usan mucho
el bigote. Entonces, estaba el viejo Kumides
total y absolutamente en pelotas° en la cama.     *naked*
5   Y a su lado derecho estaba durmiendo el
Homero, totalmente en pelotas, y al lado
izquierdo el Sócrates, totalmente en pelotas
para variar.° Y al fondo de la pieza,             *for a change*
arreglándose los ojos frente al espejo estaba
10  la señora Kumides con una bata° de esas de      *robe*
playa, pero también para variar se veía que
debajo de la bata estaba también en pelotas.
La señora Kumides tiene la nariz un poco
grande, pero mira fijo a los ojos cuando uno le
15  habla como si uno siempre fuera el gallo más
inteligente de Berlín. No es porque sea la
mamá del Homero y el Sócrates, pero yo soy
un hincha fanático° de la señora Kumides.         *great fan*
De repente vi que estaban las paredes vacías,
20  y cuando miré al suelo vi las valijas° llenas.    *suitcases*
Sumé todo eso y saqué mis cuentas.¹ El
matrimonio Kumides rapidito cachó° que yo         *caught on*
había entendido. Cuando el señor Kumides se
pone dulce, le viene de adentro una mirada
25  medio de perro grande. Me miraban los dos
como si fueran una pareja de novios sentados
en una roca contra el mar y yo fuera el
mismísimo poético horizonte.
—¿Supiste?—me dijo, despacio y ronco,
30  como para no despertar a los hijos.
Asentí con la cabeza, apreté muy firme
los dientes, y con más fuerza aún, apreté el
puño izquierdo, y cuando lo levanté, lo hice
vibrar como si martillara° el cielo. El alzó el    *hammering*
35  puño, pero no lo hizo vibrar, aunque se le
abultó° el cuello y se le formó una especie de    *swelled up*
puchero debajo del bigote.² Yo creo que si
alguien entra y nos ve ahí a los dos con los
puños en alto, y a la señora en bata, y al
40  Homero y el Socra roncando, nos lleva
expreso° al manicomio.°                            *straight / insane*
                                                   *asylum*

---

1. **Sumé**... **cuentas:** I put it all together and came to my own conclusions.

2. **se**... **bigote:** he twisted his mouth under his mustache (as if he were about to cry)

Esa noche el señor Kumides invitó a mi
viejo y a mi mami para que comiéramos
juntos. Mis viejos vinieron porque nos faltan — *to lack*
muchas cosas en la casa y los Kumides
5   dijeron que podían llevarse lo que quisieran,
aunque lo que tenían era poco. Y no decían
ninguna mentira. Pero había lindas cosas en
la pared que había tejido° la señora Kumides,        *knitted*
y el Homero me regaló su chaqueta gruesa
10   forrada en° chiporro.° El Homero me dijo        *lined with / fleece*
que en Grecia no se necesitaba ropa de
invierno. Me la entregó al día siguiente en el
aeropuerto, justo cuando estaban llamando
para subir. Yo me despedí de las profesoras a
15   nombre del Homero y les dije un lindo
discurso. Recién este mes, la mami está
tratando de conseguirme otra chaqueta
porque pegué un estirón.° Y supongo que el        *I grew suddenly*
Homero debe estar más alto que yo, por la
20   foto que me mandó de Atenas. Estoy muy
invitado para el próximo verano a Grecia, y
yo creo que voy a ir, porque en confianza,° les        *confidentially*
contaré que estoy trabajando. Después de        —
clase voy dos horas al Albrecht¹ del barrio y
25   ordeno las cajas de cartón, y barro° todas las        *I sweep up*
porquerías  que  quedan  tiradas.°  Por        *are left on the floor*
supuesto  que  no  estoy  convertido  en
Rockefeller, porque le paso algo de plata a
mis viejos y a mi hermano chico que se
30   devora tres revistas de historietas° por día, y        *comic books*
porque llevo a la Edith al cine y a los
baileteos.° Con todo, ya ahorré trescientos        *dances*
marcos, y de aquí a junio voy a tener demás
para tomar el avión ida y vuelta a Grecia.
35   Dicen que el Retsina de allá es mejor que el
que venden en el barrio.

Ahora me ven como me ven y no pasa
nada. Es que les cuento todo revuelto y a
saltos.° Pero hubo un tiempo en que yo fui el        *jumping around*
40   niño más triste de Berlín. Me da vergüenza
contar esto que viene. No me gusta decir de
mí mismo que era un «niño», porque mi papi
nos dijo que desde ahora en adelante se había

---

1. **Albrecht:** a German supermarket chain

acabado la niñez para nosotros. Que las cosas
iban a ser muy duras, y que teníamos que
portarnos desde ya como hombres. Que no
anduviéramos pidiendo cosas porque no nos
5   alcanzaba para comer. Que los alemanes
tenían una solidaridad más grande que un
buque,° pero que nosotros debíamos     *ship*
rascarnos con nuestras propias uñas. Que la
plata que juntaban los alemanes tenía que ir
10   para los compañeros que estaban dentro de
Chile. Que cada peso que gastaban en
nosotros aquí, era un día más que duraba allá
el fascismo. Dijo mi papá que esperaba que
fuéramos hombrecitos y que no nos
15   metiéramos en líos. Que aquí estábamos
como asilados políticos,° y que en cuanto nos   *political refugees*
enredáramos en un lío nos echarían. Mi papi
es especialista en echar este tipo de
discursos. Durante una semana anduvimos
20   en punta de pie.° Subíamos los cinco pisos   *on tiptoe*
hasta el departamento como fantasmas°   *ghosts*
para que las viejas no reclamasen. Y durante
seis meses no le vimos ni el pellejo a la carne,
a no ser por alguna salchicha despistada.[1]
25       Además era invierno. Yo recorría todo
Tiegarten[2] buscando un poquito de sol. El sol
en Berlín es lo único barato, pero escasea
mucho. Después aprendí como tres palabras
en alemán, y atravesaba Tiegarten, me metía
30   por debajo del S Bahn[3] Bellevue, y agarraba
hacia Zoo, y después me caminaba entera la
Kudamm. Todo esto sin un peso, los bolsillos
planchados como camisa de milico.[4] Si me
hubieran agarrado y sacudido, jamás hubiera
35   sonado ni una monedita. Ahora que lo pienso
bien, yo creo que no era el niño más triste de

---

1. **no**... **despistada:** we didn't see a bit of meat, except for an occasional stray
sausage

2. Note that a number of foreign words and expressions—German, French, and
English—are used in *No pasó nada,* and are often spelled incorrectly or inconsistently:
for example, *Tiegarten* instead of *Tiergarten; Baujolais* instead of *Beaujolais; cheeck-
to-cheeck* instead of *cheek-to-cheek.*

3. **S Bahn Bellevue:** S Bahn and U Bahn (correctly spelled S-Bahn and U-Bahn) are
the two lines of railways interconnecting Berlin.

4. **los**... **milico:** my pockets empty (lit., my pockets ironed as flat as a soldier's shirt)

Berlín, sino de Europa, porque estar triste en
Berlín no se lo recomiendo a nadie. Y estar
triste y sin un pfennig, es para ponerse a
llorar a gritos. Cuando hacía mucho frío me
5  metía al sexto piso del KaDeWe[1] y allí no lo
pasaba mal. Siempre hay señoritas que
ofrecen cosas de propaganda en la sección
comestibles, y yo agarraba de esto y lo otro.
Un pedazo de queso, después una galleta,
10  después un chocolate, un vasito de vino, un
camarón cocido. Si uno hacía la vuelta
completa, podría darse por almorzado.° Yo   *consider oneself as*
de hambre no me moría. Ahora el papi y la      *having lunched*
mami trabajan, y hasta° nos alcanza para su   *even*
15  kilo de Hackepeter[2] de vez en cuando, pero en
esos primeros meses yo era el único que no
estaba pálido. Un día en que se estaban
quejando en la casa del hambre, del frío, de la
pena, de los fascistas, les dije al papi y a la
20  mami que por qué no íbamos todos juntos al
sexto piso del KaDeWe y nos hacíamos el
almuerzo. El papi entonces me tiró un
manotazo° por estar hablando puras          *smacked me*
huevadas, pero otro día que andábamos por
25  el centro en un trámite del exilio, el
certificado médico de la Nürnbergerstrasse,[3]
el papi dijo que ya se cortaba de hambre°     *he was starving*
porque le habían sacado sangre para el
examen, y que cómo era eso del KaDeWe, y
30  ya que estábamos ahí, fuimos.
      Ese día la pasé muy bien con el papi.
Estuvimos como una hora comiendo, y sobre
todo, el papi tomando. Se tomó tres clases de
vino de la Alsacia, y salió silbando tangos.
35  Me dijo que yo era un tipo muy inteligente,
pero que no me metiera nunca en líos. Me dijo
que tuviera cuidado con dos cositas: con el
robo y la marihuana. Aquí a la gente le gusta
mucho esos deportes. El papi me contó que
40  cualquiera de esas dos huevadas bastaba

---

1. **KaDeWe:** a German department store and supermarket

2. **Hackepeter:** ground beef

3. **la Nürnbergerstrasse:** a street in Berlin where the medical facilities for exiles are
located

para que nos echaran del país. Iba muy
contento, pero también estando contento
echaba discursitos. Yo creo que tarde o
temprano° mi viejo va a ser senador.                    *sooner or later*

5      Lo que el viejo nunca me dijo es que
podían pasar cosas peores. Y esa cosa peor,
me pasó a mí. Yo fui el tipo más quemado de
Berlín.

       Resulta que yo me dedicaba mucho a la
10  tienda esa de revistas de Joachimstaler. Es
un negocio muy lindo con diarios extranjeros
y revistas de historietas y deportes. Yo me
pasaba horas mirando las historietas, sobre
todo cuando era el famoso invierno ese.
15  Adentro se estaba calentito y no era que yo
leyese las revistas, pero me entretenía mucho
mirando los monos.° Al fondo estaban las        *pictures*
cuestiones° pornográficas que le llaman.° A     *items / so-called*
veces me metía ahí, pero los vendedores me
20  echaban. Además yo necesitaba dejarme de
mirar fotos de mujeres y hacer lo posible por
debutar, porque ya me había salido pelito, y
soñaba con tener luego un bigote como el de
mi viejo o el señor Kumides. Yo soñaba
25  mucho con mujeres, me ponía a imaginar que
les decía cosas, y que ellas se reían con mis
palabras. Me imaginaba unos diálogos en
alemán que me los aprendía de la historieta
«Junge Liebe».[1] Dejé de ir a mirar las
30  revistas, cuando me convertí en un fanático
de la radio portátil. Era una chiquita,
japonesa, que el viejo trajo a la casa para oír
las noticias. Tenía esa cosa para meterse en el
oído, y pronto me supe las melodías de todos
35  los Schlager[2] de la semana. Ahí fui
aprendiendo las primeras frases en alemán.
Paseaba por Kudamm con el cable en la
oreja, y cuando agarraba una palabra, abría
el diccionario, y la iba repitiendo hasta
40  aprenderla. Al mes sabía las obras completas
de la estupidez humana. Recién ahora° me      *only now*
doy cuenta que uno no necesita saber cantar

---

1. "**Junge Liebe**": *Young Love* (a German teen magazine)

2. **Schlager:** hit records (top ten)

tonterías para conseguirse una amiguita. Yo creo que había sacado esa idea de las revistas donde siempre los cantantes populares aparecían fotografiados con chicas lindas.

5 Después aprendí que ni siquiera° palabras se *not even*
necesitan. Como sea, yo era el tipo que sabía más canciones que nadie en Berlín. Me imaginaba que había un concurso en la televisión y que me tocaban los primeros

10 compases° de cualquier melodía y que yo *opening bars*
decía de inmediato el nombre, y ganaba cualquier cantidad de marcos y en el colegio todos me admiraban. Si ustedes me hubieran visto con el bolsón a la espalda, la radio en la

15 oreja, el diccionario y el cuaderno, me hubieran dado la medalla del tipo más huevón° en la tierra. *dumbest guy (vulg.)*

Claro que todo tiene su lado bueno. Andaba siempre con tantas ganas de oír los

20 Schlager, que comencé a meterme a la casa de discos Elektrola Musikhaus en la Kudamm, antes de llegar a Uhland.[1] Señalaba con el dedo las carátulas° y pedía que me los *record covers*
pusieran en el tocadiscos. Todo esto no tiene

25 la menor importancia. Lo cuento nada más porque así conocí a Sophie. Ahora que estoy enredado con Ricitos puedo darme cuenta que nunca me enamoré de Sophie. Ella tendría como cinco años más que yo, y no era

30 precisamente la reina de Belleza de Charlottenburg, pero fue la primera mujer con la que pasaba algo. Desde el primer momento, supe que algo tendría que pasar con ella. Sophie tenía la profesión más

35 excitante de la ciudad. Atender a todos los tarados° que no tenían nada que hacer, como *cretins*
yo, y se metían a Elektrola Musikhaus, a tragar kilómetros° de la señorita Leandros, *to swallow reams*
de la señorita Mathieu, y del notable

40 intelectual Udo Jürgens.[2] Era mayor que yo, pero sería de mi mismo tamaño. Y tenía una

---

1. **Uhland:** a street in downtown Berlin

2. **de la señorita Leandros . . . Jürgens:** of Miss Leandros, of Miss Mathieu, and of that most remarkable intellectual Udo Jürgens (all famous European pop singers)

cara chiquita, así como de conejo, y unos ojos
inmensos que se los aleteaba° a cada rato con *she fluttered*
esas pestañas falsas° cargadas de su buena *false eyelashes*
libra de petróleo.[1] Las pestañas de Sophie
5  eran la falsedad absoluta, pero no la mirada.
Era la vendedora más convincente que he
conocido, incluyendo a los que venden *Die*
*Wahrheit*[2] en Turm Strasse, los sábados a la
salida del Hertie.[3] Primero que nada, uno le
10  pedía, pongámosle,° «Ein neuer Morgen» por *let's say*
el filósofo Udo Jürgens. Ella sonreía y se le
ponía como un lago azulito en el fondo de la
mirada. Entonces decía esta frase histórica:
«Es mi disco predilecto». Lo cual pasaba
15  exactamente con todos los discos. A mí eso
no me importaba, porque jamás le compré
ningún disco. Y estuve bien, porque creo que
le empezó a gustar que yo pasara invicto
todos los días de la semana por el mesón° con *counter*
20  audífonos.° Después ponía la aguja° sobre el *headphones / needle*
tema° y juntaba las palmas de las manos *song*
hasta que comenzaba a sonar. Y cuando
llegaba este momento crucial en la historia de
su vida, comenzaba a acompañar bajito la
25  letra del intérprete, mirándolo a uno, como si
le estuviera cantando a uno mismo la
canción. Yo creía que estaba perdidamente
enamorado de Sophie, y cuando atendía a
otros tipos le miraba bien el pecho y soñaba
30  con mordérselo. Se sabía las letras° de todas *lyrics*
las canciones del mundo. Yo creo que Dios le
había encontrado ese trabajo a la Sophie
Braun. Era un perfecto Wurlitzer.[4]
　　No fui nunca más a la tienda de revistas,
35  por razones que todos sabrán comprender.
Ahora me devanaba los sesos[5] tratando de
ver cómo plantearle mis otros intereses,
aparte de la música. Finalmente durante una

---

1. **cargadas**...**petróleo:** weighed down with a good pound of petroleum (heavily
made-up)

2. **Die Wahrheit:** *The Truth* (a German religious newspaper)

3. **Hertie:** a department store

4. **Wurlitzer:** a brand of juke-box

5. **me**...**sesos:** I was racking my brains

clase de historia, tuve una iluminación. Al
día siguiente llegué a Elektrola Musikhaus y
me senté en la punta más lejana del mesón,
con el lomo agachado° por el peso de mi    *back hunched over*
5  bolsón colegial en la espalda. Apoyé la
barbilla° en el mesón y esperé que viniera a    *chin*
atenderme. Y vino con todo, con su mirada
honda y sus pechitos, y ese pelo corto que le
apretaba la cara regalona.° «¿Qué quieres    *cute*
10  oír?», me preguntó. Y ahí fue cuando yo hice
un supremo esfuerzo y la miré al fondo de su
lago, dónde saltaban gaviotas,° pescados, y    *seagulls*
muslos° aleteando, y no le dije absoluta-    *thighs*
mente nada, pero no la dejé ni respirar con mi
15  mirada encima. Ella ladeó° un poco el cuello,    *tilted*
y me levantó las cejas.° «¿Qué quieres    *eyebrows*
escuchar?» Ahora o nunca, valientes de la
patria,[1] le dije a mi corazón. Y a ella: «No
quiero oír ningún disco. Quiero que tú me
20  cantes algo». Y no sé de dónde saqué mi
mano y le eché un zarpazo° sobre la suya. Yo    *paw*
sospechaba que en ese mismo momento la
tierra se abriría y me tragaría para siempre y
vendrían mis papis a poner una crucecita° en    *little cross*
25  la tienda de discos. Le apreté más fuerte la
mano para que no se diera cuenta que
temblaba. Hasta el momento yo había visto
cosas rojas: las rosas, la sangre y los
tomates. Bueno, olvídense de todo esto e
30  imagínense la cara de Sophie Braun. En ese
instante sentí que había roto la barrera.° Que    *barrier*
la Sophie sería mi novia. Se quedó ardiendo
ahí como Juana de Arco,[2] y mientras ella más
enrojecía,° yo más tranquilo me iba    *blushed*
35  poniendo. Me sentí la estrella máxima del
cine. Entonces la tironeé° suavemente de la    *I pulled*
manita, y le di un beso corto en la boca. ¿Se
acuerdan del incendio que duró cinco días en
los bosques de Hannover?[3] Olvídense de eso.
40  Me puso las manos en las mejillas, y me
empujó° la cara, pero no como empujándola,    *pushed*

---

1. **Ahora... patria:** It's now or never, patriots

2. **Juana de Arco:** Joan of Arc, a Catholic saint burned at the stake in 1431

3. **Hannover:** a city, surrounded by forest, in the north-central part of Germany

sino como si me hiciera un cariño. «Tonto»,
me dijo. Y se puso a limpiar el mesón con un
trapo de fieltro.° No sé para qué limpiaba    *felt cloth*
tanto el mesón si estaba impecable.

5    Bueno, total que° me fue pésimo° en    *the upshot is / I had a*
Berlín. Nunca robé un chiclet, jamás probé    *terrible time*
un rollito de marihuana, pero me metí en el lío
más grande de la historia de Alemania, y
todo por culpa de la Sophie. Por ese tiempo
10   yo conocí a los Kumides, y un día en
confianza les hablé de la Sophie, y conté lo
mismo que les dije a ustedes con las mismas
palabras. Yo sabía que el Homero había
debutado, y le plantié que yo quería salir de
15   perdedores, pero no le hallaba el cuesco a la
breva.[1] Yo creo que todos los griegos son
tremendos filósofos, porque el Homero
estuvo todo un día pensando en la táctica
mientras fumábamos tirados en la cama del
20   señor Kumides. Cada cierto tiempo pensaba
en voz alta y me enseñó un modo de hablar
griego que le llamaba «la Lógica». Me puso el
siguiente ejemplo: «Todos los hombres son
mortales. Sócrates es hombre. Luego
25   Sócrates es mortal». El siempre hablaba así
en tres frases. Entre pucho y pucho° decía,    *between drags*
por ejemplo: «Todas las mujeres necesitan
amor. Sophie es mujer. Luego: Sophie
necesita amor». Y: «Todos los hombres
30   necesitan amor. Tú eres un hombre. Tú
necesitas amor». Y así seguía cada vez más
rápido, y cada vez que decía algo, me
preguntaba: «¿Correcto?» Y yo, claro, no le
encontraba ninguna falla. Si Homero se
35   preocupa de estudiar harto, puede llegar a ser
un gran filósofo. Era un filósofo optimista.
Decía: «Todos los hombres y mujeres
necesitan amor. Sophie y tú son hombre y
mujer. Luego tú y Sophie necesitan amarse».
40   Siempre impecable Homero. Me dejaba
convencido. Yo jamás le discutí ni una coma.[2]

---

1. **le ... breva:** I declared to him that I wanted to quit being a loser, but I couldn't
find a way to do so (lit., I couldn't find the pit of the fig)

2. **Yo ... coma:** I never disagreed with a single thing he said.

Una noche la Sophie me acompañó a la
casa de Urs, porque se cumplía un año del
Golpe Militar en Chile y andábamos todos
como locos pintando carteles° para una    *signs*
5  marcha que se iba a hacer en Savigny Platz.[1]
A mí me pusieron en un equipo de pintores,
porque los papis se preocupaban de la
organización de otros actos y las viejas hacen
artesanías° chilenas y las venden donde    *crafts*
10  pueden. En septiembre lo menos que se saca
son treinta mil marcos. Yo no soy Picasso
precisamente, pero con la ayuda de la Sophie
nos quedamos pintarrajeando° carteles    *painting*
hasta las dos de la mañana. Era igualito que
15  estar en la casa del papi en Santiago cuando
íbamos a los actos de Allende y desfilaban°    *paraded*
hasta las guaguas.° Cuando nos quisimos ir a    *babies*
la casa, el U Bahn lo habían cerrado hasta
con cadenas.° Empezamos a caminar    *chains*
20  fumando y mascando pastilla,° y yo le tenía    *hard candy*
el brazo en la cintura a la Sophie, y
jugueteaba° con estos deditos que Dios me    *I was playing*
ha dado a trepar° como quien no quiere la    *to climb*
cosa. La Sophie es del mismo porte,° y así    *height*
25  caminando por la calle de noche nos
encajábamos° perfectamente. En verdad, yo    *fit together*
me veo grande para mi edad, pese a que la
mami me dice que me voy a quedar chico
porque paso° con el pucho en la boca. Con tal    *I go around*
30  que andaríamos ya a una cuadra° de la casa    *block*
de la Sophie, cuando me saqué el gordo del
Lotto-Toto° del que les hablé antes. En la    *I hit the jackpot in the*
puerta de uno de esos Spielhalle° había una      *soccer lottery / pool*
patota de pendejos° como yo agarrándose a      *halls / bunch of young*
35  manotazos° y chupando latas de cerveza.[2]      *jerks / pushing and*
Ahí el que estaba menos volado parecía jote.[3]      *pulling each other*
Lo que pasa es que hay muchos por aquí que
les gusta cantar como los pajaritos y
entonces se fuman unos pitos de cáñamo° y    *joints*
40  se sienten Oh La Paloma Blanca de Nina and

---

1. **Savigny Platz:** a square in Berlin where artists live, similar to Greenwich Village
in New York City

2. **chupando. . . cerveza:** sucking on cans of beer

3. **el. . . jote:** the one who was least high looked like a buzzard

Mike sello Ariola.[1] Se veía que eran lolos° de
mi misma edad y antes que pasara lo que
pasó, yo ya sabía que algo iba a pasar. No es
que yo sea Sherlock Holmes, pero en cuanto
5    nos vieron tan amarraditos los dos[2]
comenzaron a hacer laa-laa-la-lá, es decir la
Marcha Nupcial.° Yo a veces también he
hecho bromas cuando estoy con patotas, y sé
que lo mejor es pasar como Pedro por su
10   casa.° Además los cariñosos consejos del
papi lo influyen a uno, así que la apreté un
poquito más fuerte a la Sophie y tratamos de
pasar como si apenas hubiéramos oído
maullar un gato. Claro que no pudimos
15   porque se nos acercarcon los cuatro y me
metieron un tarro° de cerveza en la boca y un
poco me empujaban y otro poco le acercaban
las manos a la Sophie. Además uno de ellos
conocía a la Sophie, porque le dijo: Hola,
20   Sophie. Ellos querían que tomáramos de la
lata de cerveza y gritaban a la salud de los
novios. También querían que la Sophie se
metiera en la boca la lata. Así que yo les dije
que no gracias, que nos dejaran pasar que
25   estábamos apurados.° Esa fue la peor idea
que jamás se me ocurrió en Berlín. Primero
porque me notaron el acento. Y segundo,
porque si estaba apurado a esa hora de la
noche y acompañado de la Sophie era que yo
30   quería irme a la cama con ella. Y entonces
había uno que después se llama Hans que me
mira a la Sophie y me pregunta qué tal es la
Sophie en la cama. Y viene y le mete la mano
así en palangana° por debajo del abrigo.
35        No sé si yo les he dicho que soy una de las
personas más nerviosas de Berlín. Yo creo
que a mí la sangre me la pusieron hervida,°
porque fue oír *eso*, ver *eso*, y zuácate° que
saqué mi patada de back centro. Sólo que en
40   vez de pegarle a una pelota grande le di justo

*youngsters*

*Wedding March*

*with great confidence*

*can*

*in a hurry*

*cupped*

*boiled*
*bam!*

---

1. **se sienten** . . . **Ariola:** they feel like singing *"Oh La Paloma Blanca"* by Nina and Mike on the Ariola label

2. **en cuanto** . . . **dos:** when they saw us holding each other so close (*"Amarraditos los dos"* is a popular Peruvian waltz.)

a° dos chiquititas. Allí quedó tendido el Hans    *landed smack on*
y yo estaba como loco. «Vámonos», me dijo la
Sophie y me tironeaba del brazo, y el famoso
Hans, que se va a llamar después, estaba
5  planchado° en el suelo y se agarraba abajo    *laid flat out*
con una mano y arriba con la otra y ni gritaba
ni nada y como que no podía respirar parece.
Los otros tres se quedaron parados° como    *stood still*
cuando la defensa deja offside al delantero, y
10  esperan que el árbitro° anule° el gol. Estaban    *referee / to call back*
de pie, pero quietos como el que estaba en el
suelo.

 Conclusión, que esa noche la Sophie no
me dejó venirme porque pensaba que me
15  estarían esperando abajo. Ni siquiera
prendimos las luces. A tientas caminamos
hasta la ventana, corrimos un poco la cortina
y miramos a la calle. Allí estaban los cuatro.
Pero el que recibió mi patada seguía igual, y
20  los otros trataban de levantarlo, pero no
había caso. Sentía que la Sophie respiraba
muy fuerte a mi lado, y yo noté que me
chorreaba la transpiración.° Nos sentamos    *I was dripping with*
en un sofá muy viejo que crujía por todos    *sweat*
25  lados, y apenas nos dedicamos a respirar
porque la Sophie tenía miedo que despertara
su mami. Nos quedamos cerca de una hora
mirando la lucecita de la estufa° de carbón.    *heater*
Después yo le tomé la mano, y nos apretamos
30  los dedos y los soltamos y volvíamos a
apretarnos, y así estuvimos. Después ella se
puso a llorar bien lento y largo y a mí no se me
ocurrió qué decirle. Eso es algo que siempre
me pasa: cuando una persona se pone a llorar
35  no se me ocurre ninguna cosa. Le pasé la
mano por el pelo y le pregunté por qué
lloraba. Ella me dijo que tenía miedo.
Hablaba tan bajito que apenas la oía. Me
40  asomé otra vez a la calle y estaba todo vacío.
Hacía viento y se enredaba en las hojas de los
árboles.

 Cuando llegué a la casa, la familia se
había reunido en una asamblea plenaria° en    *full assembly*
la cocina. Me recibieron con honores, como
45  quien dice.° Para colmo° era un día de esos    *as they say / to top it*
luminosos, y como nunca hemos tenido    *all off*

dinero para comprar cortinas, las cosas
brillaban, y los vidrios parecían llamaradas.° *flames*
Mi hermano se había achicado° como un *had shrunk*
ratón y tenía la nariz hundida en la leche.
5 «¿Dónde estuviste?», me chilló el viejo. La
mami miraba al suelo, agarrándose con los
brazos la bata de levantarse. Yo jamás voy a
llegar a ningún lado[1] porque me falta la
inspiración. Claro que a mi papi también.
10 Seguro que creería que me venía chorreando
una sífilis.[2] «¿Dónde estuviste, carajo?»° *damn it*
Levanté la vista, y lo miré seguramente con
la misma cara de degenerado que él esperaba.
    —Pintando —dije.
15     —¿Pintando, huevón?
    —Sí, papi.
    —¿Y qué estuviste pintando?
    —Carteles para el 11.
    —¿Hasta las 7 de la mañana?
20     —Sí, papi.
    Y ahí tuve la inspiración maravillosa de
mirarme las manos que parecían una
acuarela.° Allí estaban todas esas manchitas *watercolor*
salvadoras. Las levanté como el jovencito de
25 la película cuando lo apuntan los
bandoleros.° Con lo cachudo° que es el papi, *bandits / cunning*
me dio miedo de que pensara que me las
había pintado de propósito.
    —Está bien —dijo—. La próxima vez
30 avise.
    Me quedó mirando con esa cara orgullosa
que pone cuando algo le gusta, y el pecho se le
infla° como a un palomo.° Claro que ahora *swells up / pigeon*
tuve que bajar la vista junto con los brazos,
35 porque me dio vergüenza esa mentira. Sentí
que de repente podría entrar un piquete° de *squad*
policías a detenerme. Se me apareció, igual
que si estuviera en el cine, la imagen del
muchacho tendido en la acera° con la mano *sidewalk*
40 hundida entre los muslos. El viejo se había
quedado con las ganas de pegarle a alguien,
así que fue hacia mi hermano chico y le

---

1. **Yo…lado:** I'll never amount to anything (lit., I'm never going to get anywhere)

2. **chorreando una sífilis:** dripping with syphilis

trabajó un coscorrón suave ahí donde el pelo
se le arremolina.° *where he has a cowlick*

—¿Y usted qué hace que no se ha ido al
colegio? —le gritó.

5 Mi hermano agarró el bolsón de arriba de
la mesa y salió corriendo mientras mascaba
un pan. Yo también me colgué la bolsa, fui
hasta el lavaplatos y me mojé un poco la
frente y los ojos.

10 —¿No vas a tomar desayuno? —dijo la
mami.

Yo ya estaba todo en onda de héroe de la
patria, así que haciéndome el ofendido, me
peiné enredándome los dedos en mi jopo,[1] y
15 salí sin mirarlos.

—No tengo hambre —dije.

En el recreo de las 9 y media anduve
buscando por todo el patio un poquito de sol
para echarme una siestecita, pero hasta el
20 cielo estaba contra mí, porque al poco rato
comenzó a llover finito. Me entré a la sala, y
traté de dormir un poco con los brazos
cruzados sobre el banco. Cuando ya había
agarrado un poco de vuelo° sonó la campana *just begun to fall*
25 para la clase de alemán. Yo pensé que me *asleep*
dormiría y que toda Alemania se iba a
enterar de que me había pasado la noche en
pie como un caballo, y de que me iban a meter
un termómetro y que me mandarían a la casa
30 con una nota para el papi, que yo mismo
tendría que traducírsela. Pero con todo, fue
una de las mejores clases que recuerdo en mi
vida, porque Herr Kolberger nos hizo
discutir sobre una obra de Brecht[2] que el
35 curso había visto la semana pasada en la
Hansaplatz.[3] Se llama «La excepción y la
regla», y a mí me parece formidable porque la

---

1. **Yo**... **jopo:** By now, I was carried away by the role of patriotic hero, so, acting
offended, I ran my fingers through my hair

2. **Brecht:** Bertolt Brecht (1898–1956), German playwright, poet and director, was
one of the major innovators in contemporary theater.

3. **Hansaplatz:** a section of the Hansa Quarter of Berlin where the Great
International Builders Exhibition was held in 1957. Architects from twenty-two
nations built houses, libraries, museums, etc., to reconstruct this area after the total
destruction of World War II.

obra prueba que los ricos se compran a los
jueces y de que los jueces no son nada
imparciales. A mí me interesa mucho esa
obra, porque allá en Chile siempre los jueces
5  condenaban por cualquier cosita a la gente
pobre, y en cambio, los ricos podían hasta
matar y no les pasaba nada. Allá en Chile, los
jueces son momios.° Yo no sé cómo serán en    *conservative*
Alemania.
10     En los últimos minutos el profesor nos
pidió que hiciéramos un dibujo° que ilustrara    *drawing*
el significado de la obra. Yo pinté a la diosa
de la justicia con una bolsa de dinero, y Herr
Kolberger me dijo que estaba bien. Salí
15  contento del colegio porque siempre me
gusta que me encuentren bien las cosas que
hago. Tengo un amor propio del porte de un
caballo.[1] Me duró bien poco el alegrón.°    *surge of happiness*
Cuando llegué a la disquería, la Sophie fue
20  cuestión de verme y de largarse a llorar. Me
dijo que el Hans estaba en el hospital. Por si
tienen mala memoria, el Hans era ese que yo
había tendido° anoche. Que el hermano    *knocked down*
grande andaba buscándome. Que quería
25  saber mi dirección. Que donde me pillara,°    *he caught*
me iba a arreglar.° Yo me quedé mudo, qué    *to fix*
iba a decirle. Había recién salido el último
long-play con los Schlager y no sentí ninguna
gana de oírlo. La Sophie me dijo que era
30  mejor que me fuera. Yo traté de tomarle la
mano, pero me la retiró. Mientras atendía a
otro cliente, hice como que revisaba el
catálogo de casettes. Después la Sophie se
me acercó y me dijo que no nos viéramos por
35  un tiempo. Yo le pregunté si lo que quería
decirme era que no quería verme nunca más.
Y ella me dijo como te parezca.° Ni siquiera    *if that's the way you*
andaba con un cigarrito para pasar el mal    *want it*
rato.[2] Pensé que si me ponía a fumar
40  despacio, ella me agarraría la mano y
volvería a ser mi novia. Pero así, sin cigarrillo

---

1. **Tengo**... **caballo**: My self-esteem is as big as a house. (lit., as big as a horse)

2. **para**... **rato**: to make me feel better (lit., to help me through this hard time)

ni nada, me sentí totalmente en pelotas. Offside. Bueno, le dije, como tú quieras.

Salí de la disquería con las orejas hirviendo y las rodillas temblando. Bajé a la
5   estación del U Bahn en Uhlandstrasse, y estuve como una hora en el andén° viendo   *platform*
partir y llegar el tren corto de la línea a Wittenbergplatz. Total, estaba perdido por goleada[1]. No tenía mi país, la Sophie no
10  quería verme nunca más, un tipo me andaba buscando para arreglarme, y había mandado a un alemán al hospital. Por mucho menos hay gente que se pega un tiro.°   *shoot themselves* En vez de tirarme a las ruedas del tren fui a recoger
15  cajas en Albrecht y lo hice con tantas ganas que a las dos horas había terminado con toda la basura y volví a casa.

¿Ustedes han oído ese refrán que dice «hogar° dulce hogar»?   *home* Bueno, al tipo que lo
20  inventó habría que darle el premio Nobel de los mentirosos.°   *liars* En abriendo la puerta, la mami me dijo que me había estado llamando todo el día un fulano. Que hablaba en alemán y preguntaba por el chileno. La mami es la
25  campeona mundial° de las intuiciones.   *world champion* Me preguntó en qué líos andaba metido. No le contesté nada, y me fui a sentar al lado del teléfono, y lo quedé mirando igual como si de repente fuera a salir de adentro un perro
30  ladrando.°   *barking* A los cinco minutos ring-ring. Me hubiera gustado no tener orejas en ese momento. Lo único que se me ocurrió fue dejarlo sonar. Apoyé° el mentón° en el puño   *I leaned / chin* y esperé que se callara. Entonces me llegó la
35  dulce voz de la mami: «Teléfooooonoo». Levanté el fono y me lo puse lejos de la oreja manteniendo° la respiración.°   *holding / breath*

—¿Aló? —dijo, el tipo.

Yo no dije una palabra. Debía ser que
40  tenía miedo de que si hablaba algo, el tipo saldría por el teléfono.

—¿Aló? —dijo—. ¿Eres tú el chileno?

---

1. **perdido por goleada:** lost on all counts (lit., lost by a wide margin of goals)

Puse suave el tubo° en el gancho° y           *receiver / hook*
después de haber colgado° le pasé por encima   *hung up*
la mano, como si quisiera borrar las huellas
digitales.° Me di vuelta hacia la cocina con   *fingerprints*
5   ganas de meterme a llorar en el delantal de la
mami igual que cuando era niño en Santiago.
Apreté fuerte las piernas porque ya estaba
que me hacía.[1] Y entonces ring-ring, otra vez.
Ni me había dado cuenta de la cantidad de
10  saliva que tenía acumulada en la boca.
        Levanté rápido el tubo y lo traje más
cerca de la oreja. Ahora tenía miedo de que la
mami se apareciera y oyese la conversación.
Y como cada vez que se tira la lotería, yo me
15  saco el Gordo,[2] fue exactamente lo que pasó:
la mami que se queda bajo el marco° de la      *frame*
puerta secando un plato y sumamente°          *extremely*
interesada en la conversación.
        —¿Aló? —dijo la voz. Era un poco
20  chillona,° lo que me puso más nervioso. Tapé   *shrill*
el tubo y le dije a la mami: «Un amigo».—
¿Aló? ¿El chileno?
        —Sí —dije, carraspeando°—. Soy yo.      *hoarsely*
        Mi vieja seguía dando vueltas el paño en
25  el plato. Creo que nunca jamás se había visto
un plato más seco que ése.
        —Recién te llamé y cortaste. Te crees
muy inteligente, ¿cierto?
        —No —dije.
30      —¿Sabes quién soy, no?
        —Ni idea —le dije.
        —¿En serio?
        —¿De qué están hablando?—preguntó la
mami, siempre tan trabajadora con el plato.
35      —En alemán —le dije.
        —Si ya me di cuenta que es en alemán.
¿Pero qué dice?
        —Un momento —le dije al tipo de la voz.
Tapé el tubo—: Por favor, mami, déjeme
40  hablar, quiere.

---

1. **ya . . . hacía:** I was about to wet my pants

2. **como . . . Gordo:** since every time the winning numbers for the lottery are chosen, I
get the Big One

La vieja me miró con esa mirada fulminante° de las mamitas cariñosas, y se fue por el pasillo.   *deadly look*

—¿Aló? —dije.

—¡Aló! ¿Qué pasa ahí?

—Nada.

—Bueno —dijo—. Yo soy el Michael.

Yo para disimular soy mandado a hacer:[1]

—¿Michael cuánto?°   *Michael who?*

—Tranquilo,° no más. Eso no tiene importancia. Soy el hermano del Hans.   *cool it*

—No conozco a nadie con ese nombre.

—Bueno, yo no llamé para discutir a quién conoces y a quién no. Mi hermano está en el hospital.

Me quedé respirando y no se me ocurrió nada.

—¿Sabías que estaba en el hospital?

—Miré por el pasillo por si aparecía la mami. El corazón me daba patadas.° Era como si me faltara el aire—. Está grave —dijo—. Grave —repitió.   *was kicking me*

Quise decir: «¿En serio?», pero no tenía sonidos en la garganta.

—Sí —dije.

—Y yo te llamaba para decirte que te voy a hacer lo mismo que tú le hiciste al Hans.

—Sí —dije. De repente se me había olvidado todo el alemán. Así era al comienzo cuando no entendía nada. Repetía *sí, sí,* y ponía cara de idiota.

—Donde te encuentre, te voy a sacar la cresta.[2]

—Sí —dije.

—Y si el Hans se muere en el hospital, antes que te agarre la policía yo voy a matarte, ¿sí?

—Sí.

—¿Entendiste bien?

—Sí.

---

1. **Yo**... **hacer:** I'm an expert at faking it

2. **te**... **cresta:** I'm going to smash your head in (lit., I'm going to knock your cockscomb off)

—En cuanto salgas de la casa, te agarro y te hago pedazos.° ¿Oíste, Chileno?

—Sí.

—Si eres valiente te invito a pelear conmigo esta misma tarde. Nos juntamos en el S Bahn Bellevue, a las cinco en punto.

Miré el reloj.

—No —dije.

—¿Tienes miedo?

Tenía el tubo empapado° de sudor.° Era como si fuera de chocolate y se estuviese deshaciendo.° Michael se quedó callado y le sentía nada más que la respiración. De repente se me ocurrió meterle un tema de conversa.° Se me ocurrió preguntarle por su simpático hermanito.

—¿En qué hospital está tu hermano? —le dije.

—En el mismo al que vas a ir a parar, tarado.

—No, Michael. En serio.

—¿Le quieres llevar flores y chocolates?

—No, quería saber no más.

—Está grave. No puede hablar. Conmigo te la tienes que arreglar ahora.

En uno de esos ratos, me pareció que despertaba de un sueño. Era igual que si me abriera un chorro° de agua helada en la cabeza: ¿De dónde había sacado Michael mi número de teléfono? Habré pestañeado° un par de veces pensando, y gracias a la admirable ayuda de la lógica de Homero llegué a la conclusión que el numerito de la suerte° sólo pudo habérselo dado mi fiel enamorada Sophie Braun. Lo que ahora tenía en la cabeza, aparte de la mierda habitual, era cómo exactamente el tal Michael le había sacado el número a Sophie: si a patadas, como parecía ser su estilo, o con besitos y arrumacos,° y agarrón° aquí y allá. Me bajó una tristeza más honda y larga que cuchillo. La primera mujer de mi vida, y la primera traición. Con experiencias como éstas, de cantar Schlager tendría que pasar a componerlos. Se me ocurrió qué pensaría el afamado poeta y pensador Udo Jürgens si le

*I'll tear you apart*

*soaked / sweat*

*melting*

*initiate a conversation*

*stream*

*I must have blinked*

*lucky number*

*caresses / grab*

Thinks Sophie gave the number to Michael, ob he is really hurt because she was his first girl. Siente mucho dolor

escribiera una poesía donde la niña no sólo
patea a su enamorado sino que además le da
el número de teléfono a un matón° para que lo
ubique° y le saque la cresta. Ahora me

5  imaginaba a Michael como un tipo todo lo
contrario de yo: se habría metido a la casa de
Sophie, le había levantado las faldas,
conectado la televisión, y entre medio del
numerito ella le había citado° mi guarida.°

10  Seguro que todo lo que yo había conseguido
en meses, el tal Michael lo había disfrutado
en un minuto. Seguro también que sería alto,
buenmozo, bien vestido, y con unos puños de
acero.° ¿A lo mejor ustedes creen que a mí se

15  me ocurrió ir a ver a la Sophie y sacarle la
cresta por traidora? No, me quedé ahí al lado
del teléfono dándole vueltas a mi pena,
metido adentro de mi pena.
    —Bueno, Chileno, ¿vienes o no?
20  —No —le dije.
    —Entonces, donde te agarre...
    —...me sacas la cresta. Eso ya lo
dijiste.
    —Entonces...
25  —Eso habría que verlo.
    Hundí el aparato en el gancho como si
quisiera quebrar un huevo, y me quedé
esperando las patadas que vendrían por el
hilo telefónico. No sé de adónde me había
30  tirado a choro[1] en las últimas palabras, pero
estaba respirando agitado igual que si
viniera de pelear o de jugar al fútbol.
    Me pasé el resto del día espiando por la
ventana. A veces me ponía a seguir el vuelo
35  de los patos y las palomas sobre el río, sin
ganas de ver la televisión ni leer historietas.
Después puse la radio, e hice dibujos de
Sophie mientras oía a los Schlager. Cuando
llegó el papi, apagó la música y se puso a
40  llamar a los compañeros porque al día
siguiente era el Once de Septiembre. Estaba
enojado porque los chilenos no se habían

---

1. **No**... **choro**: I don't know where I got the nerve to wise off

puesto de acuerdo y resulta que iban a hacer
dos marchas contra la Junta Militar. A mí no
me llamó la atención porque pese a que aquí
somos todos buenos amigos, cada vez que los
5   chilenos se juntan, discuten toda la noche.
Me fui a comer la sopa, pero antes hice
pedazos la foto de Sophie y la tiré al papelero.
No pude quedarme dormido. Miraba los
reflejos del río en el techo y quería formar
10   dibujos con los movimientos, pero no me
resultaba nada. Por primera vez me di cuenta
de lo importante que es dormir. Lo único que
quería es que viniera una nube negra de
sueño y me llevara lejos de la casa y la
15   ciudad. Cuando logré dormir un poquito, ya
estaba aclarando, y a la media hora sonó el
despertador y la mami apareció con su bata
para darnos el desayuno. Yo parecía un disco
rayado:° lo primero que hice fue ir desnudo        *broken (scratched)*
20   hasta la ventana y mirar hacia las dos            *record*
esquinas. Se me ocurrió decirle a la mami que
me sentía enfermo. Que no había podido
dormir de noche porque me dolía el estómago
y tuve que ir varias veces al baño. Se lo dije
25   en cuanto entré a la cocina y el Viejo me gritó
que me fuera a lavar y después a clase. Me
echó un lindo discurso patriótico sobre las
desventajas de enfermarse el 11 de septiembre. Me siguió hasta el baño diciéndome que
30   yo me echaba a morir por un dolorcito de
guata,° y que pensara mejor cómo estaban         *little bellyache*
los niños de Chile con sus padres presos y
pasando hambre. Traté de cerrar la puerta y
peinarme con calma, pero el papi se me
35   instaló al lado y me dijo que tenía que ir a la
marcha y gritar como todos y no olvidarme
nunca de por qué estábamos aquí. Lo que me
revienta° del papi es que siempre me repite       *makes me furious*
cosas que me sé de memoria. Después que
40   desenredé° el pelo con la peineta me metí las     *I untangled*
manos en la mata° y me lo despeiné. Yo creo        *bush (of hair)*
que la gente peinada se ve muy desabrida.°        *dull (lit., tasteless)*
Mi hermano chico siempre lleva sand-
wiches para el colegio y la mamá se los
45   envuelve en una servilleta verde. Pero es tan
fanático para comer, que en cuanto llega a la

esquina lo desenvuelve y le trabaja al diente.° Después en el recreo se consigue sandwiches con los compañeros. Los queda mirando con cara de que se le va a cortar la

5   hiel° hasta que le tiran su mitadita.°

     Justo que mi hermano va desenvolviendo el sandwich, cuando yo siento patente° que nos están siguiendo. Era como si mi misma sombra de pronto° tuviera peso,

10  como si de repente el cielo me estuviera aplastando° la espalda.

     —Vamos a caminar un poco más rápido —le dije al Daniel, apretándolo del codo.

     —¿Por qué? Es temprano todavía.

15     —No mires para atrás, pero hay alguien que nos está siguiendo.

     Dije eso y lo agarré del cogote° porque siempre hace lo contrario de lo que uno le pide. Después tuve que apretarlo del mismo

20  cogote porque comenzó a correr. Así frenado, me lo llevé una media cuadra.

     —Suéltame —me dijo—. Que así no puedo tragar el sandwich.

     —Te voy a soltar. Pero si miras atrás o si

25  corres, te rompo la cabeza de un bolsonazo.°

     —¿Por qué nos persiguen?

     —Es que uno quiere pegarme.°

     —¿Por qué?

     —Cállate.

30     —¿Pero por qué?

     —No te puedo decir.

     —¿Le robaste algo?

     Ahí tuve que pegarle un coscorrón.

     —¡Cállate, te digo!

35  Ibamos bien rápido, yo curcuncho° igual que si hiciera frío. Pero el día estaba lindo. Si yo no hubiera tenido problemas, seguro que andaría despacito mirando los pájaros y silbando.

40     —¿Por qué no le avisas a la policía?

     —No puedo.

     —¿Pero por qué?

     —Dame un pedazo de sandwich.

     Le arranqué un trozo y me lo puse a

45  mascar por hacer algo. Ni se me ocurría tragarlo. No hubiera podido. Parecía que el

*puts his teeth to work*

*as if he were starving /*
*little half*

*for sure*
*suddenly*

*crushing*

*neck*

*a smack of my bag*

*hit me*

*huddled up*

cuello de mi camisa fuera de cemento. Al contrario, las piernas las sentía suaves.

—¿Quieres que mire para atrás con disimulo? —me dijo el Dani.

—Ahora cuando crucemos. Haces como que miras si viene un auto y te fijas, ¿ya?

—Ya.

—Fíjate cuántos son.

—Ya.

—Crucemos ahora.

Lo apreté fuerte del codo y lo conduje por la calle entre los autos detenidos en el semáforo.° No quise mirarlo cómo miraba.    *traffic light*

—¿Te fijaste?

—Sí.

—¿Cuántos son?

—Uno no más.

—¿Cómo es?

—Grande.

—¿De qué porte?

—No sé. Grande.

—No seas huevón. ¿Grande como el papá?

—No, tanto no.

—¿Como yo?

—Más grande que tú. Debe tener novia.

—¿Tendrá diecisiete años?

—A lo mejor.

Boté el pan masticado en la boca y lo tiré todo decente y ciudadano civilizado en el basurero.

—¿Te va a pegar?

—Si me pilla me pega. ¿Cómo está vestido?

—Con una chaqueta de cuero y un gorro con orejas.

—Mira bien disimulado y dime si está cerca o lejos.

El Dani se rascó la cabeza y miró para atrás como si estuviera viendo un cometa. Es muy discreto mi hermanito.

—¿Y?

—Igual.

—¿Donde mismo?

—Donde mismo. Ya te salvaste, estamos llegando a la escuela.

Se me ocurrió que peor sería que en vez de pegarme, fuera a hablar con el director de la escuela. Ya me imaginaba en un reformatorio tomando el sol a rayas.[1]

Atravesamos el patio del colegio y sin saludar a nadie me fui hasta las salas del segundo piso y me asomé por la ventana, sacando sólo un ojo de perfil. Y entonces lo vi clarito. Estaba con las manos en el bolsillo frente a la reja° de entrada mirando entrar a *fence* todos los alumnos. No era mucho más grande que yo, pero a lo mejor sería por el abrigo de cuero que se veía muy fuerte. Bajé a mi aula y durante toda la mañana no me pude concentrar en nada. A la última hora, me acerqué al Peter Schulz, y le dije que si me acompañaba a casa le prestaría el último número de Asterix.[2] Elegí al Peter no porque fuera el más simpático, sino porque en el curso le dicen el kilómetro. Es más o menos del porte de un poste, y ancho como un chuico° de vino.                                    *huge jug*

Yo creo que mi miedo estaba enchufado°    *plugged in* al teléfono. Fue llegar° a la casa y ring-ring.   *as soon as I arrived* Parecía que el Michael me seguía los pasos con cronómetro. Lástima que no podía mostrarle al Peter Schulz por teléfono.

—¿Chileno?

—Sí.

—¿Cómo estás?

—Bien, gracias.

Era una conversación de lo más cortés como se habrán dado cuenta. A lo mejor en seguida me invitaría a tomar té con galletitas.

—¿Y tú? —dije.

—Bien, también. Y bueno, me alegro, porque te voy a sacar la cresta. Te voy a dejar paralítico a patadas y te voy a enterrar los dedos en los ojos.

—Difícil —le dije.

---

1. **tomando**...**rayas**: getting a striped tan (that is, behind bars)

2. **Asterix**: title of popular French comic book series, translated throughout Europe, based on a character of the same name

Siempre me pasa, tengo la lengua más rápida que el pensamiento.

—¿No me crees? ¡Te voy a hacer pedazos!

—¿Ah, sí? ¿Tú y cuántos más?

5 A estas alturas apenas podía sostener el aparato con los temblores, pero el silencio que le produje con mi última frase tiene que haber llegado hasta el polo.° *to the ends of the earth*

—¿Aló? —le dije.

10 —Escucha, Chileno. Esta tarde a las cinco te paso a buscar por la puerta de tu casa, para llevarte a pelear. Vamos a pelear de hombre a hombre.

—Hoy no puedo —le dije.

15 —Mañana entonces. Mañana a las cinco.

—Como quieras.

—Mañana a las cinco. Y solo, ¿oíste?

—Tú también —le dije. Y corté.

No sé si les he dicho que yo soy 20 especialista para acumular cosas. De repente hay un año en que no me pasa nada, y de repente me pasa todo en el mismo día. El 11 de septiembre, se hizo un tremendo acto en Kreutzberg[1] y los chilenos les enseñamos a 25 los alemanes a gritar las consignas que usábamos en Chile. Les sale harto bien.° *they do it pretty well* Aprendieron «El pueblo unido, jamás será vencido», «UP, tira pa'arriba»,[2] y «Compañero Salvador Allende, presente». Ellos 30 parecen que saben uno solo no más. Ese que dice «Internationale Solidarität». Ese fue un día muy especial en la familia, porque mi papi subió a decir el discurso en Hermann Platz.[3] Le pusieron una traductora. Bien simpática 35 la cabra.° Mi viejo es incapaz de decir tres *gal* palabras sobre Chile sin emocionarse, así que a los dos minutos estaba a grito pelado,° y a *shouting his words* los cinco se le caían las lágrimas hasta del bolsillo. Menos mal que iba dejando 40 huequitos° para que entrara la traductora, y *little spaces*

---

1. **Kreutzberg:** an area of East Berlin

2. **"UP... arriba":** Up with the UP (*Unidad Popular*)

3. **Hermann Platz:** a square in a working-class area of Berlin

así podía respirar y sonarse las narices.° Mi *blow his nose*
papi se echó flor de discurso.° Yo lo *a whopper of a speech*
encuentro especialista para comunicarle
cosas a la gente. Acuérdense del nombre de
5 mi papi, que el día menos pensado pasa a ser
senador. El viejo dijo que Pinochet estaba en
la parrilla.[1] Que agradecía la solidaridad
internacional, y que Chile se estaba llenando
de héroes. Habló de los compañeros presos y
10 torturados, y terminó con el puño en alto
diciendo «Venceremos» y lo aplaudieron
como media hora. Yo fui al escenario a
felicitarlo, y no se podía pasar de tanta gente.
Entonces empezaron con eso de
15 «Internationale Solidarität» y el alemán que
dirigía el acto agarró el micrófono y dijo que
estaba muy bien eso de la Internationale
Solidarität, pero a ver si ahora la manifes-
taban en las alcancías que empezaron a
20 circular. El Urs siempre anda viendo de
dónde sacar plata para la Resistencia y entre
broma y broma se va juntando su buen
cochito.° Cuando llegué hasta el lado del *the collection pot keeps*
papi, le tendí la mano y le dije: «Estuviste *growing*
25 descueve,° Viejo». El me sacudió el pelo y les *fantastic*
dijo a sus amigos: «Este es mi hijo». Me
pasaron una alancía, y mientras cantaba
Liberación Americana los temas de los
Quilapayún, fui metiéndome entre la gente
30 diciéndoles: «Metan fuerte,° compañeros». Y *give generously*
en eso estaba, cuando ¿a que no adivinan° *I bet you can't guess*
quién estaba en persona en medio de todos
los internationale solidarität?

No, pu',° esta vez se equivocaron. No era *no, pues*
35 nada de Michael. Nada menos, respetable
público, que la Edith Kramer, mi compañera
de curso, apretada en unos blue-jeans
riquísimos, con los ricitos encendidos bajo el
farol y las manos hondas en esas parcas
40 marineras que tienen los bolsillos altos. Yo
me quedé paralizado con la alcancía y como
que quise taparla con la otra mano, porque
nunca se me había ocurrido pedir plata para

---

1. **en la parrilla:** playing with fire (lit., on the grill)

Chile a los compañeros del colegio, y menos que nada a la Edith Kramer (Ricitos, para los amigos), que escribía las más tristes composiciones sobre el otoño en Septiembre y los
5 más alegres poemas sobre la primavera en Abril. Yo siempre había tenido ganas de meterle la mano entre el pelo y tocarle uno a uno sus rizos y también todos juntos. Pero las chicas del curso se iban a los rincones del
10 patio en los recreos y se pasaban todo el tiempo riendo como ratoncitos. Había muchas que tenían espinillas° del porte de *pimples* una estrella, y pasaban como diez horas en el baño llenándose la cara de cremas mágicas.
15 También en clase les daba por meterse cremita y eso a mí me ponía nervioso. A los cabros del curso nos trataban con la más cruel indiferencia. Quien más quien menos, se creía una princesa destinada para los tipos
20 de los cursos superiores, a los que le hacían ojitos que era un escándalo. Cuando uno se les acercaba a hablarles, a la segunda frase simulaban un bostezo de esos trágame tierra[1] y nunca te miraban a los ojos, porque
25 estaban pendientes de algún grandote que nunca faltaba en los alrededores. Tratar de meterles amistad era como empezar un ajedrez dando la dama de ventaja. Total, preferíamos ir a darnos de patadas en el
30 fútbol o a preparar cartillas del Toto. El Toto nos tiene vueltos loquitos. Es que en mi curso a todos nos ha dado por ser millonarios. Así que fue ver ahí a Ricitos y quedarme mudo como si me hubieran tapiado° la boca con un *closed*
35 cinturón de castidad.° *chastity belt*

—Hola —me dijo ella.

—Hola —le dije yo.

Como habrán podido apreciar era una conversación de lo más filosófica.
40 —¿Cómo te va?

—Bien. ¿Y a ti?

—Bien.

—Qué bueno.

---

1. **un**. . .**tierra:** one of those yawns meaning "I wish the earth would swallow me up"

Nos miramos un milésimo° de segundo,    *thousandth*
bajamos la vista a los zapatos, y después los
dos miramos alrededor.

—Hay harta gente, ¿no? —dijo ella.

5    —Harta.

Me miró la alcancía.

—¿Están juntando plata?

Yo también me miré la mano y puse una
cara toda indiferente.

10    —Ah, sí —dije— un poquito.

Se arregló con unos toques de la mano los
rizos y sonrió apenitas. Después le tiró la
manga° a un señor que estaba al lado, que    *sleeve*
también tenía el pelo lleno de rizos, y me

15 mostró señalándome con el dedo.

—Este es el Lucho —dijo—. El chileno de
mi colegio.

El hombre me pasó la manota y me pegó
un apretón largo y meneado.°    *shook my hand*

20    —Mucho gusto, compañero —dijo.    *vigorously*

—Mi papi —dijo la Edith. Le mostró
ahora con el mismo dedo la alcancía—. El
Lucho anda juntando plata.

El señor Kramer metió la mano en la

25 chaqueta y sacó una gorda monedita de cinco
marcos. La puso en la ranura° de la caja, se    *slit*
cruzó por delante de su hija, y me zamarreó°    *grabbed*
de los hombros mirándome con seriedad.

—¿Cómo te sientes en Berlín?

30    —Bien, señor.

—¿Ningún problema?

—No, señor.

—Está bien, entonces.

Ahí fue cuando el acto estaba por

35 terminar y Liberación Americana le metió a
«Venceremos» a pedido del público. El señor
Kramer me soltó del hombro y cantó el
estribillo, pero nada más que la parte que
dice «venceremos» y después me miró a mí

40 para que le cantara el resto, pero no hubo
caso, y tuve que hacerle así con los hombros°    *shrug my shoulders*
que no había caso,° porque parece mentira    *there was no way*
pero jamás me la he podido aprender. Y es
que no entiendo bien la letra. Por ejemplo no

45 sé lo que es el crisol° de la historia, ni quién el    *crucible*
soldado valiente. Me dio vergüenza y me

propuse preguntarle al papi qué significaba y
aprendérmela bien para la próxima marcha.

    Después el señor Kramer le dijo a la Edith
que por qué no me invitaba mañana a comer a
5    su casa. Yo no entiendo la letra de
«Venceremos», pero tampoco a las mujeres.
Fue oír eso que dijo el papi y pegar un
chillido° y un salto de alegría, igualito que si     *let out a shriek*
yo fuera un novio propio de su propiedad.[1] Y
10   por si fuera poco, señoras y señores, me
plantificó un beso en la mejilla, pero
cargadito a la punta de la boca, que me puso
colorado como este jersey.°     *sweater*

    —Mañana a las ocho —me dijo, y se fue
15   colgada del brazo del viejo, haciéndome adiós
con la mano igual que si hubiera tomado un
tren.

    Esa noche vinieron muchos a mi casa y
tiraron todo el dinero en la mesa del comedor.
20   El Urs, la Alejandra y el Jorge fueron
separando las monedas grandes en grupos.
También se veían hartos billetes. El Urs me
dejó a mí que hiciera montones de a diez con
las monedas de un marco, y a mi hermano
25   chico, que juntara todas las de diez pfennigs.
Yo de vez en cuando le echaba una mirada de
reojo al[2] Daniel, porque ese con tal de
comprar chiclets y chocolates es capaz de
levantarle plata° a la Resistencia.     *steal money*
30   Total que estaban todos de lo más
contentos y empezaron a tomar vino y
mandaron a comprar pollos al Wienerwaldt,
y más vino, y esa noche nadie discutió, sino
que se rieron harto, y el papi le dijo a la mami
35   que sacara las botellas de vino del armario
que eran para la próxima semana y se las
estuvieron tomando hasta las tres de la
mañana, y no se les pasaba lo contento, y
decían que el próximo año pasarían el 18 de
40   Septiembre[3] en Chile, que es la fiesta patria

---

1. **un**... **propiedad:** her very own boyfriend, belonging to her

2. **le**... **al:** I glanced over to check up on

3. **el 18 de Septiembre:** Chilean Independence Day

de nosotros, y se hacen unas fondas° en los refreshment stands
parques donde se toma chicha,[1] que aquí no
se conoce, y se comen empanadas° que aquí meat pies
tampoco se conocen. A mí siempre me
5  extraña que no existan estas cosas en
Alemania, siendo un país tan desarrollado.

   A medida que la noche fue metiéndose
más adentro,° yo me fui poniendo lánguido. as the night wore on
Era como si quisiera sujetar° esa noche tan hold onto
10 linda en mi casa y dejarla ahí para siempre y
que esto fuera el resto de la vida. Los amigos,
el papi cantando mientras el Tito tocaba la
guitarra, y la mami y la Alejandra un poco
curaditas° riéndose como las chiquillas del a bit tipsy
15 colegio en la punta del sillón, y el Urs
dormido arriba de la mesa, y mi hermano
chico durmiendo también en la alfombra al
lado del gato. ¿Por qué no será posible que las
cosas que uno más quiere se queden para
20 siempre con uno? Yo a veces no creo en Dios
porque veo que en el mundo a la gente le
cuesta mucho ser feliz, y si Dios que pudo
hacer el mundo como él quería no lo hizo feliz,
es que Dios no es tan poderoso como dice la
25 religión, si es que acaso Dios no existe. Yo
pienso mucho en estas cosas últimamente, y
me gustaría poder conversar todo esto con el
Homero, para que él piense todo con la lógica
de Aristóteles y me aclare las cosas que se me
30 ocurren en mi cabeza. Yo por ejemplo no
entiendo bien por qué Dios no hizo nada para
salvar a todos los compañeros que los
militares mataron en Chile. Yo una vez le
quise escribir todo esto al Cardenal chileno
35 para preguntarle, porque siempre he oído que
el Cardenal es una persona buena gente,° good guy
pero cuando le conté al Viejo mi idea me dijo
que no fuera huevón. Se nota que al Viejo le
gusta muy poco la filosofía.
40    A las tres de la mañana se dieron cuenta
que yo estaba pensando algo debajo de la
guitarra del Tito, y la mami miró el reloj y me
mandó a la cama.

---

1. **chicha:** in Chile, a liquor made of grapes; similar to, but less refined than, wine

—Déjalo —dijo mi viejo—. Por una vez
que no vaya a clases.

Me llamó a que me sentara a su lado y
siguió conversando con los amigos y
5 tomando vino tinto español y mientras tanto
me hacía cariño en la cabeza. A veces mi papi
se pone regalón° conmigo. Mientras sentía su    *gets tender*
mano grandota en mi pelo, pensé en el día
siguiente. Primero me imaginé cómo iba a
10 llegar a la casa del señor Kramer, que sería
mi primera visita a una casa alemana. Yo he
visto que aquí se usa mucho eso de llevar
flores. Pero de puro pensar que me iba a subir
al U Bahn con un ramillete en la mano sentí
15 una vergüenza infinita. Yo no sabía bien si
Ricitos era romántica, y si ahora estaba
colorado de puro pensamiento, ¿de qué color
me pondría en la puerta del señor Kramer?
Entretenido en estos problemas, resulta que
20 se me había borrado del mapa mi simpático
amigo Michael con su chaqueta de cuero.
Pero cuando de repente sonó el teléfono para
Urs, me acordé, y sentí que todo lo que había
vivido en las últimas horas era una especie de
25 sueño. Tendido en la cama, supuse que
estaba salvado al no tener que ir a la escuela,
y con las manos entre las piernas, traté de
quedarme dormido recordando la frescura
del beso que me había zampado° Edith en    *had smacked me with*
30 Hermann Platz. Me preguntaba cómo sería
sentir esos mismos labios en mi propia boca.
Entre Romeo y yo ninguna diferencia esa
noche. Claro que Romeo pasa por lo menos
una noche con la Julieta antes que le llegue al
35 pigüelo.° Yo creo que me quedé dormido    *before he gets caught*
porque las pensaderas° se me fundieron° de    *brains / melted*
tanto trabajarlas. Además de un vaso de
vino que le puse entre canción y canción.

Al otro día me desperté como a las once
40 en medio de un silencio más grande que un
buque. Todos dormían despacito, menos el
Daniel que es muy bueno para roncar.° A    *at snoring*
veces tengo que levantarme de noche y darlo
vuelta para que se le pase la roncadera y
45 poder dormir. Cuando los papis ganen un
poco más de plata, yo quiero vivir en un

departamento con una pieza para mí solo,
tener un tocadiscos, y llenar las paredes de
posters. También me gustaría comprar
revistas donde salen mujeres y tenerlas
5 guardadas con llave para que no las sapee°      *see*
mi hermano y se ponga degenerado igual que
yo.

Fue asunto de poner los pies en el suelo y
ya la cabeza me empezó a funcionar. A la
10 media hora me había cortado las uñas con los
dientes y tenía la frente caliente como una
tetera.° Me hice el sandwich más lento de la      *teakettle*
historia contemporánea. Le iba echando
mantequilla y me quedaba diez minutos dale
15 que dale° con el cuchillo. Después ni me lo      *on and on*
comí, porque me entré al baño a ponerme
lindo para mi cita con la señorita Edith
Kramer. Cosa bastante difícil por lo demás,
porque con mi cara no tengo por donde
20 empezar. Hay por ahí un par de pelos sueltos,
que más se ven ridículos que de cabro grande.
La Sophie me decía que tengo una sonrisa
simpática, y a veces me pedía a ver sonríe,° y      *come on, smile*
siempre conseguía que me sonriera. Pero yo
25 me he dado cuenta que a las niñas les gusta
que uno ande con el caracho° serio, así      *face*
reciote.° Además si uno se sonríe todo el día      *tough*
parece tonto. Con tal que me puse a lavarme
el pelo. Tengo metido entre ceja y ceja que lo
30 único con lo que me defiendo es con el turrito
de pelo.° No sé cómo lo he salvado de las      *head of hair*
tijeras de la mami, que le tienen unas ganas
bárbaras.° Para mi vieja el ideal de cabro es      *which are dying to go*
con el rape milico.° En la ducha habré estado       *after it / crew cut*
35 una hora, y en secármelo otra. A la hora del
almuerzo la mami cachó que se me
derramaban unas mechas° en la sopa y me      *locks of hair*
dijo que a la tarde me iba a comprar una
cintita en una boutique.

40 Resulta que las cosas son como son y no
se saca nada con contarse cuentos. Eran las
tres, y después de las tres vendrían las
cuatro, y atrasito las cinco, y por mucho que
uno desee que el tiempo se detenga, las horas
45 pasan volando. Además desde el almuerzo se
me había metido la frase «a la hora

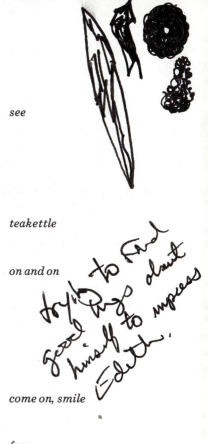
trying to find
good things about
himself to impress
Edith.

señalada»,[1] que era uno de cowboys bastante capa. Anduve dando vueltas por mi pieza diciendo a la hora señalada. Trataba de pensar algo inteligente para olvidarme de la
5  frase y no había caso. A las cuatro y media fui hasta el escritorio del Viejo dispuesto a contárselo todo. Lo quedé mirando desde atrás mientras hacía unos ejercicios del libro alemán concentrado en unas frases taradas
10 como «Herr Weber kauft die Fahrkarte und bestellt eine Platzkarte». Entonces el papi se preguntaba a sí mismo: «Wer hat eine Fahrkarte gekauft?» Y se respondía: «Herr Weber hat eine Fahrkarte gekauft».[2] Al papi
15 le ha dado° que para pronunciar bien el          has gotten the idea
   alemán hay que hacer como si uno tuviera
   una papa° entre los dientes. Las palabras se          potato
   le caen como piedras de la boca.

       Total que agarré toda la plata de mis
20 ahorros y me la puse en el zapato izquierdo. Siempre he tenido miedo que me roben lo que gano en Albrecht. No sé por qué se me había ocurrido ir a ver a Ricitos con dinero.

       Sin saber cómo, cinco para las cinco bajé
25 las escaleras y fui a sentarme a la cuneta° de          curb
   la esquina justo bajo el Buzón. Lo único que
   se me ocurrió meterme en el bolsillo fue una
   peineta. Y cuando la palpé debajo de la parka
   amarilla, pensé que mucho mejor hubiera
30 sido haber cargado una navajita° de esas que          switchblade
   saltan clik. El cielo estaba gris y cargado, y
   mis mejores amigos seguramente en una
   playa griega brincando° de roca en roca.          leaping
   ¿Cómo había llegado a meterme en este lío?
35 Así como no hay caso de parar el reloj, tampoco se puede devolver el tiempo. Pero me daba con pensar qué habría pasado si no hubiera ido esa noche con Sophie a pintar carteles. Mejor, qué habría pasado si nunca
40 hubiera conocido a Sophie. Apretaba los ojos y me imaginaba sin pasado.

---

1. "a... señalada": "at the appointed hour" (The phrase refers to the film *High Noon*, the title of which was translated into Spanish as *A la hora señalada.*)

2. "Herr....gekauft": "Mr. Weber buys a ticket and reserves a seat." Then Papi asked himself, "Who bought a ticket?" And answered, "Mr. Weber bought a ticket."

Entonces hubo un ruido que me asustó. A mi lado se paró una moto sacudida de vibraciones, y arriba de ella estaba montado el tal Michael. Con la misma chaqueta de
5 cuero negra y unos enormes anteojos verdes atados con elásticos detrás de la nuca.[1] Le dio vueltas y vueltas a la manilla° y la moto *handlebar* roncaba y explotaba como si fuera un cohete.° *rocket*
10 —¿Tú eres el Chileno? —me gritó.

—Sí —dije, tan despacio que ni yo mismo me oí.

—¿Cómo?

—Sí —grité.

15 Le siguió trabajando a la manilla. Se me vino a la cabeza° lo que nos habían contado *it occurred to me* en la escuela de que cuando los indios vieron llegar a caballo a los conquistadores españoles, creían que el animal y el hombre
20 eran un solo monstruo.

—¿Viniste, ah? —gritó, entre medio de los rugidos de la moto. Era una Honda CB 350 de las que pesan 170 kilos. Daniel tenía un juego de naipes° donde en cada carta *cards*
25 aparecía un dibujo de distintas marcas de moto. Brillaba como un diamante, aunque no había ni un poquito de sol—. Yo creía que no ibas a venir.

—Aquí estamos —dije.

30 —¿Así que tú eres el que mandó al hospital a mi hermano?

—Fue de casualidad° —dije. *I didn't do it on purpose*

Le pegó un sacudón a la muñeca° y *he snapped his wrist* mantuvo el acelerador apretado a fondo.
35 Algunos chicos del barrio se quedaron por ahí cerca espiándonos.

—¿Quieres decir que tú tenías la pata levantada y él vino y puso ahí sus bolitas? ¡Me dan ganas de agarrarte y matarte aquí
40 mismo!

Me puse de pie sacudiéndome los pantalones. Miré alrededor y me di cuenta que no tenía amigos ni siquiera para que me

---

1. **atados**... **nuca:** tied with elastic at the back of his head

echaran una mirada de lástima. Los muchachos del barrio estaban con la boca abierta admirando la moto.

—Oye, Michael —le dije—. No peleemos.
5 Si quieres vamos y le pido perdón a tu hermano.

Me acercó la cara y me aulló° encima de    *howled*
mis ojos.

—¿Estás loco? ¿Quieres que te lleve a ver
10 al Hans al hospital? ¿Quieres que mis viejos y la policía sepan que fuiste tú el que lo reventaste?°    *busted him*

No supe qué hacer ni con mis piernas ni mis manos. Di vueltas los dedos de los pies
15 amasando el billete, con lo cual pensaba comprarle algo a Ricitos.

—A mí me gustaría pedirle perdón y que no peleáramos —dije.

Soltó el acelerador y puso su puño
20 apretado con el guante negro debajo de mi hocico° y lo hizo vibrar como si fuera    *snout*
eléctrico.

—Mira, Chileno —dijo, mordiendo las palabras—. Mi hermano no te delató° de    *didn't inform on you*
25 hombre que es. ¿Sabes lo que te hubiera pasado si dice quién fue? ¡Te echan del país, imbécil! ¡A ti y a tus padres, tarado! ¿Y a dónde se van a ir a meter? ¡Si ustedes son como gitanos!

30 Tragué un litro de saliva. Por primera vez sentí la sensación de que no tenía nada en el mundo de dónde agarrarme.

—¿En serio?

Michael se levantó los anteojos y le dio
35 una pasada a la manija del acelerador.

—¿Dónde quieres pelear?

Ahora que le veía la cara, le sostuve la vista y traté de decirle que no con los ojos.

—¿Ahora?

40 —¿Qué quieres? ¿Que te dé una cita especial como los médicos?

Me limpié las manos transpiradas en las rodilleras del pantalón. La mami siempre les pone unos lindos parches° de cuero a los    *patches*
45 pantalones. Mi hermano y yo somos los únicos en Berlín que andamos con esos parches.

—¿Dónde? —dije, tratando de no llorar.

—Sube, que yo te llevo.

—Gracias, Michael —le dije.

En cuanto monté atrás, hizo partir la
5   Honda con un pique volador y yo tuve que
sujetarme con las piernas sobre el tubo de
escape, porque no me atrevía a agarrarlo de
los hombros.

—Sujétate de los hombros, inútil —me
10  gritó—. Si te matas aquí, me sacan un parte.°    *they will give me a*
*ticket*

Le eché las manos encima, y ahí fue
cuando me di cuenta del medio pedazo de
espalda que tenía el bruto. Si parecía que lo
hubieran hecho de cemento. «Este huevón va
15  a matarme», pensé. En el semáforo, estuve a
punto de descolgarme y echar a correr hacia
la escuela que estaba ahí encimita. Lo único
es que todavía me quedaba un poco de amor
propio.° Mi mami siempre dice que el amor    *self-esteem*
20  propio es lo último que se pierde. Otra cosa
que la mami siempre dice es que le da
vergüenza ajena.[1] Ahora resulta que yo iba
en taxi expreso hacia la muerte. ¿Por qué me
había subido a la moto? ¿Por qué había
25  venido a la cita de las cinco de la tarde? ¿Por
qué llevaba casi un año en Berlín y nunca
jamás nadie quiso pegarme y ahora había
desgraciado° a uno y estaba este Michael    *injured*
dispuesto a masacrarme?

30      La moto agarró por Stromstrasse,
después dobló a la izquierda hacia Union
Platz, y vi que allí esperaban el bus un grupo
de amigos del colegio. Salían del gimnasio.
Me vieron pasar y me hicieron así con la
35  mano, y yo les hice así, y se quedaron largo
rato mirando la moto perderse hacia West
Hafen. Seguro que creían que yo iba feliz de
la vida° arriba de la Honda CB 350.    *happy as could be*

Michael se metió por el S Bahn Beussel-
40  strasse y agarró el costado° de las líneas    *followed along the side*
del tren hasta llegar a un lugar donde hay
un montón de basuras y piedras y carro-
cerías° de autos viejos. De puro ver eso    *bodies*

---

1. **le...ajena:** she feels embarrassed for what others do

me sentí igual a todas esas porquerías. Y
arriba el cielo tan cochino° como ese barro y       *filthy*
esas latas oxidadas°. No llovía, pero el aire       *rusty*
estaba mojado. No pasaban barcos ni
5   trabajaban las grúas.° Ya se iba poniendo un       *cranes*
poco oscuro. Por primera vez, Michael soltó
el acelerador y cortó el contacto. La moto se
calló con un par de explosiones y ahora el
ruido más fuerte era del S Bahn que pasaba
10  enredado entre esos rieles mohosos.° Le sacó       *rusty*
un soporte° a la moto y la puso paradita.           *kickstand*
    —¿Aquí? —le dije yo.
    —Aquí.
    Me bajé primero, después se desmontó
15  él, y estiró los brazos y aspiró mucho aire
hondo igual que si estuviéramos en la playa.
Yo me quedé al lado de la moto con las manos
en los bolsillos. Se veía raro la Honda nuevita
entremedio de la basura.
20      —Bueno, Chileno. ¿Cómo quieres pelear?
¿A puñetazos, con las manos abiertas, con
piedras, o como venga?°                             *free-style*
    —Oye, Michael —dije, calmándolo con
una mano así como de curita—. Yo no quiero
25  pelear contigo. Primero, porque eres mucho
más grande y fuerte, y segundo porque . . .
    —Segundo, porque eres cobarde.
    Me tiró un manotazo todo despreciativo
y yo retrocedí un poco y lo quedé mirando con
30  los hombros agachados° y las manos            *hunched*
cruzadas en el pecho.
    —No soy un cobarde —le dije—. No
puedo pelear contigo porque no tengo ganas.
No me dan ganas de pegarte. Uno pelea
35  cuando tiene rabia.
    Vino encima mío y me empujó con un
rodillazo sobre las manos cruzadas en el
pecho. Trastabillé° un poco, aunque sin         *I staggered backwards*
caerme. Cuando me afirmé, lo quedé mirando
40  no más con las manos colgando.
    —Y ahora, ¿tienes rabia?
    Hice como que pensaba.
    —No, Michael, no. No tengo rabia.
    Se pasó la mano por la cara y se levantó
45  los anteojos de motorista. Estuvo un ratito
rascándose la nariz. Yo no sabía qué hacer

con las manos y volví a metérmelas en los
bolsillos y me froté los muslos sin quitarle la
vista de encima. Entonces se puso más cerca
y tomó envión° y me pegó un puntapié en la      *got a running start*
5   rodilla que sonó más o menos.
        —¿Y ahora?
        —¿Ahora qué?
        —¿Tienes rabia?
        Saqué las manos y comencé a hacerme
10  sonar los huesitos de los dedos.° Se me había     *crack my knuckles*
olvidado    contarles    que    siempre    me
entretengo mucho con eso. La Sophie me
decía que era mala educación.
        —No —dije.
15      —¿Todos los chilenos son tan cobardes
como tú?
        —Yo no soy cobarde, Michael. Los
chilenos son valientes. Ahí tienes tú por
ejemplo a O'Higgins, a José Miguel Carrera,
20  a Arturo Prat.[1]
        —No he oído nunca hablar de ellos.
        —Y Allende también.
        Escarbó° en el bolsillo de arriba de la     *he scrounged around*
chaqueta de cuero, y sacó un pucho harto
25  trasnochado. Se lo puso en la boca y corrió el
cierre° de metal, que sería del porte de una      *zipper*
corchetera.° Esas chaquetas valían 145           *stapler*
marcos en el Hertie. Me gustaban tanto, que
una vez casi gasto la plata de Grecia para
30  comprármela. Michael se encendió el pucho
con un encendedor japonés de esos que tienen
la calcomanía° de una mujer desnuda.             *decal*
        —Nosotros también tenemos héroes.
Bismark,[2] por ejemplo. ¿O tú crees que
35  Bismark era cobarde?
        —No sé, Michael. Yo soy malo para la
historia. Pero si tú dices que era valiente, te
creo.

---

1. **O'Higgins … Prat:** General Bernardo O'Higgins (1776–1842), liberator and first
president of Chile; General José Miguel Carrera (1785–1821), another prominent
Chilean leader, a rival of O'Higgins, and a romantic figure; Captain Arturo Prat
(1848–1879), naval officer in charge of the brigantine *Esmeralda,* who died when his
ship was sunk by the Peruvian ship *Huáscar* during the Pacific War (1879–1893)

2. **Bismark:** Prince Otto von Bismarck (1815–1898), German statesman and war hero

Le pegó una chupada honda al pucho y al
tiro lo botó. Yo creo que hizo eso nada más
para que le viera las botas con taco filudo°   *sharp-edged heel*
cuando lo aplastó hasta deshacerlo en la
5   tierra.

—Bueno —dijo—, peleemos.

—Ya —dije yo.

Y los dos nos quedamos donde mismo.
Michael se arremangó° el cuero negro y se   *rolled up the sleeves*
10   corrió *zip* el cierre grande. Puso los puños
delante de su cuello y yo también. Hizo una
finta° para probarme y yo me quedé quieto.   *he faked an attack*
Dejó caer los brazos, juntó las puntas de los
dedos, y me los movió de arriba abajo delante
15   de mi nariz.

—Pero, dime una cosa, Chileno. Si te
pego, ¿te vas a defender?

Se me había acumulado mucha saliva en
la boca y ahora me costó tragarla.

20   —Sí, pega no más.

—¿Tienes rabia?

—No. ¿Y tú?

—Regular.° ¡En guardia!°   *so-so / On guard!*

Volvió a sacar los codos adelante y se
25   puso a mover alrededor. Yo hice lo mismo.
Nunca en mi vida había peleado. Cuando
chico, tal vez, pero no me acuerdo. Y de
repente, como un sablazo° caliente me tiró un   *saber cut*
kungfú con el filo de la mano que me hizo
30   zumbar° la cabeza y me dejó la oreja   *buzz*
ardiendo. Me caí de costado, y ya venía
llegando al suelo cuando me levantó de una
bofetada° en la boca. Seguro que me mordí la   *blow*
lengua entre medio, porque aunque no tuve
35   tiempo de meterme la mano en la boca y
sacarla, le sentí el gustito a la sangre.

—¿Tienes rabia ahora?

—Un   poco.   ¡Me   sacaste   sangre,
desgraciado!

40   —Para que aprendas.

Me tiró otra patada a las canillas° y me   *shins*
revolvió con la mano la oreja caliente.
Cuando di vuelta la cara, me pareció que
había un niño mirándonos desde el puente.
45   Michael agarró el pecho de mi camisa, me
levantó, y volvió a empujarme. Esta vez

sentí que me entraba tierra en la boca. También se me soltó un chorro de meado° y sentí la pierna toda asquerosa.° Me levanté retrocediendo.

5 —¿Tienes rabia, Chileno?

Me limpié el hocico con el puño como martillo y los ojos nublados.

—Te voy a matar —le grité.

—Pobrecito —dijo.

10 Y fue lo último que habló antes de agarrarme con una llave, darme vuelta y apretarme el cuello mientras iba haciendo palanca con la rodilla en mi columna.[1] Conseguí zafarme° con un codazo en el

15 estómago que lo agarró de sorpresa. Y ahí nos hicimos un solo paquete de patadas, de sudor, de aletazos° que a veces caían en el cuerpo y otras veces quedaban volando. Yo tenía la garganta hinchada de rabia.° Era

20 como si tuviera la lengua y el cuello repleto de lágrimas. ¡Pero no me iba a ver a mí llorando! Ahora quería hundirle los dedos en los ojos y reventarle la cabeza con un fierro. Lo único que tenía en mi cuerpo eran ganas de tomar

25 agua y agua hasta caer de rodillas. Y de repente un puñetazo se me metió como un taladro° eléctrico en el hueso de la nariz. Fue como si de pronto me hubieran tirado a una piscina repleta de fuegos artificiales, de

30 faldas de mujeres flameando en el viento. Fue como si me hubieran reventado vidrios de colores en los ojos, ¡chucha!,° como si una inmensa iglesia se despedazara en mi cerebro, mi boca parecía hecha de sal,

35 Michael era una pura sombra, no podía ni adivinarle la cara, se me aparecieron cosas raras de mi vida que no sé decirlas. Por ejemplo, cuando jugábamos con las primas en la pieza oscura y ellas se reían y se dejaban

40 tocar un poquito entre las piernas, y mapas del mundo donde los países eran rajados°

*urine*

*disgusting*

*to free myself*

*swings*

*rage*

*drill*

*damn!*

*sliced open*

---

1. **agarrarme** . . . **columna:** he grabbed me in a headlock, whipped me around, and pressed down on my neck with his arm while he pressed his knee like a lever against my spine

como heridas, películas de Tarzán donde la
selva era negra y los ríos de sangre, cosas
raras, y Michael dale que dale pero casi no lo
sentía, era como si toda mi cabeza estuviera
5 llena de un telón° de cine y mi boca era un   *screen*
pájaro muerto, cosas de ésas. Y Michael que
apretaba los puñetazos como para que
atravesaran la piel y los huesos y fueran a
metérseme hasta el corazón, hasta el
10 estómago.
    —Michael —le grité—. ¡Michael, mierda,
para que me estás matando!
    Pero no me salieron los ruidos de esas
palabras. Me había separado de mi propio
15 cuerpo. Me sentía flotando en el mar de
Antofagasta,[1] azulito, en vacaciones en el
norte, vi a mi papi y a mi mami hechos una
llamarada, vi que me lamían° suavecito, que   *they licked me*
yo salía del cuerpo de mi mami y todo era un
20 incendio.
    Cuando desperté, Miguel estaba caído a
mi lado y yo dejaba caer la piedra.
    Una mancha de sangre se le había secado
arriba de la boca. Miré por todas partes, y en
25 todas partes se había puesto oscuro. En
Berlín siempre que a uno se le ocurre mirar ya
está de noche. Parece que la hubieran hecho
de una nube negra. Me miré desde la punta de
la cabeza hasta el pecho, y no supe cómo
30 parar los temblores que tenía. Estaba todo
como eléctrico. Los pedazos míos latían° por   *beat*
su propia cuenta. Me senté en la tierra, al
lado de la moto, apoyé la cabeza en la rueda
de adelante, y lo único que se me ocurrió fue
35 ponerme a llorar. Ustedes me perdonarán,
pero hacía como un año que no lloraba.
Antes, cuando la mami y el papi se
encerraban a llorar con las noticias de Chile, a
mí me daba pena por ellos, y como soy medio
40 sentimental, lloraba. Un día el papi salió de la
pieza con los ojos colorados sorbiéndose los
mocos,° y me vio tirado en el sillón llorando.   *sniffling*

---

1. **Antofagasta:** a coastal city in northern Chile

—¿Por qué lloras? —me dijo.

—Porque sentí que ustedes estaban llorando.

—Eso no es un motivo —dijo—. Aquí se
5 llora cuando no se aguanta más, y por cosas
de importancia. ¿Oyó?

—Sí, papi.

—La próxima vez que lo pille llorando le
voy a sacar la chucha° para que llore con    *beat your face in*
10 ganas. ¿Entendió?

El papi es nervioso y a veces me tira un
coscorrón cuando lo estoy hinchando°    *annoying*
mucho. Pero jamás en la vida me ha pegado.
Ni cuando una vez le robé plata, ni cuando
15 casi incendio la casa en Santiago haciendo
una hoguera para jugar a los indios. Pensé
que si ahora el viejo me encontraba ahí
llorando, y viera por qué, no me diría nada.
Yo creo que el papi se pone comprensivo°    *becomes under-*
una    *standing*
20 vez cada diez años.

Dejé que se me derramara° todo lo que    *spill out*
tenía adentro y hubo un rato en que no pensé
nada. Sentí como que estaba envuelto en una
lástima° que no me dejaba ni un huequito    *hurt, sadness*
25 para ninguna otra cosa. Me acuerdo que
comenzó a llover muy suave y que era rico
sentir ese poco de agua en la cara caliente. A
esa hora mis compañeros de curso estarían
tirados en las alfombras viendo Colombo[1] en
30 la televisión, habrían comido unas ricas
chuletas de chancho,° y el papi estaría con el    *pork chops*
diccionario tratando de leer las noticias del
Taggesspiegel.[2] Avancé hasta Michael y
puse mi mano debajo de su nuca.

35 —Michael —le dije—. No seas desgraciado. No te mueras.

Todos los lugares del mundo me
parecieron mejor que ese potrero° con puras    *pasture land*
chatarras° y rieles oxidados. Tomé un trozo    *scrap iron*
40 roto de espejo y se lo acerqué a la boca. Esto
lo había visto hacer en el cine. Si el vidrio se
nublaba, señal de que estaba vivo.

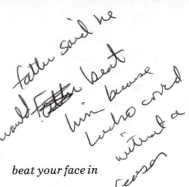

*father said he would father beat him because Lucho cried without a reason*

---

1. **Colombo:** "Columbo," a popular U.S. television detective show of the 1970s

2. **Taggesspiegel:** daily newspaper

—Miguelito —le dije en español—. Estás vivo y coleando.° Despierta y mira el espejo. No te pongas triste que no estás muerto.

*alive and kicking*

Le puse la oreja en el corazón y cuando
5 sentí el tracatraca° me quedé un rato encima sonriendo.

*thump, thump, thump*

—Vamos, Michael. ¿Qué va a decir tu mamá si te encuentra tirado aquí? Despierta de una vez.

10 Pero no había caso. En el puente me pareció ver que alguien se movía. Pensé que sería el muchacho que creí haber visto antes, y le hice señas de que bajara a ayudarme. Pero fue ver que hacía ese gesto, y se mandó a
15 cambiar corriendo.° Lo peor de todo es que de repente se largó a llover como si le hubieran apretado al cielo el acelerador a fondo.¹ Todo se puso rápidamente mojado, y ya estaba por llegar de una vez la noche. Por aquí y por allá
20 quise ubicar° un sitio donde proteger a Michael de la lluvia, pero no había techo ni para cubrir una uña. Me quedé paseando a su alrededor, pateando con las manos en los bolsillos los tarros y las piedritas. Durante
25 un rato me dejé chorrear° hasta que sentí que el agua me traspasaba la camiseta. La única idea que se me ocurrió, fue parar un tarro bajo la lluvia y esperar que se llenara. Después me puse encima de Michael y se lo
30 derramé con toda fuerza sobre la frente. Por primera vez, movió la cabeza, abrió un poquito los ojos, pero al tiro los cerró, dijo algo que no entendí, y siguió durmiendo. Después se agregó al diluvio universal, una
35 orquesta de truenos y relampagazos. Todo muy lindo para verlo calentito desde la ventana de la pieza, con la guata° llena y el corazón contento. Cuando las gotas golpeaban en el suelo levantaban barro y la
40 moto flamante° se fue poniendo asquerosa. Le abrí el cierre corchetera de la casaca,° y busqué uno de esos cigarritos trasnochados que le había visto antes. Había dos, y

*he took off running*

*to locate*

*let the water pour down on me*

*belly*

*bright jacket*

---

1. **se largó**... **a fondo:** it started raining as if someone had pushed the sky's accelerator all the way down

cubriéndolo con el cuerpo, conseguí
encenderlo. Se sentía bien tibio el humo al
raspar la garganta, y estuve fumándolo
suave mientras el terreno se empantanaba° y     *was getting swampy*
5  apenas se podía caminar. Yo no sé si lo que
digo es una estupidez, pero hay veces que un
cigarrito puede ser el mejor amigo de uno.
Fumándolo ahí, sentí que no estaba solo.
Pasó un tren lleno de tristeza, y empecé a
10  tiritar° de frío. Me acurruqué° al lado de     *shiver / I huddled*
Michael, y pensé que a esa hora Edith estaría
enroscándose sus rulitos° para ir a recibirme     *was probably curling*
a la puerta. Pensé que su mamá a lo mejor          *her hair*
había comprado un bife° para recibirme. Y     *beefsteak*
15  quién sabe si no tenían un vinito francés en la
mesa. Yo tendría que decir no gracias señora,
no tomo, para causarles buena impresión.
Pensé en cómo se veía la piel de Edith, tan
de muñeca, entibiada° por un tinto al callo.°     *warmed up / perfect*
20  «Ricitos, Ricitos», estuve repitiendo como un     *glass of red wine*
loro.

   De pronto, Michael hizo un movimiento,
y vi que tenía los ojos abiertos y que se
pasaba la muñeca encima limpiándose el
25  barro. Lo agarré de la espalda y lo sostuve
para que se sentara. Hubo un tremendo
trueno y se puso a llover peor que nunca.
   —¿Qué pasó? —dijo, con la voz ronca.
   —Estuvimos peleando.
30  —Sí, eso lo sé, ¿pero qué me pasó a mí?
   —No sé. De repente te agarré bien y creí
que te habías muerto.
   Sacudió la cabeza desconcertado y se
agarró del brazo que le ofrecí para levantarlo.
35  —Me ganaste entonces —dijo—. Me
pusiste knockout.

   Caía tanta agua y estaba tan oscuro que
apenas le veía la cara. Se metió preocupado
un dedo dentro de la nariz y estuvo
40  escarbando,° igual que si buscase algo en el     *picking*
fondo. Luego ladeó la cabeza y se golpeó la
nuca° como si eso que buscaba pudiera     *nape (of his neck)*
botarlo así.
   —Está lloviendo —dijo.
45  Realmente era un superdotado.° Todavía     *genius*
me pregunto cómo logró hacer esa
observación tan inteligente. Recogí un

periódico tan empapado° como nosotros y se lo extendí.

—¿Sabes una cosa? Mejor que no sigamos peleando, Chileno. Nos podemos resfriar.°

—De acuerdo —dije.

Partimos saltando entre las charcas° y Michael montó la moto y la joyita° arrancó a la primera patada. Mientras se calentaba el motor, me estrujé los pantalones y palpé con la punta de los dedos del pie a ver si seguían ahí mis Deutsche Mark. Lamenté no haberló envuelto en un plástico, porque sentía los zapatos como una laguna. Además tenía el hocico° inflamado. Tal vez tuviera el porte de un zapallo.°

—Me hinchaste el hocico —le grité en la oreja.

Se dio vuelta y agarrándome la mandíbula° me la meneó° con la técnica de un médico.

—Entonces empatamos° —dictaminó.°

Yo asentí del modo más solemne.

Arrancó° la moto y tuve que afirmarme bien sobre sus hombros porque el potrero parecía cancha de patinaje.° Claro que la estabilidad de la Honda CB 350 es famosa en el mundo entero. Cuando agarramos por Siemmensstrasse, le grité:

—Oye, Michael. Te invito a comer una pizza.

—¿Tienes plata?

—Algo.

Fuimos a la Locanda de Stromstrasse y cuando entramos se formó un charquito en la puerta. Los italianos abrieron la boca de este tamaño.° Lástima no haber tenido un espejo, para contarles cómo nos veíamos. Yo sentía que la boca me colgaba hasta el cuello y a Michael aún se le veía un pedazo de nariz entre medio del barro.

Fuimos hasta la mesa del fondo para parar el escándalo, y el mozo se nos acercó entre riéndose y asustado.

—¿Llueve, no?

Los italianos también son sumamente perspicaces.° Llegan a conclusiones geniales

---

*Glossary (right margin):*

soaked

catch cold

puddles
little gem

snout
squash

jaw / he moved it

tied / he decreed

he started up

skating rink

The mouths of the Italians hung wide open

discerning

incluso sin usar la lógica de Aristóteles.
Pedimos dos pizzas grandes con doble
porción de queso y scampis. Mientras
venían, fuimos apurando° un chianti de doce

5   marcos que estaba de mascarlo.°

 —Le voy a mandar saludos tuyos a mi
hermano —dijo Michael.

 —Me parece bien —le dije.

 —¿Cuándo vuelves a Chile?

10   —Cuando caiga Pinochet. En el primer
avión.

 —¿Y cuándo va a ser eso?

 —Lueguito.°

 Hizo un buche con el vino,° y se palpó la

15  nuca con un gesto de dolor.

 —Cuando tú estés allá, me gustaría ir a
visitarte. ¿Es lindo?

 —Hay de todo.

 —¿Y qué tal son las mujeres?

20   —Ricas. Hay playas fantásticas y
puedes esquiar en Farellones. Tenemos un
campeón de motociclismo con nombre
alemán. Se llama Kurt Horman.

 —No lo he oído mentar.° —Se tragó de un

25  golpe el vaso de vino y sacó su puchito
trasnochado de la chaqueta—. Allende era
muy valiente —dijo—. ¿Verdad que peleó él
solo contra todo el ejército? ¿Contra los
aviones y todo eso?

30   Yo lo quedé mirando y me di cuenta que
estaba serio como un muertito. Supe al tiro
que el tema le interesaba.

 —Tanto como solo, no[1] —le dije—. Hubo
muchos compañeros que murieron junto a él.

35  Hubo muchos que mataron en todo el país.

 El mozo trajo las pizzas que palabra que°
merecían estar colgadas en algún museo
junto a la Monalisa. Daba no sé qué
comerlas.[2] Llenamos un par de vasos y

40  Michael levantó el suyo y me dijo salud. Yo le
choqué, y ahí mismo al fondo mi alma.[3]

*draining*
*thick enough to chew*

*pretty soon*
*he swished the wine*
 *around in his mouth*

*mentioned*

*I swear*

---

1. **Tanto. . . no:** I wouldn't go so far as to say he was alone

2. **Daba. . .comerlas:** It was a shame to eat them.

3. **Yo. . . alma:** I toasted him and drank it straight down.

Desde los tiempos de Sócrates y Homero que
no me animaba con dos dosis de mi medicina
predilecta.

Comimos en un silencio glorioso, hasta
5  que hubo desaparecido la última miga.° Al      *crumb*
terminar, le dije:

—¿Sabes, Michael? Cuando tú me
estabas pegando, de repente creí que me iba a
morir.

10     —Perdona.

—No, si no es por eso. Es que tuve una
especie de sueño.

—¿Cómo?

—Vi el momento en que nací. Sentí que
15  mi mami me pasaba la lengua por la mejilla.
Sólo que mis padres eran como una
llamarada, ¿me entiendes?

Michael se echó un sorbo° y después se      *took a sip*
hundió en el respaldo° con las manos en los      *sunk into the back of*
20  bolsillos.                                             *the chair*

—A ti te pasó que tuviste una
alucinación. ¿Sabes lo que es eso?

—No —le dije—. Tendría que buscarlo en
un diccionario.

25     —Yo tampoco lo sé bien. Pero una
alucinación es como un presentimiento de
algo. ¿Me entiendes?

—Sí —murmuré.

Pero no había entendido.

30     —Voy a buscar esa palabra en el
diccionario.

Cuando llegó el momento de pagar tuve
que sacarme el zapato izquierdo y escarbar
en mi calcetín. Saqué la fragata azul de cien
35  marcos.[1]

—¿Ahí guardas tu plata? —me preguntó,
examinándome el pie descalzo.

—Sí —dije—. Tengo miedo de que me la
roben.

40     —Hombre, pero para eso están los
bancos.

—No me gustan —dije.

---

1. **Saqué... marcos:** I took out the blue frigate worth a hundred marks. (The "blue frigate" refers to the color of the bill and the bird pictured on the back of it.)

—Todo el mundo guarda su plata en los bancos. Los colchones y los calcetines pasaron de moda.

—Mira, Michael, no nos vamos a agarrar a puñetazos por el tema de los bancos.

—Claro que no.

—Entonces llegamos hasta aquí.°     *let's not take this any further / Agreed*

—Conforme.°

El mozo levantó la puntita del billete y lo examinó como si estuviera estudiando un ratón agarrado de la cola.°     *tail*

—¿Qué pasa? —le dije—. Es un billete de cien marcos.

—Sí sé —dijo—. Pero nunca había visto uno tan arrugado.

El lunes en la mañana llegué a clase con un parche en el ojo, y Ricitos no me habló. Yo traté de acercármele pero se fue con sus amigos a reírse en el baño. El martes metí en el bolsón una caja de chocolates y encima una traducción al alemán de uno de los Veinte Poemas de Amor de Neruda.[1] Lo copié a mano, y arriba escribí: «Los chocolates y el poema son para ti». Se lo dejé en su banco antes que empezara la clase de literatura y entonces pude salir de la copucha de cómo se veía[2] con los cachetes° coloraditos. El     *cheeks* miércoles pasó de mano en mano un mensaje, que lo guardo aquí como prueba, que decía: «El fin de semana tengo un baileteo en mi casa. Te invito». El jueves me saqué el parche. El sábado bailamos cheeck-to-cheeck. «Baby, I want you to want me» me le declaré y me dijo que bueno. Lo jodido° fue     *the bad part* que el viejo me preguntó qué me había pasado, por más que traté de caminar de perfil cuando él estaba presente. Le conté más o menos la historia. Me tiró un

---

1. **Veinte... Neruda:** *Twenty Love Poems and a Song of Despair* (1924) is one of the first and most romantic books of poems by the Chilean writer Pablo Neruda (1904–1973). Neruda, probably the greatest Spanish-language poet of the twentieth century, won the Nobel Prize for literature in 1971.

2. **entonces...veía:** then I finally got to see what she looked like

coscorrón, y no me habló durante tres días.
El jueves vino de visita a casa Michael
Krüger, a quien deben ustedes ubicar,° *to recognize*
porque con él nos anduvimos sacando la
5 chucha en la S Bahn Beusselstrasse. Dijo que
había leído algo en un diario sobre el fascista
Pinochet. Trajo también un vinito Baujolais
con el precio en la etiqueta:° ocho marcos. *label*
Nos fuimos a tomarlo en mi pieza mientras
10 oíamos en SFB el Hit Parade. Hablamos de
esto y de lo otro y me preguntó si había algo
que él podía hacer para joder a Pinochet.° El *help bring Pinochet*
papi le dio el teléfono de Urs, y a la semana *down*
Michael apareció en una reunión del Chile
15 Comité. Cuando mi papi lo vio entrar, me
quedó mirando y me dijo que yo era un
«proselitista». Esa es otra palabra que tuve
que buscar en el diccionario.

*[handwritten marginal note: Father called Lucho a "proselitista" — preacher]*

# 4. Actividades de postlectura

## A. *Análisis del texto*

Para facilitar la comprensión e interpretación de *No pasó nada*,
hemos dividido la novela en doce segmentos de tres a nueve páginas
cada uno. Después de leer cuidadosamente cada segmento, conteste a
las preguntas de comprensión del argumento y de interpretación
literaria que le proponemos más abajo. Luego refiérase a el o los
temas de conversación, aportando su experiencia personal en la
medida de lo posible.

## I. *Páginas 76–82*

*Comprensión del argumento*

1. ¿Qué consecuencias tuvo el golpe militar en la vida personal de
Lucho? ¿Cómo era la vida de su familia en Chile? ¿Y en Berlín?
¿Qué consecuencias tuvo el golpe militar en la vida de la
sociedad chilena?
2. Cuando Lucho les mostró en el mapa a sus compañeros
alemanes dónde estaba Chile, ¿cómo reaccionaron ellos?
3. ¿Cómo reaccionó al comienzo la familia de Lucho ante la
experiencia del exilio?
4. ¿Qué recuerdos tiene Lucho de la noche y el paisaje de Chile?

5. ¿Por qué dice Lucho que en "los primeros meses dependía del teléfono que comiéramos"?
6. ¿Por que tenía Lucho que aprender a decirle cosas lindas a la Edith?
7. ¿Quién es Juan Carlos Osorio? ¿Qué opinión tiene Lucho de él?
8. ¿Por qué le dieron a Lucho el sobrenombre "Nopasónada"?

*Interpretación literaria*

1. En esta sección Lucho habla sobre su vida en Chile antes del golpe militar y sobre los primeros meses de su vida en Berlín. Por otra parte, cuando empieza a contar su historia ya ha pasado casi un año desde su llegada a Alemania. Por lo tanto, en su narración hay dos espacios y tres tiempos incluidos. Identifique algunas expresiones que se refieren a estos espacios y tiempos diferentes. Para responder, ponga atención en el uso de adverbios tales como "allá", "entonces", "aquí" y "ahora".
2. ¿Qué experiencias actuales, en Berlín, hacen que Lucho recuerde su vida en Chile? Dé dos ejemplos concretos. ¿Por qué esas experiencias estimulan sus recuerdos? ¿Cuál de las dos realidades, la alemana o la chilena, es más vívida para él?

*Temas de conversación*

1. ¿Tiene usted familiaridad con la experiencia del inmigrante que llega a Estados Unidos? ¿Ha conocido a algunos de ellos personalmente? ¿De dónde eran?
2. ¿Cree usted que el proceso de adaptación del inmigrante a la cultura estadounidense es comparable de alguna manera al proceso de adaptación de Lucho y su familia a la cultura alemana?

## II. *Páginas 82–87*

*Comprensión del argumento*

1. ¿Cómo eran las noticias que traían las cartas que llegaban de Chile?
2. La clase se dividirá en grupos de tres estudiantes. En cada grupo, un estudiante hará el papel del padre, otro el de la madre y otro el de Lucho. Preparen la representación de una escena en la que Lucho entrega a sus padres una de las cartas que llegaban de Chile.
3. ¿Qué tenía Lucho en común con Homero y Sócrates Kumides desde un punto de vista político? ¿Qué cosas le enseñaron y por qué eran importantes?

3. Resuma lo que ocurrió en la manifestación que tuvo lugar en la sala de la Universidad Técnica. ¿Por qué estuvieron llorando todo el tiempo los participantes? ¿Por qué dice Lucho "Yo creo que si no me hubiera hecho tan amigo de la Edith, me habría ido a Grecia con el Homero y el Sócrates"?
4. ¿Qué noticia escucharon en la radio Lucho y su papá?
5. Cuando Lucho fue al departamento de Wiclef Strasse, después de las once de la mañana, ¿cómo encontró a los Kumides? ¿Cómo se explica usted el aspecto de los griegos?
6. ¿Qué les dijeron los Kumides a los padres de Lucho cuando los invitaron a comer?
7. ¿Dónde está Lucho trabajando? ¿Para qué necesita el dinero que gana?

*Interpretación literaria*

1. Considerando que *No pasó nada* es una novela de aprendizaje, ¿qué función tienen en la vida del protagonista los chicos griegos? ¿Por qué les dio el autor esa nacionalidad? ¿Podrían haber influido en Lucho de la misma manera chicos chilenos o alemanes?
2. ¿Tiene algún significado simbólico la desnudez de la familia griega cuando Lucho va a visitarlos después de la caída de la dictadura en ese país?

*Tema de conversación*

En esta sección de *No pasó nada,* Lucho es el centro de una red de relaciones: con la cultura chilena, a través de sus padres, con la cultura alemana, a través de la escuela, y con la cultura griega, a través de sus primeros amigos. A su juicio, ¿es esto algo que ocurre comúnmente? ¿De qué manera cree usted que puede ser beneficiosa una diversidad de influencias culturales en la juventud?

## III. Páginas 87–90

*Comprensión del argumento*

1. La clase se dividirá en grupos de tres estudiantes. En cada grupo, un estudiante hará el papel del padre, otro el de Lucho y otro el de Daniel, el hermano de Lucho. Preparen la representación de una escena en la que el padre advierte a sus hijos sobre la conducta que deben tener en Berlín. Incluyan en la escena las reacciones de los chicos.
2. Resuma lo que hacía Lucho cuando iba al KaDeWe y la ocasión en que lo hizo con su padre. ¿Por qué tiene Lucho un recuerdo tan intenso de esa ocasión?

*Interpretación literaria*

1. Entre los siguientes adjetivos, elija cuatro que le parezcan apropiados para caracterizar los sentimientos de Lucho hacia su padre y busque ejemplos de acciones o comentarios de Lucho que justifiquen su elección. En su opinión, Lucho es un hijo:

   obediente        respetuoso
   rebelde          irrespetuoso
   dependiente      afectuoso
   independiente    indiferente

2. Basándose en la elección de adjetivos que usted ha hecho, ¿le parece que padre e hijo tienen una buena relación? ¿Cree usted que esa relación cambiará cuando Lucho llegue a ser adulto? Si así lo cree, ¿puede anticipar cómo cambiará?

*Tema de conversación*

¿Diría usted que el proceso de crecimiento de un hijo o una hija debe producir un distanciamiento entre él/ella y sus padres? ¿Qué pasa si ese distanciamiento no se produce? Cuando el distanciamiento se ha producido, ¿se restablecen las relaciones entre los padres y el hijo o la hija cuando este/esta se transforma en persona adulta? ¿En los términos anteriores o en otros?

## IV. Páginas 90–94

*Comprensión del argumento*

1. En esta sección, Lucho dice, "Yo necesitaba dejarme de mirar fotos de mujeres y hacer lo posible por debutar". ¿Qué evaluación de sí mismo está implícita en este comentario?
2. ¿Por qué se convirtió Lucho en un fanático de la radio portátil?
3. Dos estudiantes, representando a Lucho y a Sophie, deben contarle a la clase cómo se conocieron y por qué se sintieron atraídos el uno al otro.
4. ¿Cómo entiende usted la definición que Lucho hace retrospectivamente de Sophie cuando dice que ella "Era un perfecto Wurlitzer"?
5. ¿En qué consistió la iluminación que Lucho tuvo en una clase de historia?
6. ¿Por qué dice Lucho, "me fue pésimo en Berlín"?
7. ¿Cómo era el modo de hablar griego que conocía Homero Kumides y cómo lo utilizaba?

*Interpretación literaria*

1. ¿Cree usted que el tratamiento del tema del primer amor en esta sección es convincente? ¿Cómo es la actitud del narrador al contar esa experiencia?

2. A partir de la descripción definitiva que Lucho da de Sophie ("Era un perfecto Wurlitzer"), explique la diferencia que hay entre sus sentimientos actuales hacia ella y los que tenía cuando la conoció. ¿Cree usted que, visto por Lucho desde la distancia, el personaje de Sophie adquiere ciertas características simbólicas? Si es así, ¿cuáles son?

*Tema de conversación*

¿Cree usted que el primer amor es una de las experiencias que contribuyen a definir la personalidad en el período de transición de la infancia a la madurez?

## V. Páginas 95–97

*Comprensión del argumento*

1. En el camino a casa de Urs, ¿por qué fue una mala idea de Lucho decirles a los muchachos que estaban en la puerta de un Spielhalle que ni Sophie ni él querían beber y que los dejaran pasar porque estaban apurados?

2. ¿Qué hizo Hans? ¿Cómo reaccionó Lucho?

3. ¿Qué hicieron Sophie y Lucho después del incidente en la puerta de la cervecería? ¿Por qué no volvió Lucho directamente a su casa esa noche?

*Interpretación literaria*

1. Comente la conducta de Lucho en el incidente descrito en esta sección. ¿La actitud de Hans justifica la reacción de Lucho, o está Lucho exagerando su papel? ¿Hay algo de orgullo machista en su reacción?

2. ¿Qué relación hay entre la conducta de Lucho en este incidente y las advertencias del padre en las páginas 88–89? Si el mundo real es en la novela como un estadio de fútbol, ¿cómo podemos calificar esta acción de Lucho? ¿Qué consecuencias tendría en un estadio de fútbol? ¿Qué consecuencias debe tener en el mundo real?

*Tema de conversación*

Lucho y Sophie tienen un problema con una pandilla de jóvenes. ¿Conoce usted algún caso similar? En su opinión, ¿cuál es el papel que tienen las diferencias de lengua y cultura en este tipo de situaciones?

## VI. Páginas 97–105

*Comprensión del argumento*

1. De vuelta a su casa, Lucho dice: "La familia se había reunido en una asamblea plenaria en la cocina. Me recibieron con honores, como quien dice". ¿Cuál es el tono del lenguaje de Lucho en este pasaje? ¿Por qué lo adopta? ¿Es ese tono típico de él y de los adolescentes en general?
2. ¿Por qué fue la clase de Herr Kolberger una de las mejores que Lucho recuerda? ¿Qué enseñó Herr Kolberger en esa clase?
3. Dos estudiantes deben representar la escena de la ruptura de la relación entre Lucho y Sophie.
4. Resumiendo su situación, Lucho dice: "Total, estaba perdido por goleada". ¿De dónde ha tomado esta expresión? ¿Qué quiere decir con ella?
5. ¿Cómo reaccionó Lucho ante la noticia de que lo habían estado llamando por teléfono durante su ausencia? ¿Qué hizo cuando lo volvieron a llamar? ¿Y la vez siguiente?
6. Dos estudiantes deben representar la conversación telefónica entre Lucho y Michael. Pueden además expresar los pensamientos de los chicos.
7. ¿Cómo se imaginó Lucho que Michael había conseguido su número de teléfono? ¿Cómo interpreta este (supuesto) acto de Sophie?

*Interpretación literaria*

1. ¿Cómo podemos entender la actitud de Lucho hacia Sophie en esta sección? ¿Tiene razón Lucho al creer que ella lo ha traicionado?
2. A su juicio, ¿tiene la traición de Sophie un significado simbólico del choque entre dos culturas? Si está de acuerdo, especifique de qué manera la ruptura entre los jóvenes simboliza esta dificultad del entendimiento entre culturas diferentes.

*Tema de conversación*

Para la formación de la personalidad, ¿es la experiencia del primer desengaño tan importante como la del primer amor?


## VII. Páginas 105–110

*Comprensión del argumento*

1. ¿Cómo era el estado de ánimo de Lucho antes de su reunión con Michael? Dé ejemplos concretos de acciones suyas que reflejan ese estado de ánimo.

2. ¿Qué contradicción había entre el estado de ánimo de Lucho y sus obligaciones políticas?
3. Tres estudiantes representarán la escena durante la cual Lucho y su hermano Daniel van al colegio mientras Michael los sigue.
4. ¿Por qué quiso Lucho que Peter Schulz lo acompañara al volver de la escuela a su casa?
5. Dos estudiantes deben representar la nueva conversación telefónica entre Lucho y Michael. Pueden además expresar los pensamientos de los jóvenes.

*Interpretación literaria*

1. ¿Qué métodos emplea Skármeta para caracterizar a Michael en esta sección y en la anterior? ¿Con qué rapidez llegamos a conocerlo nosotros, los lectores?
2. ¿Crea suspenso este modo de presentación de Michael en la conciencia del lector?

*Tema de conversación*

¿Le parece a usted que Lucho tiene miedo en esta sección? ¿Conoce a alguien que haya estado en una situación parecida? ¿Cree usted que Lucho debe aceptar la invitación a pelear? ¿Cómo podría evitarla?

## VIII.  *Páginas 110–116*

*Comprensión del argumento*

1. Describa el acto del 11 de septiembre en Kreutzberg. Describa especialmente la actuación del papá de Lucho y los sentimientos que esa actuación despierta en el hijo.
2. Un estudiante debe desempeñar el papel de Lucho y explicarle a la clase su impresión de Edith al verla en la manifestación y por qué no intentó hacerse amigo de ella antes de ese momento.
3. ¿Cómo son el lenguaje y los gestos del señor Kramer al hablar con Lucho? ¿Qué contradicción hay entre el ambiente de este encuentro y lo que al mismo tiempo está pasando entre Lucho y Michael?
4. Describa la fiesta de los exiliados y explique de qué manera esa fiesta revela las costumbres chilenas y la situación del exilio. ¿Habla Lucho en serio o irónicamente cuando dice que le extraña que no existan la chicha y las empanadas en Alemania?
5. ¿Qué dudas religiosas tiene Lucho? ¿A quién quiso preguntarle sobre esas dudas una vez? ¿Qué respuesta obtuvo? ¿Qué opina usted sobre esa respuesta?

1. Lea con cuidado estas frases:

   No sé si les he dicho que yo soy especialista para acumular cosas. De repente hay un año en que no pasa nada, y de repente me pasa todo en el mismo día.

   ¿Hasta qué punto hay en estas frases un comentario implícito sobre la naturaleza del aprendizaje de la madurez, sobre la composición de la novela y sobre su título?

2. Una de las características sobresalientes de *No pasó nada* es la diversidad de matices que posee el lenguaje del narrador. Seleccione de la lista que sigue los cinco adjetivos que mejor describen ese lenguaje a su juicio, y apoye su decisión en cada caso con una cita breve tomada de esta sección del texto.

   El lenguaje del narrador en esta sección es:

   | | |
   |---|---|
   | exagerado | cínico |
   | irónico | poético |
   | sarcástico | nostálgico |
   | cómico | filosófico |
   | irrespetuoso, irreverente | ingenuo |

*Tema de conversación*

¿Recuerda usted, en su propia experiencia, alguna ocasión en la que haya tenido más compromisos y responsabilidades de los que podía manejar? ¿Cuándo y cómo? ¿Cuál cree usted que es la mejor actitud que se puede tener en esos casos?

# IX.  *Páginas 116–122*

*Comprensión del argumento*

1. Un estudiante hará el papel de Lucho en un monólogo en el que el personaje exprese sus aspiraciones acerca del futuro y sus opiniones sobre su apariencia personal.

2. ¿Por qué se le había metido a Lucho en la cabeza la frase "a la hora señalada"?

3. Al ver Lucho a Michael por primera vez, se acuerda de que "cuando los indios vieron llegar a caballo a los conquistadores españoles, creían que el animal y el hombre eran un solo monstruo". A su juicio, ¿qué aspectos de esta imagen son aplicables a su relación con Michael en ese momento?

4. ¿Qué peligro corre Lucho si le pide perdón a Hans? ¿Qué indica sobre el carácter de Michael y Hans el hecho de que ellos no quieran que Lucho vaya al hospital?
5. ¿Tiene alguna importancia simbólica el que la pelea entre Lucho y Michael se efectúe en "un lugar donde hay un montón de basuras y piedras y carrocerías de autos viejos"?

*Interpretación literaria*

1. Haga una comparación lo más objetiva posible entre el aspecto físico de Lucho y el de Michael en esta sección. Tome en cuenta, además, los elementos del vestuario.
2. Si tenemos presente su imagen en esta sección, ¿diría usted que Michael es un personaje simbólico? Si está de acuerdo, trate de definir el significado del símbolo con claridad.

*Tema de conversación*

¿Ha conocido usted jóvenes en este país que se visten y actúan como Michael? ¿Cree usted que ellos son representativos de la juventud actual en los países desarrollados? ¿Tiene usted una impresión positiva o negativa de ellos? ¿Por qué?

# X.  *Páginas 122-126*

*Comprensión del argumento*

1. ¿Qué actitud tenía Lucho al comienzo de la pelea? ¿Y Michael?
2. ¿De qué manera adquirió la pelea connotaciones patrióticas?
3. ¿Cómo entiende usted la frase "Cuando desperté, Miguel estaba caído a mi lado y yo dejaba caer la piedra"?

*Interpretación literaria*

1. Discuta la pelea en términos de un enfrentamiento simbólico entre dos culturas con distinto nivel de desarrollo. ¿Está sugiriendo aquí el autor que ese enfrentamiento es inevitable?
2. Lea el siguiente párrafo con mucha atención:

> Me había separado de mi propio cuerpo. Me sentía flotando en el mar de Antofagasta, azulito, en vacaciones en el norte, vi a mi papi y a mi mami hechos una llamarada, vi que me lamían suavecito, que yo salía del cuerpo de mi mami y todo era un incendio.

Lo que Lucho siente y ve en este momento va a ser definido posteriormente como una alucinación. ¿Qué cree usted que nos quiere comunicar Skármeta a través de esta experiencia de Lucho?

*Tema de conversación*

Por lo general, las peleas a bofetadas son más frecuentes entre los adolescentes del sexo masculino. Por lo mismo, ¿qué función cree usted que tiene este tipo de peleas en la definición de la masculinidad? ¿Y en la formación de actitudes machistas? ¿Cree usted que la violencia es un aspecto positivo, negativo o neutral de la cultura masculina?

## XI.  Páginas 126–130

*Comprensión del argumento*

1. En la conversación familiar que Lucho recuerda durante la pelea con Michael, ¿cuál es la opinión de su padre sobre los motivos que justifican el llanto?
2. Dos estudiantes harán los papeles de Lucho y Michael en los momentos en que Michael está inconsciente y reproducirán la conversación que ambos tienen cuando este despierta.

*Interpretación literaria*

1. Si la pelea es un enfrentamiento simbólico entre culturas, ¿cómo interpreta usted el resultado?
2. ¿Cree usted que el resultado de la pelea es realista? Si no está de acuerdo, ¿cómo cree usted que hubiera sido un resultado realista? ¿Por qué?

*Tema de conversación*

¿Cree usted que hay ocasiones en las que se justifica el empleo de la violencia? Argumente su respuesta cuidadosamente.

## XII.  Páginas 130–134

*Comprensión del argumento*

1. La clase se dividirá en grupos de cuatro estudiantes. En cada grupo, dos estudiantes harán los papeles de Lucho y Michael y otros dos, los de los italianos de la pizzería. Preparen una representación que incluya:
   a. la expresión de los italianos cuando los chicos entran;
   b. lo que los chicos piden de comer y de beber;
   c. las informaciones que tiene Michael sobre Chile y las que le da Lucho;
   d. lo que Lucho sintió cuando Michael le estaba pegando y la opinión que tiene Michael sobre este asunto.

2. ¿Qué significan las relaciones que existen entre Lucho y Edith y las que ahora establece Lucho con Michael en términos del crecimiento personal del joven protagonista?
3. ¿Cómo concluye la novela?

*Interpretación literaria*

1. ¿Es el fin de la novela también el fin del proceso de crecimiento de Lucho? ¿Piensa usted que el proceso ha tenido resultados positivos o negativos?
2. ¿Es el proceso de crecimiento de Lucho un modelo satisfactorio para el aprendizaje de la vida en el exilio? Si eso es cierto, ¿le parece a usted válido para toda la comunidad exiliada, para las personas mayores tanto como para los jóvenes, para los hombres tanto como para las mujeres?

*Tema de conversación*

Compare la transición de los jóvenes en su cultura (amigos, compañeros de clase, etc.) desde la infancia a la adolescencia y a la vida adulta con la del protagonista de esta novela. A pesar de que se trata de personas, circunstancias y medios diferentes, ¿ve alguna característica común? Más aún: ¿Cree usted que existe un modelo universal de este proceso o que se trata de procesos diferentes según las culturas, las clases sociales, los géneros, etc.?

## B. Temas de investigación

1. Casi todo lo que se cuenta en *No pasó nada* tiene su origen en el golpe de estado que tuvo lugar en Chile el 11 de septiembre de 1973. Investigue las causas de ese golpe y sus consecuencias en la vida chilena desde entonces. Escriba luego un trabajo ordenando e interpretando la información que le fue posible conseguir.
2. El cambio abrupto desde una democracia representativa a una dictadura militar ha modificado profundamente la vida cotidiana de los chilenos. Con los medios que tenga disponibles —libros, revistas, periódicos, y ojalá entrevistando a alguna persona de ese país—, trate de formarse una idea de cómo es en Chile hoy en día la vida de la gente común: ¿Cómo se manifiesta el autoritarismo en la vida de todos los días? ¿Y en la vida de los jóvenes? Escriba un ensayo breve presentando las conclusiones de su investigación.

## C. Bibliografía

1. **Sobre Chile, su historia y su gente:**

Gil, F. G. *The Political System of Chile.* Boston: Houghton Mifflin, 1966.

Keen, Benjamin, and Mark Wasserman. "The Chilean Way." Chap. 14 in *A Short History of Latin America.* Boston: Houghton Mifflin, 1980, 326–349.

2. **Sobre el golpe de estado del 11 de septiembre de 1973, sus antecedentes, sus efectos inmediatos y sus consecuencias posteriores:**

Johnson, Dale, ed. *The Chilean Road to Socialism.* New York: Anchor Press/Doubleday, 1973.

Petras, James, and Morris Morley. *The United States and Chile.* New York: Monthly Review Press, 1976.

de Vlyder, Stefan. *Allende's Chile.* London: Cambridge University Press, 1976.

3. **De Antonio Skármeta:**

*El entusiasmo.* Santiago de Chile: Zig-Zag, 1967.

*Desnudo en el tejado.* Buenos Aires: Sudamericana, 1969.

*El ciclista de San Cristóbal.* Santiago de Chile: Quimantú, 1973.

*Tiro libre.* Buenos Aires: Siglo XXI, 1973.

*Novios y solitarios.* Buenos Aires: Losada, 1975.

*Soñé que la nieve ardía.* Barcelona: Planeta, 1975.

*No pasó nada.* Barcelona: Pomaire, 1980.

*La insurrección.* Hanover, New Hampshire: Ediciones del Norte, 1982.

4. **Sobre Antonio Skármeta:**

Lira, Constanza. *Skármeta: la inteligencia de los sentidos.* Santiago de Chile: Editorial Dante, 1985.

Rojo, Grínor. "Explicación de Antonio Skármeta." *Hispamérica,* 13, 37 (1984), 65–72.

Silva Cáceres, Raúl, ed. *Del cuerpo a las palabras: la narrativa de Antonio Skármeta.* Madrid: LAR, 1983.

# La bella durmiente

ROSARIO FERRÉ

# 1. Introducción a la novela

## Sobre la obra

*La Bella Durmiente* es uno de los relatos más aplaudidos de la nueva literatura hispanoamericana y es, técnicamente, el más complejo de los que se incluyen en esta antología. Esto se debe a tres factores. El primero es la profundidad del tema que trata Rosario Ferré, la relación del individuo con su género[1] y con su clase social. En segundo lugar, la complejidad de esta novela se debe también al modo como está contada, a través de los puntos de vista de múltiples narradores que se expresan en distintas formas. No menos importante es la inclusión en el texto de elementos tomados de varios contextos culturales, entre los que se destacan el ballet y el cine.

La historia que se cuenta en esta obra es la del intento de María de los Angeles Fernández, la protagonista adolescente, de integrarse en la sociedad burguesa[2] puertorriqueña pero sin renunciar a sus propios valores. Los conflictos de la novela surgen de su inconformismo con los papeles femeninos que le exige esa sociedad. Hija del rico e influyente alcalde de San Juan, don Fabiano Fernández, y de Elizabeth, una esposa que se subordina absolutamente a los intereses de su marido, María de los Angeles ha sido educada en un colegio particular[3] para muchachas de clase alta. Ya próxima a graduarse, su sociedad quiere imponerle dos destinos que ella rechaza. El colegio religioso, en el que ha sido una buena estudiante y que desea apoderarse de su dinero, la quiere monja; sus padres, en cambio, la quieren tradicionalmente casada para que les dé un nieto varón que herede la fortuna familiar.

Por su parte, María de los Angeles rechaza tanto la vocación religiosa como el matrimonio deseado por sus padres. Lo único que le interesa en el mundo es ser bailarina. Sin embargo, pensando que el obstáculo para la realización de sus sueños son sus padres, decide casarse. Llega así a un acuerdo con su novio Felisberto, quien le promete que podrá seguir bailando después del matrimonio. Pero la solución es menos fácil de lo que parece. Felisberto, lejos de ser el salvador que ella cree, tiene su propio proyecto egoísta para el futuro de su esposa. Ese proyecto implica una nueva frustración de los deseos de la protagonista.

Rosario Ferré nos entrega en su novela un vivo retrato de las costumbres de la clase alta puertorriqueña, no muy diferente a las clases altas en otros países de Hispanoamérica, y a cuyos integrantes pinta con feroz ironía. Prejuiciosos, imitadores del lenguaje y las modas de los países capitalistas avanzados, despilfarradores,[4]

---

1. gender   2. bourgeois, upper-class   3. private school   4. spendthrifts

clasistas y sexistas, los miembros de esa clase, tal como la autora los retrata en esta novela, viven una existencia de verdaderos parásitos sociales.

En contraste con lo que esos personajes representan, desde el principio de la narración notamos en los monólogos interiores la misteriosa influencia de un personaje ausente, de una artista de circo, antigua amante de don Fabiano y que dejó a su protector para buscar su propio destino. Esa mujer es Carmen Merengue, que para la protagonista simboliza un modelo de la femineidad opuesto al que le ofrecen su madre y las monjas del colegio. En forma mitificada, la volatinera[1] representa la posibilidad de autorrealización de la mujer puertorriqueña, así como una alternativa popular a la vida burguesa.

## Contextos

Tanto como las otras dos novelas incluidas en este libro, y quizás más que ellas, *La Bella Durmiente* supone una familiaridad del lector con diversos contextos sociales y culturales, algunos específicamente puertorriqueños y otros pertenecientes a la cultura europea. Entre estos contextos, merecen especial consideración la historia moderna de Puerto Rico, su estructura de clases y la situación social de la mujer puertorriqueña, particularmente de la mujer de la clase alta. También, en otro plano, hay que atender a los argumentos de tres ballets clásicos y una famosa película inglesa de los años cuarenta.

Puerto Rico, una de las islas mayores del Caribe, fue colonia española hasta 1898. En esos tiempos, la población de la isla era relativamente escasa[2] y la actividad económica se reducía al cultivo más o menos rudimentario del café y la caña de azúcar.

Todo ello empezó a cambiar velozmente a partir de 1898. La Guerra Hispanoamericana (*Spanish-American War*) puso fin a la dependencia puertorriqueña de España y dio comienzo a la dependencia puertorriqueña de los Estados Unidos. Grandes extensiones de tierra fueron compradas entonces por compañías estadounidenses, que establecieron en ellas modernas centrales[3] azucareras. Fue así como se inició un proceso de modernización basado primero en la exportación del azúcar y después en la instalación de industrias a las que Puerto Rico aporta[4] sólo el territorio y la mano de obra, pues las casas matrices[5] se encuentran en los Estados Unidos.

La presencia de los Estados Unidos se ha hecho sentir también en la educación y la conducta social. El conflicto entre las raíces hispánicas y la influencia anglosajona ha marcado el curso de la

---

1. acrobat, tightrope walker    2. sparse    3. mills    4. provides
5. headquarters

historia puertorriqueña del siglo XX hasta llegar a nuestros días. En el retrato que Rosario Ferré hace en *La Bella Durmiente* de la clase alta puertorriqueña, un componente esencial es la imitación del estilo de vida y el lenguaje de los Estados Unidos.

Paradójicamente, esas mismas personas preservan algunas de las concepciones más tradicionales de la cultura hispánica. El mejor ejemplo es la constitución de la familia a partir de la asignación al padre y a la madre de espacios y tareas rígidamente establecidos. El espacio del padre es la calle, el mundo; el de la madre es la casa, la intimidad del hogar. Si la tarea del hombre es la obtención de los recursos económicos para el bienestar de la familia, la mujer es la encargada del cuidado del marido y de los hijos y, lo que es más importante todavía, de la prolongación biológica del marido en los hijos. La rebelión de María de los Angeles en *La Bella Durmiente* es precisamente contra este orden de cosas. No es exagerado decir que esa rebelión toca los cimientos[1] mismos de la sociedad.

Pero la cuestión histórica cubre sólo una parte de los contextos que más interesan en *La Bella Durmiente*. La otra es la cuestión cultural, que concierne a tres ballets, *Coppélia*, *La Bella Durmiente* y *Giselle*, y a una película, *Zapatillas rojas (The Red Shoes)*.

*Coppélia* es un ballet cómico francés, con música del compositor Leo Delibes (1836-1891). Cuenta la historia de la aldeana[2] Swanilda y de su amado, Franz. Franz demuestra interés por Coppélia, sin saber que esta es solamente una muñeca, fabricación del enigmático doctor Coppélius. Para atraer a Franz, Swanilda se disfraza de Coppélia e interpreta un baile muy cómico. El ballet concluye felizmente, con los dos amantes reunidos de nuevo.

En *La Bella Durmiente*, un ballet dramático de 1890, con música de Piotr Ilich Tchaikovski (1840-1893), un hada maligna[3] condena a Aurora, la hija del rey, a crecer sólo hasta su décimo sexto cumpleaños, cuando después de pincharse[4] un dedo en una rueca[5] debe morir. Interviene sin embargo un hada buena, que salva a Aurora de la muerte sumiéndola en un profundo sueño. Cien años más tarde, el Príncipe Encantador encuentra a la princesa durmiendo en el castillo abandonado y la despierta con un beso. El ballet termina con la magnífica boda de los protagonistas.

*Giselle*, por su parte, es un ballet trágico cuya música y libreto pertenecen a Adolph Adam (1803-1856) y Théophile Gautier (1811-1872) respectivamente. En él, la campesina Giselle es amada por el pastor Hilarion y por el campesino Loys (quien en realidad es el duque Albrecht, que está comprometido con la princesa Bathilde). La madre de Giselle le advierte que no debe bailar a causa de su corazón débil. Hilarion descubre a Giselle la verdadera identidad del

---

1. foundations    2. villager, peasant    3. wicked    4. to prick oneself
5. spinning wheel

duque. Cuando Giselle se entera de que Albrecht (Loys) la engaña con Bathilde, enloquece y muere. En el acto segundo, Giselle regresa desde la tumba y, en compañía de las willis, fantasmas[1] de las doncellas que no se casaron jamás, se venga, causando la muerte de los dos hombres.

Por último, *Zapatillas rojas* es una película que se basa en un cuento infantil de Hans Christian Andersen, en el que una muchacha abandona sus deberes en la casa y la iglesia porque le encanta bailar en sus zapatillas rojas. Un día, se pone las zapatillas y empieza a bailar desenfrenadamente[2]. Un ángel aparece y le dice que bailará hasta morirse de agotamiento, como castigo[3] por sus pecados. Ella intenta quitarse las zapatillas, pero no lo consigue, y baila incesantemente día y noche, por los campos. Al final, desesperada, se hace cortar los pies. Se arrepiente y, poco después, muere. En la película, el mismo tema, el de la frustración de la creatividad femenina, adopta la forma del conflicto entre la vocación y el amor. Una bailarina famosa, interpretada por la actriz Moira Shearer, debe elegir entre su carrera y la vida junto al amado. Poco después de elegir el amor, hacia el fin de la película, la protagonista sufre un accidente en el que pierde las piernas. Real y simbólicamente entonces, la elección del amor constituye en esta película el equivalente de los pies cortados de la heroína del cuento de Andersen.

## La autora

Narradora y poeta, ensayista y crítica literaria, Rosario Ferré ha escrito hasta ahora cinco libros de gran éxito en los que se funden diestramente la lucidez y la sensualidad, el conocimiento y la fantasía. Nació en 1942, en Ponce, Puerto Rico, en una de las familias más poderosas de la isla. Destinada por lo mismo a una existencia de dama elegante y ociosa, Ferré se empeñó desde temprano en reemplazar la seguridad de ese destino por el incierto futuro de una carrera literaria. Es más, la literatura que eligió asumía un doble compromiso político: con los problemas históricos de Puerto Rico y con las reivindicaciones feministas.

Como tantos de sus compatriotas, Ferré hizo en Estados Unidos por lo menos parte de sus estudios universitarios, especializándose en literatura inglesa y francesa. Después volvió a Puerto Rico, donde hizo su maestría en letras españolas e hispanoamericanas. Actualmente termina un doctorado en letras hispánicas en la Universidad de Maryland.

Entre 1970 y 1973, Ferré dirigió *Zona de Carga y Descarga*, una revista literaria en cuyas páginas inauguró su propia carrera de

---

1. ghosts   2. wildly, without restraint   3. punishment

narradora y poeta. En 1976, apareció su primer libro, *Papeles de Pandora*, en el que convivían poemas y relatos de diversos tipos y tonos. La experiencia de la mujer puertorriqueña, de todos los niveles sociales, de todas las edades y desde los más variados puntos de vista es una de las preocupaciones fundamentales de ese libro. La otra es la vida histórica de Puerto Rico, sus raíces étnicas, su herencia cultural, su obliterada identidad. De este libro proviene el relato que incluimos aquí, *La Bella Durmiente*.

El feminismo de Rosario Ferré se acentúa todavía más en la segunda de sus obras mayores, publicada en 1978. *Sitio a Eros* es una colección de catorce ensayos, casi todos de crítica feminista. Este libro es importante no sólo por lo que dice y por la manera cómo lo dice, sino también porque es uno de los pocos de su tipo aparecidos en Hispanoamérica hasta la fecha. Ferré estudia y comenta en él la escritura y/o las acciones de medio centenar de mujeres europeas, estadounidenses e hispanoamericanas, tanto del siglo XIX como del XX. En todos los casos, lo que le interesa principalmente es la discrepancia entre el querer y el poder de la mujer y, como resultado de ello, el inconformismo, la decisión y el actuar heroicos y, no pocas veces, trágicos.

## 2. Actividades de prelectura

### Vocabulario activo

**Sustantivos**

*el alboroto*    uproar
*el bizcocho*    cake
*la calumnia*    slander
*la congoja*    anguish, sorrow, grief
*la daga*    dagger
*el desconcierto*    confusion
*el desdén*    disdain
*la dicha*    happiness; good fortune
*el escarmiento*    punishment, lesson; warning
*el lecho*    bed
*el presupuesto*    budget
*el/la volatinero/a*    acrobat, tightrope walker

**Adjetivos**

*ardiente*    burning, ardent
*asqueroso/a*    disgusting

*atento/a*    polite, considerate; attentive
*deslumbrante*    dazzling
*desorbitado/a*    excessive, out of proportion
*desvencijado/a*    rickety
*encinta*    pregnant
*fofo/a*    spongy, soft, bland
*fornido/a*    strong, robust
*maloliente*    foul-smelling
*novedoso/a*    new, original, novel
*postizo/a*    artificial, false
*pudiente*    affluent, rich
*pulido/a*    polished, refined
*tibio/a*    lukewarm; unenthusiastic

**Verbos**

*adelgazar*    to lose weight
*amparar*    to shelter, protect

*aparentar*    to give the appearance of, put on appearances
*balbucear*    to stammer (stutter); to babble
*cercenar*    to chop off
*desafiar*    to challenge, defy
*desanimar*    to discourage
*descarrilarse*    to go off the track, go astray
*emperrarse*    (coll.) to be or get stubborn
*estropear*    to ruin
*forzar*    to force; to rape, violate
*halar*    (coll.) to pull, haul, tug
*malbaratar*    to squander
*pellizcar*    to pinch
*prevenir*    to warn; to foresee
*procurar*    to manage (to do something); to obtain

### Adverbios

*campechanamente*    in an open, friendly manner, cheerfully
*cautelosamente*    cautiously
*descaradamente*    shamelessly
*desgraciadamente*    unfortunately
*en demasía*    in excess, too much
*fijamente*    fixedly, intensely

*malignamente*    wickedly, maliciously

### Expresiones universales

*de mala muerte (un lugar)*    seedy (place)
*dejar moro/a a un/a niño/a*    to leave a baby without a Christian baptism (lit., as a "Moor" or "infidel")
*echar una cana al aire*    to have an adventure, go on a spree
*estar de paso*    to be passing through
*friendo y comiendo*    one thing immediately after the other
*hacer un desaire (a alguien)*    to ignore, disdain, snub
*lo más granado (de la sociedad)*    the cream (of society)
*poner las peras a cuarto (a alguien)*    to scold, call someone on the carpet
*sentar cabeza*    to settle down
*tirar la casa por la ventana*    to go all out
*traerse algo entre manos*    to have an ulterior motive, have something up one's sleeve

## Ejercicios

**A.** Complete con la palabra o expresión que corresponda los textos siguientes:

1. Fui a la ópera este fin de semana. Además de la calidad de los cantantes y de su magnífica actuación, la belleza del decorado y la riqueza del vestuario se combinaban en un espectáculo _____.
2. La desgracia llena de _____ nuestro corazón.
3. Me crucé en la calle con mi prima Susana y no me saludó. Volví a casa y le dije a mi madre que no sabía por qué Susana me _____.
4. Mis notas de este semestre fueron bastante malas, así que mi padre me llamó y me _____.
5. Su proyecto de viajar a Europa y América Latina en el mismo verano me parece francamente _____.

6. En realidad, Alicia es la persona más inauténtica que conozco. Cuando se encuentra en compañía de sus amigos, lo único que hace es _____.
7. Sin un _____, una fiesta de cumpleaños no es una verdadera fiesta.
8. La acusación que habían hecho contra el prisionero era una _____, de manera que el juez lo puso en libertad.
9. La Iglesia _____ a los perseguidos cuando nadie se atrevía a ayudarlos.
10. El profesor levantó la cabeza y miró _____ al estudiante. El pobre chico no sólo dejó de hablar, sino que empezó a _____.

***B.*** Cambie la palabra o expresión en cursiva por un sinónimo:

1. A pesar de que le hemos dicho muchas veces que está equivocado, *insiste* en mantener sus opiniones.
2. Ya tiene usted treinta años, debería dejar de perder el tiempo y *organizar su vida* definitivamente.
3. Daniel es un chico muy *cortés,* que se lleva bien con todo el mundo.
4. La comida de la cafetería está cada vez más *desagradable.*
5. ¡Adiós a los chocolates! Debo *bajar de peso* rápidamente.
6. El presidente está trabajando en un programa que según él dice va a equilibrar *los gastos* de la nación.
7. Juan recibió una mala noticia y fue como si le hubieran clavado *un cuchillo* en el corazón.
8. Los médicos recomiendan que las mujeres *embarazadas* hagan ejercicio, pero no excesivamente.
9. Necesito a una persona *fuerte* para *tirar* de mis botas. ¡No me las puedo quitar!
10. Sebastián tiene unas actitudes tan *refinadas* que no es posible tratarlo *amistosamente.*

***C.*** Agregue un párrafo más a la siguiente narración con palabras y expresiones de la lista:

Catalina fue siempre una muchacha rebelde y con muchísima imaginación. Desde que era niña, quiso ser una artista de circo, una volatinera, a pesar de pertenecer a una familia muy aristocrática y que tenía otras expectativas respecto a su futuro. El día en que declaró sus intenciones a sus padres, hubo en la casa un gran alboroto.

| | |
|---|---|
| forzar | desafiar |
| la congoja | el desconcierto |
| procurar | desanimar |
| ardiente | la dicha |

**D.** Complete la historia siguiente eligiendo una de las dos opciones que se ofrecen entre paréntesis:

Cuando Jorge abandonó su modesto empleo de bibliotecario y se dedicó a los negocios, sus amigos reaccionaron (cautelosamente / desgraciadamente). La actitud de la mayoría de ellos fue, por decir lo menos, (fofa / tibia). Muchos (previnieron / cercenaron) un desastre, advirtiéndole acerca de los peligros de su decisión. También hubo algunos que lo miraron con (desdén / escarmiento), creyendo que no estaba bien de la cabeza y que iba a (estropear / adelgazar) su vida. Pero Jorge no se dejó (pellizcar / desanimar) y siguió adelante, aun cuando dedicar la vida a los negocios y hacerse rico no son cosas que ocurran (estando de paso / friendo y comiendo). Todo el mundo sabe que para hacerse rico es necesario sacrificarse, acumular un capital y trabajar catorce horas diarias. Esa fue precisamente la estrategia de Jorge. Hoy esa estrategia ha dado sus frutos, ya que Jorge es un hombre (pudiente / maloliente) y que pertenece a (un lugar de mala muerte / lo más granado) de la sociedad. En verdad, es tanto el dinero que tiene que nada le importa gastarlo en fiestas increíblemente lujosas y en las que (deja moro a un niño / tira la casa por la ventana).

## Perspectivas literarias

No existe en *La Bella Durmiente* un solo narrador (o narradora) a través de cuya voz se nos comunica toda o la mayor parte de la historia. Lo cierto es que un *narrador tradicional* de este tipo, en tercera persona, aparece sólo cuatro veces durante el curso del relato, en las páginas 159, 160, 193 y 194–195, y por lo menos en tres de ellas como una especie de cámara que se limita a registrar lo que pasa externamente. En cambio, casi todo lo que sucede en esta obra llega hasta nosotros por medios no tradicionales: a través de cartas, artículos periodísticos, recortes de periódico, monólogos interiores y en las anotaciones que hace la madre de María de los Angeles en un álbum de fotografías.

Por lo tanto, *las voces narrativas* que encontramos en *La Bella Durmiente* son múltiples y heterogéneas. Descubrir entre todos esos puntos de vista la verdad de la historia llega a ser entonces una tarea apasionante, que los lectores deberán realizar por su propia cuenta. No todos los narradores saben lo que ocurre con el mismo grado de profundidad y certeza y no todo lo que ellos dicen es igualmente confiable. En este sentido, conviene poner especial atención al contraste entre *los monólogos interiores* de María de los Angeles, en los que se nos revelan los contenidos de su subconciencia y que son la única información directa que tenemos acerca de su vida y aspiraciones, y lo que los otros narradores dicen de ella.

Tampoco el orden en que se van sucediendo los acontecimientos en la narración sigue el orden cronológico de la historia. Las cartas anónimas que encontramos al comenzar la lectura anticipan algo de lo que va a pasar al final (algo, pero no todo, ya que la función principal de esas cartas es generar suspenso en el lector). Es decir que la narración de *La Bella Durmiente* empieza con uno de los hechos que concluyen la historia.

Mencionamos ya, en la sección de "Contextos", el uso que Rosario Ferré hace de elementos culturales no literarios, tomados del arte del ballet o del cine. La presencia de esos elementos en su novela no es meramente decorativa. Ellos influyen sobre diversos aspectos de la composición del relato, tales como la evolución del argumento y el diseño de los personajes. También los ballets determinan la división de la obra en tres partes, así como los cambios de tono entre las partes: cómico, en la parte dominada por *Coppélia;* dramático, en la parte que corresponde a *La Bella Durmiente;* y trágico, en la parte que sigue el modelo de *Giselle.*

Consecuencia lógica de la multiplicidad y heterogeneidad de las voces narrativas es la variedad del lenguaje de esta novela: formal e informal, culto e inculto, literario y cursi,[1] honesto y deshonesto. Frecuentemente, esas expresiones de lenguaje son más interesantes por lo que nos descubren acerca de los valores y actitudes de quienes las emplean (y quienes sin quererlo se ironizan a sí mismos) que por lo que en ellas se comunica.

Finalmente, en vista de la abundancia de modismos regionales idiomáticos en las dos novelas anteriores, puede parecer curioso que en *La Bella Durmiente* haya muy pocos. Pero esto es explicable. En parte, porque los narradores, pertenecientes a o vinculados con la alta burguesía puertorriqueña, desprecian el lenguage regional. Por otro lado, la ausencia de regionalismos se debe también a la duración mayor del dominio español en Puerto Rico que en otros países hispanoamericanos. Exceptuando las expresiones que provienen del inglés, y que por lo general utilizan los más afectados y superficiales entre los narradores, el lenguaje de esta obra es un español esencialmente castizo.[2]

En el monólogo interior que sigue, María de los Angeles se encuentra en estado de coma. Mezcla así en su subconsciente su historia y la de La Bella Durmiente; en el sueño, ella, la princesa, y todo el reino se han dormido a causa de la condenación del hada maligna. El Príncipe Encantador, en la forma de su novio Felisberto, llega entonces a salvarla. Lea cuidadosamente la cita que

---

1. affected, in bad taste    2. Castilian

transcribimos y luego conteste a las preguntas que van a continuación:

> hasta que un día oyó a lo lejos un ¡TATiii TATiii TATiii! lo reconoció era Felisberto que se acercaba trató de levantarse pero el lamé drapeado alrededor de su cuerpo la oprimía es lamé de oro puro con ese peso encima no se puede bailar ¡BAILAR! ¡eso era lo que estaba prohibido! Felisberto acerca su rostro al mío me besa en la mejilla ¿eres tú, príncipe soñado? ¡cuánto me has hecho esperar! de la mejilla me empieza a emanar un calorcillo redondo le empieza a emanar de la mejilla que se me esparce por todo el cuerpo quítenle esos trapos de encima que la están sofocando que me están sofocando despiértate mi amor ahora vas a poder bailar todo lo que tú quieras porque han pasado cien años y ya se han muerto tus padres ya se han muerto las reseñadoras sociales las damas de sociedad las monjas del colegio ahora vas a poder bailar para siempre porque te vas a casar conmigo te voy a llevar lejos de aquí me hablas y te veo chiquitito mirándote desde el fondo ahora más grandecito mientras te me voy acercando subiendo rápidamente de las profundidades se me ha caído el traje de oro lo siento que me roza las puntas de los pies hasta que se zafa ya estoy libre ahora liviana desnuda empujándome hacia ti con las piernas hasta romper la superficie dame otro beso Felisberto despertó.

## Preguntas

1. ¿Qué situación típica, concerniente a la relación de la mujer joven con sus padres, por un lado, y a la relación con su futuro marido, por otro, se manifiesta en este monólogo?
2. ¿Qué conexión existe entre esa situación y la historia de La Bella Durmiente?
3. Refiérase al modo como el subconsciente de la protagonista adapta la historia del cuento de hadas "La Bella Durmiente", y por consiguiente la historia del ballet del mismo título, a su propia historia. Fíjese especialmente en las coincidencias de personajes, acciones y marco escénico.
4. ¿Qué importancia simbólica tiene el traje que lleva María de los Angeles en este pasaje? En el mismo sentido, ¿qué importancia simbólica tiene el hecho de que ella se desnude al final del monólogo?
5. ¿Qué cambios en el punto de vista narrativo hay en este pasaje y qué función tienen?

# 3. Novela: La Bella Durmiente[1]
### Rosario Ferré

Mayo 21 de 1973

Estimado Don Felisberto:

Se sorprenderá al recibir mi carta.
Aunque no lo conozco personalmente lo
5 único decente que puedo hacer al ver lo que le
está sucediendo es prevenirlo. A la verdad
parece que su señora no aprecia lo que usted
vale, un hombre bueno y guapo, y para
colmo,° inmensamente rico. Es para hacer     *on top of that*
10 feliz a la más exigente.[2]

Desde hace algunas semanas la veo pasar
todos los días a la misma hora por enfrente de
la vitrina° del beauty parlor donde trabajo,     *shop window*
entrar a uno de los ascensores de servicio y
15 subir al hotel. Usted no podrá adivinar quién
soy ni dónde trabajo porque esta ciudad está
llena de hoteles de mala muerte con beauty
parlors en el piso bajo. Lleva unas gafas de
sol puestas y se cubre la cabeza con un
20 pañuelo estilo campesino, pero aún así la he
podido reconocer fácilmente por los retratos
de ella que han salido en la prensa. Es que yo
siempre la he admirado porque me parece
divino eso de ser bailarina y a la vez señora de
25 un magnate financiero. He dicho "he
admirado" porque ahora no estoy tan segura
de seguirla admirando. Eso de subir en
ascensores de servicio a habitaciones de
hotel, disfrazada° de sirvienta, me parece     *disguised*
30 muy feo. Si usted todavía la quiere, le
aconsejo que haga algo por averiguar qué es
lo que se trae entre mano. No creo que ella se
atreva a hacer algo así, tan descaradamente.
Seguro se está corriendo el riesgo de
35 manchar su reputación sin necesidad. Usted

---

1. **La Bella Durmiente:** *Sleeping Beauty;* for information on this ballet, see the *Contextos* section.

2. **Es...exigente:** It's enough to make even the most demanding woman happy.

sabe que la reputación de la mujer es como el cristal, de nada se empaña.° A una no le es suficiente ser decente, tiene ante todo que aparentarlo.

*the least thing clouds it up*

Quedo, sinceramente,

su amiga y admiradora

Dobla la carta, la mete en el sobre, escribe la dirección con el mismo lápiz con que escribió la carta, usando con dificultad la mano izquierda. Se levanta del piso, estira todo el cuerpo parándose sobre las puntas de las zapatillas.° El jersey negro del leotard se estira y se le transparenta la forma de los pechos° y de los muslos.° Camina hasta la barra y comienza enérgicamente los ejercicios del día.

*standing on the tips of her slippers*
*breasts / thighs*

Mayo 29 de 1973

Estimado Don Felisberto:

Si recibió mi carta anterior no lo puedo saber, pero si así fue parece que no la tomó en serio, pues su señora ha seguido viniendo al hotel todos los días a la misma hora. ¿Qué pasa, no la quiere? ¿Para qué se casó con ella entonces? Siendo usted su marido, su deber es acompañarla y protegerla, hacerla sentir colmada° en la vida, de modo que ella no tenga necesidad de buscar otros hombres. A usted por lo visto lo mismo le da,° y ella anda por ahí como una perra realenga.° La última vez que vino la seguí hasta verla entrar a la habitación. Ahora voy a cumplir con mi deber y voy a darle el número, (7B), y el nombre del hotel, Hotel Alisios. Ella está allí todos los días de 4:00 a 5:30 de la tarde. Cuando reciba esta ya no podrá encontrarme. No se moleste en investigar, hoy mismo presenté mi renuncia en el trabajo y no voy a regresar jamás.

*fulfilled*

*it doesn't matter to you*
*common bitch*

Quedo, sinceramente,

su amiga y admiradora

Dobla la carta, la mete en el sobre, escribe la dirección y la pone encima del piano. Coge una tiza y va pintando de blanco con mucho cuidado toda la superficie de las puntas de sus zapatillas. Luego se para frente al espejo, empuña la barra con la mano izquierda y comienza los ejercicios del día.

## I.  Coppelia[1]

(Reseña Social°         *society column*
Periódico *Mundo Nuevo*
6 de abril de 1971)

El ballet Coppelia, del famoso compositor francés Leo Delibes, fue maravillosamente representado el domingo pasado por nuestro cuerpo de ballet Anna Pavlova.[2] Para todos los Beautiful People presentes esa noche en el teatro (y verdaderamente eran demasiados crème de la crème para mencionarlos a todos), que les gusta la buena calidad en el arte, la soirée fue prueba de que la vida cultural de los BP's está alcanzando altas proporciones. (Aun pagando a $100.00 el boleto no había un asiento vacío en toda la platea).°   *main floor*
El ballet, cuyo papel principal fue ejecutado admirablemente por nuestra querida María de los Angeles Fernández, hija de nuestro honorable alcalde° Don   *mayor*
Fabiano Fernández, fue cele-

---

1. **Coppelia:** *Coppélia;* for information on this ballet, see the *Contextos* section. Note that the names Coppélia, Coppélius, Giselle, Franz, and Swanilda are spelled Coppelia, Coppelius, Gisèlle, Frantz, and Swanhilda in Ferré's text.

2. **cuerpo. . .Anna Pavlova:** Anna Pavlova Ballet Company (Anna Pavlova [1881–1931] was a Russian ballerina, creator of the famous *Dying Swan* [1907], who toured in Europe, North and South America, and Australia, and formed her own ballet company in England. She was noted for her graceful poetic style and strict adherence to conservative, classical aesthetic principles.)

brado en beneficio de las muchas
causas caritativas de CARE.[1]
Elizabeth, esposa de Don
Fabiano, lucía una exquisita
creación de Fernando Pena, en
amarillo sol, toda cubierta de
pequeñas plumas,° la cual hacía     *feathers*
un bello contraste con su pelo
oscuro. Allí pudimos ver a
Robert Martínez y su Mary
(acabados de llegar° de esquiar     *just back*
en Suiza), a George Ramírez y su
Martha (Martha también en un
bello original de Pena, me
encanta su nuevo aspecto, y esas
plumas de aigrette° gris perla!)°     *egret / pearl-gray*
encantados con las bellas
decoraciones del teatro y los
lindos corsages donados por
Jardines Versalles, a Jorge
Rubinstein y su Chiqui (ustedes
me creerían si les dijera que su
hijo duerme actualmente en una
cama hecha de un verdadero
carro de carreras? Esta es una de
las muchas cosas interesantes en
la bella mansión de los
Rubinstein), al elegante Johnny
Paris y su Florence, vestida de
plumas de quetzal° jade en un     *quetzal (bird)*
original de Mojena inspirado en
el huipil° azteca (para este     *Aztec garment (loose,*
espectáculo los BP's parece que     *woven blouse)*
se pusieron de acuerdo y todo fue
plumas, plumas, plumas!).[2] Y
como artista invitada, la 'grande
surprise' de la noche, nada

1. **CARE:** Cooperative for American Relief Everywhere, Inc., a private U.S. non-profit agency which provides medical, nutritional and developmental aid to refugees, disaster victims, and the needy in Europe, Africa, Asia and Latin America

2. note that throughout the *Reseñas Sociales* the writer does not use the upside-down exclamation marks. This and the use of the other obvious anglicisms shows the influence of English in some of the characters' language.

menos que Liza Minelli,[1] quien se enamoró de un prendedor° de brillantes en forma de signo de interrogación que le vio a Elizabeth, y como no pudo resistirlo se mandó a hacer uno idéntico, el cual luce todas las noches en su show, aunque no sobre su pecho sino colgado de una oreja como pendiente.°

Pero regresemos al ballet Coppelia.

Swanhilda es la joven aldeana,° hija del burgomaestro,[2] y está enamorada de Frantz. Frantz, sin embargo, parece no hacerle caso,[3] todos los días sale a la plaza del pueblo a pasearle la calle a una muchacha que lee, sentada en un balcón. Swanhilda se siente devorada por los celos,° y entra una noche en casa del Doctor Coppelius cuando éste no está. Descubre que Coppelia es sólo una muñeca° de porcelana. Pone entonces malignamente el cuerpo de Coppelia sobre una mesa. Coge un pequeño martillo° de clavar° coyunturas° y va martillando uno por uno todos sus miembros hasta dejar sobre la mesa un montón de polvo que emana en la oscuridad un extraño resplandor. Se pone el vestido de Coppelia y se esconde en la caja de la muñeca, rigorizando los brazos y mirando fijamente al frente. El momento

*brooch*

*earring*

*village girl*

*jealousy*

*doll*

*hammer*
*nailing / joints*

---

1. **Liza Minelli:** U.S. singer, actress and show business personality popular during the 1970s

2. **hija del burgomaestro:** Swanilda is not the burgomaster's daughter, as the society reporter believes.

3. **parece...caso:** doesn't seem to pay any attention to her

cumbre del ballet fue el genial
vals° de esta muñeca. Poco a
poco María de los Angeles fue
doblando los brazos, girando los
5   codos totalmente como si tuviese
tornillos en las coyunturas.
Luego las piernas envaradas°
subían y bajaban deteniéndose
un segundo antes del próximo
10  movimiento, acelerando sus
gestos hasta llegar al desquicio°
de todas sus bisagras.° Comenzó
a girar vertiginosamente por la
habitación, decapitando muñe-
15  cos, reventando° relojes, haciendo todo el tiempo un ruido espantoso con la boca, talmente como
si° en la espalda se le hubiese
reventado un resorte° ponién-
20  dola fuera de control. Tanto el
bailarín que ejecutaba el papel°
del Doctor Coppelius, como el
que ejecutaba el papel de Frantz,
se pusieron de pie° y se quedaron
25  mirando° a Coppelia con la boca
abierta. Al parecer° aquello era
improvisación de María de los
Angeles, y no estaba para nada
de acuerdo° con su papel.
30  Finalmente hizo un jeté[1]
monumental, que dejó sin
respiración a los espectadores,
salvando la distancia del foso de
la orquesta para caer en la
35  avenida central de la platea,[2] y
seguir bailando por la alfombra
roja hasta llegar al final, donde
luego de hacer una última
pirueta,° abrió las puertas de par

*brilliant waltz*

*stiff*

*unhinging*
*hinges*

*smashing*

*as if*
*spring*

*interpreted the role*

*stood up*
*(stood) staring*
*apparently*

*in keeping*

*pirouette*

1. **jeté:** in ballet, a leap from one leg to the other

2. **salvando**...**platea:** jumping (clearing) the width of the orchestra pit to land in the center aisle of the main floor

en par y desapareció como un asterisco calle abajo.[1]

Nos pareció genial esta nueva interpretación del ballet, a pesar de la reación de desconcierto del resto de la troupe.

El aplauso de los BP's fue merecidamente apoteótico.° — *deservingly exalted*

10 bajando las escaleras relampagueando los
pies° casi sin tocar el piso los pies de felpa° — *moving her feet with*
rozando el piso sin peso una losa° amarilla y — *lightning speed /*
una gris en punta de diamante saltando de — *made of felt / tile*
gris en gris se llamaba Carmen Merengue
15 papá la quiso de veras saltando de raya en
raya las losas de cemento resquebrajado° — *cracked*
relampagueando los pies bailar es lo que más
me gusta en la vida sólo bailar cuando fue
amante de papá era más o menos de mi edad
20 la recuerdo muy bien Carmen Merengue la
volatinera volando de un trapecio a otro
bailando la navaja voladora la navaja
volvedora el boomerang la cometa china el
meteoro[2] el pelo rojo estallándole alrededor
25 de la cabeza impulsándola como un bólido° — *shooting star*
por el abismo colgando por los dientes al final
de una cuerda de plata girando vertiginosa-
mente° hasta desaparecer bailando como si — *dizzily*
nada le importara si vivía o moría sólo bailar
30 clavada por los reflectores° al techo° de la — *spotlights / roof*
carpa° como una avispa brillante retor- — *tent*
ciéndose en la distancia ajena a° los huecos° — *oblivious to / holes*
de las bocas abiertas° a sus pies a los ojos — *open mouths*
como bulbos° sembrados° a sus pies a la — *bulbs / planted*
35 respiración sofocada de los espectadores
removiendo culos hormigueros sobre las
sillas[3] porque aquello no debía ser aquello no

---

1. **abrió...abajo:** she opened the doors wide and disappeared like a flying asterisk down the street

2. **la navaja...meteoro:** the flying knife, the returning knife, the boomerang, the Chinese comet, the meteor (all circus acts)

3. **removiendo...sillas:** shifting in their seats as if they had ants in their pants

podía ser permitido por las autoridades nadie
podía desafiar la muerte con aquella
soberbia° la vida hay que vivirla como todo el    *arrogance*
mundo caminando por el suelo empujando
5   paso a paso una bola de temor con las puntas
de los pies pero Carmen Merengue no
escuchaba ella bailaba sin malla° sólo le    *net*
importaba bailar cuando se acababa la feria
le gustaba ir por todos los bares de la ciudad
10  colgando la cuerda° de bar en bar los señores    *hanging her tightrope*
ricos bailando a su alrededor le ponían un
dedo en la cabeza y Carmen Merengue daba
la vuelta yo iba para Ponce pasé por
Humacao¹ los señores caderones° movién-    *wide-hipped*
15  dose decían que estaba loca todos se
aprovechaban de el jarro está pichao² el pie
derecho completamente horizontal poniendo
un pie frente a otro pie el cuerpo tenso
tendido en un arco el brazo hacia arriba
20  tratando de alcanzar los segundos que se me
escapan siempre más allá de las puntas de los
dedos concentrando toda la tensión en la
punta de seda° que sostiene mi    *piece of silk*

9 de abril de 1971
25       Colegio del Sagrado Corazón³

Estimado Don Fabiano:

Le escribo estas líneas a nombre de
nuestra comunidad de religiosas del Sagrado
Corazón de Jesús. Nuestra conciencia y gran
30  amor a su hija, alumna modelo de esta
academia desde kindergarten, nos obliga hoy
a escribirle. No podemos pasar por alto la
ayuda generosa que le ha brindado° siempre    *offered*
a nuestra institución, y su preocupación por
35  nuestras facilidades higiénicas, haciendo
posible la instalación reciente de un tanque

---

1. **yo iba** . . . **Humacao:** taken from a popular song, a *merengue,* originally from the
Dominican Republic and later adopted in Puerto Rico

2. **el jarro** . . . **pichao:** the pitcher is chipped (line taken from the same song as above,
as evidenced by the rhyme)

3. **Colegio del Sagrado Corazón:** School of the Sacred Heart (an upper-class religious
school)

de agua caliente que suple tanto el internado como las celdas de clausura.°   *inner cells (rooms) of the convent*

5 Por las fotos de la crónica social que salió en la prensa de esta semana, nos hemos enterado del desgraciado° espectáculo de su   *disgraceful* hija bailando en un teatro vestida con un vestido impúdico.° Estamos conscientes de   *indecent* que en el mundo del vaudeville estos espectáculos no tienen nada de particular.°   *are not out of the ordinary*

10 Pero, señor Fernández, ¿está usted dispuesto a que su única hija ingrese a ese mundo lleno de peligros para el alma y para el cuerpo? ¿De qué le valdrá ganar el mundo si pierde su alma? Además, tanta pierna al aire,° tanto   *exposed*

15 movimiento lascivo, el escote° de la espalda   *neckline* hasta la cintura y la entrepierna abierta,°   *legs spread open* Sagrado Corazón de Jesús, ¿ a dónde vamos a llegar?° No puedo negarle que en su hija   *where will it all end?* habíamos cifrado nuestras esperanzas° de   *placed our hopes*

20 que algún día recibiera el premio más alto de nuestro colegio, el Primer Medallón. Quizás no esté enterado de lo que este premio significa. Es un relicario de oro rodeado de pequeños rayos. En su interior lleva pintado

25 el rostro de nuestro Divino Esposo, cubierto por un viril.° En la tapa opuesta están   *clear, transparent glass* inscritos los nombres de todas las alumnas que han recibido el primer Medallón. Muchas han sentido la llamada de la vocación,° de   *to take the vows*

30 hecho la mayor parte ha ingresado a nuestro claustro. Puede ahora suponer nuestra desolación al abrir el diario y encontrarnos con las fotos de María de los Angeles en primera plana.°   *on page one*

35 Ya el daño está hecho y la reputación de su hija no será jamás la misma. Pero al menos podría prohibirle que siguiera por ese camino. Sólo así podremos consentir en excusar su comportamiento reciente, y

40 permitir que siga asistiendo a nuestra Academia. Le rogamos perdone esta tristísima carta, que hubiésemos deseado no haber escrito jamás.

Suya cordialmente en N. S. J.[1]

Reverenda Madre Martínez

---

1. **N.S.J.:** Nuestro Señor Jesucristo

relampagueando los pies casi sin tocar el piso
el pavimento agrietado° por el sol saltando     *cracked*
de losa en losa para no pisar las cruces[1]
porque da mala suerte Felisberto es mi novio
5  dice que se quiere casar conmigo Carmen
Merengue no se casaría diría que no con la
cabeza moviendo de lado a lado la cara de
yeso° enmarcada° de rizos postizos dejó que     *plaster (heavy white*
la feria se fuera sin ella se quedó en el cuartito     *make-up) / framed*
10 que papá le había alquilado él no quería que
ella siguiera siendo volatinera quería que
fuese una señora le prohibió que visitara los
bares trató de enseñarla a ser señora pero ella
se encerraba practicaba todo el tiempo ciega
15 a todo lo sórdido° que la rodeaba el catre°     *sordidness / cot*
desvencijado la palangana descascarada°     *chipped washbasin*
colocando una zapatilla frente a otra
levantando un poco una pierna y después la
otra dibujando círculos en el aire como si
20 tocara la superficie de un estanque° con la     *pool*
punta del pie pero un día la feria volvió a
pasar, por el pueblo ella escuchó de lejos la
música le revolvió° el pelo rojo a Carmen     *disarranged*
Merengue sentada en el catre tapándose los
25 oídos para no oír pero no podía algo la halaba
por las rodillas los tobillos° las puntas de las     *ankles*
zapatillas una corriente irresistible se la
llevaba la música le atravesaba las palmas de
las manos le explotaba los oídos espuelas de
30 gallo[2] hasta que tuvo que levantarse hasta
que tuvo que mirarse en el pedazo de espejo
roto colgado en la pared y reconocer que eso
era lo que ella era una volatinera de feria la
cara enmarcada de rizos postizos las
35 pestañas medio despegadas por el sudor los
cachetes° gordos de pancake las tetas falsas°     *cheeks / false tits*
de goma° rebotándole° dentro del traje y ese     *rubber / bouncing*
mismo día decidió regresar

14 de abril de 1971

40 Estimada Reverenda Madre:

    Recibimos mi esposa Elizabeth y yo su
carta, que nos ha hecho meditar a fondo.

---

1. **para**...**cruces:** in order not to step where the lines intersect

2. **espuelas de gallo:** the spurs of a fighting cock (that is, sharp)

Hemos decidido de mutuo acuerdo sacar a
María de los Angeles de la academia de ballet
y prohibirle el baile. El asunto había tomado
últimamente visos° desorbitados y ya      *proportions*
5   nosotros habíamos discutido la posibilidad
de prohibírselo. Nuestra hija es, como usted
ha notado, una niña de mucha sensibilidad
artística; aunque también de una gran
piedad. Muchas veces al entrar a su cuarto, la
10  hemos encontrado arrodillada en el suelo, con
la misma expresión de ausencia, de extraña
felicidad, que le transforma el rostro cuando
está bailando. Pero nuestro verdadero deseo
es, Madre, el día de mañana ver a María de
15  los Angeles, ni bailarina ni religiosa, rodeada
de hijos que la consuelen° en su vejez. Por      *will comfort her*
esto le rogamos que, de la misma manera que
nosotros hemos tomado la decisión de
sacarla del ballet, tomen ustedes la decisión
20  de no fomentarle la piedad en demasía.

María de los Angeles heredará a nuestra
muerte una cuantiosa fortuna, siendo hija
única. Nos preocupa mucho que nuestra
niña, criada como la nata sobre la leche, caiga
25  el día de mañana en manos de un buscón
desalmado que pretenda echarle mano a
nuestro dinero.[1] Las fortunas hay que
protegerlas hasta después de la muerte,
Madre, usted lo sabe, pues tiene bajo su
30  cuidado tantos bienes de la Santa Iglesia.
Usted y yo sabemos que el dinero es redondo
y corre, y yo no estoy dispuesto a dejar que
cualquier pelagatos° venga a malbaratarme      *ragamuffin*
el mío, que tanto trabajo me costó hacer.
35  Nuestra desgracia está en haber tenido
una hija y no un hijo, que hubiese sabido
atender nuestro capital y nuestro nombre.
Porque el que pierde su capital en esta
sociedad pierde también el nombre, Madre.
40  Al que está abajo todo el mundo lo patea,[2] eso

---

1. **nuestra** . . . **dinero:** our girl, raised with our tender care and protection, might fall
any day now into the hands of a heartless gold digger trying to get his hands on our
money.

2. **Al** . . . **patea:** Everybody kicks you when you are down

usted también lo sabe. Las niñas son siempre un consuelo y una mujer educada, de intelecto pulido, es la joya más preciosa que un hombre puede guardar en su hogar, pero
5  no puedo conformarme al ver nuestro futuro tan incierto. Todo depende de que María de los Angeles se case con un hombre bueno, que no la venga a estasajar.° Solamente    *rob (her)*
entonces, cuando la vea casada, protegida en
10  el seno de ese hogar como lo fue en el nuestro, junto a un marido que sepa conservar y multiplicar su herencia, me sentiré tranquilo.

Como usted comprenderá, el que° María    *the fact that*
de los Angeles decidiese unirse a vuestra
15  orden sería para nosotros inaceptable. Le aseguro que, por más que nuestra devoción sea profunda y nuestro aprecio hacia usted sea sincero, no podríamos evitar el resentimiento y la sospecha, ya que el
20  ingreso de una fortuna como la de ella al convento no sería pecata minuta.[1]

Le ruego me perdone, Madre. Comprendo que he sido brutalmente sincero con usted, pero también es cierto que cuentas
25  claras conservan amistades.[2] Usted puede estar segura de que, mientras yo viva, al convento no ha de faltarle nada. Mi preocupación por la obra de Dios es genuina, y ustedes son sus obreras sagradas. Si
30  Elizabeth y yo hubiésemos tenido un hijo además de una hija, le aseguro que no habría encontrado en nosotros oposición alguna, sino que nuestro deseo más ardiente hubiese sido que ella se uniese a ustedes en esa labor
35  santa, de redimir al mundo de tanta iniquidad.°    *iniquity, evil*

Reciba un saludo cordial de su amigo que la admira,

Fabiano Fernández

---

1. **pecata minuta:** small error, small mistake, or slight vice (In colloquial language, however, it has come to refer to something insignificant.)

2. **cuentas . . . amistades:** honest dealings preserve friendship (Spanish saying)

Abril 17 de 1971

Colegio del Sagrado Corazón

Apreciado señor Fernández:

Recibimos su atenta cartita y juzgamos
5  sabia su decisión de sacar a María de los
Angeles del nocivo° ambiente del ballet.   *harmful*
Estamos seguras de que con el tiempo ella
olvidará todo este episodio, que recordará
como una pesadilla. En cuanto a su súplica
10  de que desanimemos su piedad, señor
Fernández, a pesar de ser usted el benefactor
principal del Colegio, y con todo el respeto
debido, usted sabe que no podemos
complacerlo. La vocación es siempre un don°   *gift*
15  de Dios y nosotras no nos atreveríamos
jamás a intervenir en su cumplimiento.°   *fulfillment*
Como dice Nuestro Señor en la parábola° de   *parable*
los obreros enviados a la viña, muchos serán
los llamados y pocos los escogidos. Si María
20  de los Angeles se siente escogida por nuestro
Divino Esposo,° hay que dejarla en libertad   *(i.e., Jesus Christ)*
para que responda a su llamado. Comprendo
que los quehaceres° de este mundo lo   *tasks, duties*
atribulen.° Ver a su hija entrar a nuestra   *distress you*
25  comunidad sería quizá para usted un
desgarramiento° del corazón. Pero ya verá   *breaking*
señor Fernández, ya verá, con el tiempo la
herida se irá cerrando. Hay que recordar que
Dios sólo nos tiene aquí prestados, en este
30  valle de lágrimas no estamos más que de
paso.[1] Si llegara algún día a pensar que ha
perdido a su hija para el mundo de los
hombres, la habrá ganado para el de los
ángeles. Me parece que, por el nombre con
35  que la bautizaron, la Providencia Divina ha
estado de nuestro lado desde que esta niña
nació.

Respetuosamente suya en N. S. J.

Reverenda Madre Martínez

---

1. **Hay**...**paso:** It must be remembered that God has put us here temporarily, that
we are only passing through this valley of tears.

Abril 27 de 1971

Estimada Reverenda Madre:

No puede imaginarse lo que estamos
sufriendo. El mismo día que le hicimos saber
5  a María de los Angeles nuestra decisión,
cuando supo que le prohibíamos para
siempre volver a bailar, cayó gravemente
enferma. Hemos traído a los mejores
especialistas a examinarla, sin ningún
10 resultado. No quiero abrumarla° a usted con     *to overwhelm*
nuestra terrible congoja. Le escribo estas
líneas porque sé que usted es su amiga y la
aprecia de veras. Le ruego que rece por ella
para que Dios nos la devuelva sana y salva.°   *safe and sound*
15 Lleva durmiendo diez días y diez noches con
suero puesto,° sin haber recobrado° una sola    *i.v. (intravenous*
vez el conocimiento.°                            *serum) in place /*
                                                 *regained / consciousness*

Su amigo,

Fabiano Fernández

## II.  La Bella Durmiente

20 era el día de su cumpleaños y estaba sola sus
padres habían salido a dar un paseo por el
bosque en sus alazanes° se le ocurrió recorrer   *chestnut-colored*
huronear° todo el castillo lo que nunca le       *horses / to snoop*
había sido permitido porque había una
25 prohibición que la hacía sufrir mucho pero
que ahora mismo no podía recordar entonces
fue recorriendo todos los pasillos en paso de
bouret[1] chiquitito despacito las puntas de las
zapatillas juntitas subiendo ahora por la
30 escalera de caracol° juntitos chiquititos         *spiral staircase*
hormigueando° por la oscuridad no podía ver      *with tiny ant-like steps*
nada pero sentía que algo la estaba
atrayendo las zapatillas cada vez más
imperiosas como las de Moira Shearer[2]

---

1. **paso de bouret:** *pas de bourrée* (in ballet, a series of very fast little steps, with the feet close together)

2. **Moira Shearer:** British actress and dancer of the 1940s and 1950s, who starred in a movie called *The Red Shoes*. For information on this movie, see the *Contextos* section.

punteando pellizcando el piso con las puntas
como si de allí fuese a salir una nota musical
golpeándolo con sus pies clavijas tratando de
dar la nota que la haría recordar qué era lo
5   que estaba prohibido pero no podía
adelgazando las piernas disciplinándose sin
descanso abriendo puertas y más puertas
mientras subía por el túnel de la torre hacía
días que estaba subiendo y no llegaba nunca
10  a la salida estaba tan cansada de bailar pero
no podía dejar de hacerlo las zapatillas la
obligaban entonces la puertecita de
telarañas° al final del pasillo la manija° en su    *spiderwebs / handle*
mano girando° la viejecita hilando la rueca    *turning*
15  girando el copo girando el huso¹ girando
sobre la palma de su mano el dedo pinchado
la gota de sangre ya está sintió que se caía al
suelo ¡PLAFF! y que todo se iba durmiendo
desvaneciendo° derritiendo° a su alrededor    *fading / melting*
20  los caballos en las cuadras las bridas en las
manos de los palafreneros los centinelas con
sus lanzas recostados de las puertas del
palacio los cocineros los asadores las
perdices los faisanes el fuego dormido en la
25  boca del fogón el tiempo cosido con telarañas
al ojo del reloj todo se fue recostando a su
alrededor hasta que el palacio entero quedó
sumido en un profundo silencio² durmió
tanto tiempo que los huesos se le fueron
30  poniendo finos como agujas° se le colaban°    *needles / they slipped*
sueltos por el cuerpo perforaban su carne por      *through*
todas partes hasta que un día oyó a lo lejos
un ¡TATiii TATiii TATiii! lo reconoció era
Felisberto que se acercaba trató de
35  levantarse pero el lamé° drapeado° alrededor    *lamé (fabric with*
de su cuerpo la oprimía es lamé de oro puro      *metallic threads) /*
con ese peso encima no se puede bailar      *draped*
¡BAILAR! ¡eso era lo que estaba prohibido!
Felisberto acerca su rostro al mío me besa en

---

1. **la viejecita**...**huso:** the little old lady threading the spinning wheel turning the
bundle turning the distaff

2. **los caballos**...**silencio:** the horses in the stables the bridles in the grooms' hands
the sentinels with their lances leaning against the palace doors the cooks the helpers
the partridges the pheasants the fire dormant in the hearth time sewn with spider
webs to the eye of the clock everything was lying down around her until the whole
palace was submerged in profound silence

la mejilla ¿eres tú, príncipe soñado? ¡cuánto
me has hecho esperar! de la mejilla me
empieza a emanar un calorcillo redondo le
empieza a emanar de la mejilla que se me
5 esparce° por todo el cuerpo quítenle esos      *it spreads*
trapos de encima que la están sofocando que
me están sofocando despiértate mi amor
ahora vas a poder bailar todo lo que tú
quieras porque han pasado cien años y ya se
10 han muerto tus padres ya se han muerto las
reseñadoras sociales las damas de sociedad
las monjas del colegio ahora vas a poder
bailar para siempre porque te vas a casar
conmigo te voy a llevar lejos de aquí me
15 hablas y te veo chiquitito mirándote desde el
fondo ahora más grandecito mientras te me
voy acercando subiendo rápidamente de las
profundidades se me ha caído el traje de oro
lo siento que me roza las puntas de los pies
20 hasta que se zafa ya estoy libre ahora liviana
desnuda empujándome hacia ti con las
piernas hasta romper la superficie dame otro
beso Felisberto despertó

Abril 29 de 1971

25 Estimada Reverenda Madre:

¡Nos encontramos nuevamente felices!
¡Nuestra hija está sana y salva! Gracias sin
duda a la intervención divina despertó de ese
sueño que ya creíamos mortal.°  Estando      *fatal*
30 sumida en coma vino a verla el joven
Felisberto Ortiz, a quien nosotros no
conocíamos. Se mostró consternado° ante su      *dismayed*
gravedad y nos dio a entender que entre ellos
existía desde hacía algún tiempo el idilio.°      *romance*
35 ¡Mire qué hija bandida, tan escondidito que
se lo tenía!¹ Estuvo mucho rato con ella,
hablándole al oído todo el tiempo como si no
estuviera dormida. Por fin nos rogó que le
retiráramos las mantas de lana pesada con
40 que la habíamos arropado° para retener el      *we had wrapped her in*
poco calor que le quedaba en el cuerpo. Siguió

---

1. **¡Mire**...**tenía!** What a devilish daughter, keeping it to herself like that!

hablándole y meciéndola,° rodeándole los    *rocking her*
hombros con un brazo, hasta que notamos
que los párpados° le comenzaron a temblar.    *eyelids*
Entonces acercó su rostro al de ella, le dio un
5  beso en la mejilla y ¡Alabado sea el
Santísimo,° María de los Angeles despertó!    *God be praised*
Yo mismo no podía creer lo que veía.

En resumidas cuentas Madre, los felices
sucesos de este día nos han hecho acceder a
10  los deseos de ambos jóvenes de casarse lo
antes posible y formar hogar aparte.
Felisberto es un joven humilde, pero tiene la
cabeza en su sitio. Hoy mismo le dimos
nuestra bendición al compromiso y piensan
15  casarse dentro de un mes. Claro, nos
entristece pensar que ahora nuestra hijita no
podrá nunca llegar a ser Primer Medallón,
como usted tanto hubiese deseado. Pero
estoy seguro de que a pesar de todo usted
20  comparte nuestra felicidad, y se alegrará de
veras al ver a María de los Angeles vestida de
novia. Quedo, como siempre,

Su amigo agradecido,

Fabiano Fernández

25  (Reseña Social
Periódico *Mundo Nuevo*
Enero 20 de 1972)

El evento social más importante
de esta semana, queridos Beau-
30  tiful People, fue por supuesto el
compromiso° de la linda María    *engagement*
de los Angeles Fernández, hija
de nuestro querido Don Fabiano,
con Felisberto Ortiz, ese guapo
35  jovencito que promete tanto.
Se anunció que la boda será
dentro de un mes. Ya están
enviando las invitaciones impre-
sas en Tiffany's, claro está! Así
40  que manos a la obra,° amigos, a    *get to work*
preparar sus ajuares,° que esta    *wardrobes*
será sin duda la boda del año. Va

a ser un espectáculo muy
interesante ver ese día a las Diez
Mejores Vestidas compitiendo
contra los Diez Más Elegantes,
competencia         importantísima
hoy en nuestra irresistiblemente
excitante islita.

La vida cultural de los
Beautiful People parece que va a
seguir alcanzando altas proporciones, pues nuestro querido Don
Fabiano ha anunciado que
prestará su deslumbrante
colección de cuadros religiosos
del barroco italiano para decorar
las paredes de la Capilla de
Mater,[1] donde se celebrará la
boda, y que además se encuentra
tan contento con el escogido de
su hija (el novio tiene un masters
nada menos que en marketing, de
Boston University) que donará a
la capilla un poderoso aire acondicionado Frigid King de
doscientos mil dólares, para que
ese día los Beautiful People
podamos asistir a la ceremonia
sin esos inevitables sudorcitos y
vaporcitos° que produce el
terrible calor de nuestra isla, y
que no solamente estropea la
hermosa ropa, sino que pone
mongos° y aguados° los lindos y
elaborados peinados de las BP's.
Es por esto que en las bodas, los
invitados a menudo no van a la
iglesia, a pesar de que muchos
son muy devotos y de comunión
diaria, sino que esperan para
felicitar a la feliz pareja en el
receiving line del hotel, con el

*little fits of
perspiration and
faintness*

*loose / lifeless
(watery)*

---

1. **Capilla de Mater:** Chapel of the Mother (that is, the Virgin Mary)

resultado de que la ceremonia religiosa queda siempre algo deslucida.° Pero ésta será una boda única, ya que los BP's podrán disfrutar por primera vez de los hermosos oropeles° de nuestra Santa Madre Iglesia, envueltos en ese friíto de Connecticut, como en deliciosa crisálida.°

*lackluster*

*glitter*

*chrysalis*

Ahora, entre los BP's hay un grupo que se llama los SAP's (Super Adorable People). Estos se reúnen todos los domingos para tomar el brunch y comentar sobre las fiestas del fin de semana. Luego del brunch todos bajan a la playa de los BP's donde se reúnen a quemar sus esbeltos cuerpos y a tomar piña colada.

Si usted se considera 'in', y no va a esa playa, cuidado que a lo mejor pierde su status! AH! Y se me olvidaba informarles que ahora lo 'in' entre esas BP's que se encuentran en estado interesante (quiero decir, esperando la visita de la cigüeña),° es entrenarse con el muy popular instituto Lamaze, que les promete un parto° sin dolor.

*stork*

*delivery*

(Recortes de periódico que va pegando la madre de María de los Angeles en el Album de Bodas de su hija.)

*Para mi hijita adorada,*
*para facilitarle su entrada*
*al reino de las novias,*
*antesala del reino de los*
*cielos.*

# I.  Una idea para el shower

Si ha sido usted invitada a un shower para la pariente° o la amiga íntima que se casa pronto y se ha estipulado que los presentes deben ser para uso personal, aquí tiene una idea que será acogida con mucho gusto por la futura señora y que despertará el entusiasmo de los concurrentes.° Compre un cesto° de mimbre° pequeño, un tramo  largo de cordón de plástico para tendedero y un paquete de pinzas para ropa.° Busque además cuatro bonitos juegos de brasier y pantaletas en colores pastel, dos o tres pares de pantimedias,° una baby doll, una bonita y vaporosa gorra para cubrir los tubos del rizado y dos o más bufandas° de chiffón. Extienda el tendedero y prenda a intérvalos con las pinzas las diversas prendas, alternándolas según su índole° y color, hasta llenar toda la cuerda. Doble ahora ésta con todo y ropa y acomódela en el cesto, que envolverá luego en un par de metros de tul nylon, atándolo con un bonito moño° adornado de flores artificiales. No se imagina el alboroto que despertará en el shower su novedoso regalo.

*relative*

*those in attendance*
*basket / wicker*

*clothespins*

*pantyhose*

*scarves*

*type, category*

*rosette of ribbons*

# II.  Para toda una vida

A pesar de los cambios experimentados en el modo de vivir, la decoración, etc., las novias, en términos generales, siguen prefiriendo los regalos tradicionales como lo son la vajilla,° los cubiertos,° y las copas.
Las vajillas se fabrican actualmente en materiales muy prácticos con

*table service /*
*silverware*

cualidades que las hacen bastante resistentes, al igual que ornamentadas a tono con la decoración moderna. Sin embargo, estas vajillas no son tan finas como las clásicas vajillas de porcelana. Las vajillas clásicas, como la Bernadot de Limoges, o la Franconia de Bavaria,[1] pueden verse en residencias donde han ido pasando de generación en generación.

Los cubiertos pueden conseguirse en diversos diseños y de distintas calidades, entre las cuales figuran los de baño de plata,° los de plata esterlina y los de acero inoxidable.° Lógicamente es muy práctico un cubierto de acero inoxidable. Sin embargo, para vestir la mesa, nada como la plata.

Lo que se conoce como silver-plated es un baño especial de plata. Muchas novias suelen procurar cubiertos con baño de plata Reed and Barton, ya que tiene garantía de 100 años. La cristalería debe armonizar con la vajilla. En cristalería hay marcas reconocidas,° las cuales suelen procurar las novias, dependiendo del presupuesto. Son éstas: St. Louis, y Baccarat.

Una novia haciendo su lista de estos regalos obtendrá artículos para toda la vida. Esto depende del poder adquisitivo° de los invitados. Pueden entre todos, pieza a pieza, regalarle únicamente la vajilla, etc. Si son invitados pudientes le regalarán bandejas, jarros, floreros, salseras,° aceiteras, etc., y otros artículos para la mesa bien servida, en plata.

*silver-plated*
*stainless steel*

*well-known brands*

*purchasing power*

*gravy boats*

---

1. **Bernardot**...**Bavaria:** patterns of expensive European china

## III. ¿En Qué Consiste la Felicidad?

¿Una bella casa en medio de un lindo jardín, finos muebles, alfombras y cortinajes? ¿Viajes? ¿Ropa? ¿Mucho, mucho dinero? ¿Joyas? ¿Autos de último modelo? Posiblemente usted tiene todo esto y sin embargo no es feliz, pues la dicha no consiste en poseer bienes materiales. Si usted cree en Dios y en sus promesas, si es buena esposa y madre; si maneja bien el presupuesto del hogar y hace de éste un recinto° de *haven, enclosure* paz y de amor, si es una buena vecina y está dispuesta siempre a ayudar a quien lo necesita, será sumamente dichosa.

*de tu mamá que te quiere,*
*Elizabeth*

(Notas al calce de° las *at the foot of* fotos en el Álbum de Bodas de María de los Angeles y Felisberto, escritas de su puño y letra° por Elizabeth, *in her own handwriting* ahora madre de los dos.)

 I. *Intercambiando anillos y jurándose amor eterno en la Dicha y en la Desgracia.°* *for better and for worse*
 II. *Bebiendo la Sangre de Cristo en el Copón de Oro Sagrado durante la Misa Nupcial.*
 III. *María de los Angeles retratada° de perfil,°* *photographed /* *con el velo una nube cubriéndole el rostro.* *profile*
 IV. *¡Desfilando° por el centro de la nave! ¡Qué* *marching* *asustada se veía mi pobre niña!*
 V. *Cortando el bizcocho, las manos unidas amorosamente sobre el cuchillo de plata.*
 VI. *¡Casados al fin!* *¡Un sueño hecho realidad!*
 VII. *María de los Angeles retratada de frente. Ha doblado su velo hacia atrás y sonríe con el rostro descubierto, campechanamente. ¡Ahora ya es por fin una Señora!*

## III.  Gisèlle[1]

vestida de gasa blanca como Gisèlle contenta
porque me voy a casar con Felisberto me
acerco hoy a tus pies ¡Oh Mater! más pura
que la azucena° cuya blancura superáis a     *white lily*
5  rogarte que me ampares en este día el más
sagrado de mi vida me acerco a ti y coloco mi
ramo de novia sobre el escabel° de terciopelo°     *stool / velvet*
rojo donde reposa la punta de tu pie. pasando
mis ojos por última vez por encima de tu
10  modesto vestido rosado tu manto azul
celeste las doce estrellas que circundan tu
cabeza modesta y recogida° Mater es el ama     *withdrawn, cloistered*
de casa perfecta. vestida de gasa blanca me
acerco ¡Oh Mater! pero no como tú sino como
15  Gisèlle después que se mete la daga en el
pecho porque sospecha que Loys su amante
no va a querer seguir siendo un sencillo
campesino como ella creía sino que va a
convertirse él también en un príncipe con
20  muchos intereses creados° entonces Gisèlle     *vested interests*
piensa que Loys dejará de amarla porque ella
es astuta y sabe que cuando hay intereses
creados por el medio el amor es siempre plato
de segunda mesa° los cazadores los ministros     *love is always*
                                                  *secondary*
25  los batallones de soldados rojos con los
hombros entorchados de oro° todo vendrá     *with their shoulders*
                                             *covered with gold*
antes que ella y es por esto que Gisèlle se     *fringe*
suicida o quizá no se suicida sino que decide
acercarse a las willis conducidas por la Reina
30  de la Muerte y es para llegar a ellas que tiene
que pasar por la torpe° pantomima de la daga     *crude*
se la mete en el pecho dándole la espalda al
escenario manos piernas pies verduguean° el     *whip*
aire desgonzados° está loca la pobre Gisèlle     *unhinged*
35  ha enloquecido de amor dicen los campesinos
que lloran alrededor de su cuerpo caído pero
ella no está allí se ha escondido detrás de una
cruz del cementerio donde se pone su
verdadero traje de novia su traje de willis
40  blanco delirio[2] hecho de piel de pensamiento

---

1. **Gisélle:** *Giselle;* for information on this ballet, see the *Contextos* section.

2. **blanco delirio:** white delirium (play on words: "*blanco de lirio*" means "lily-white")

de virgen lo estira suavemente por encima de
su tez helada° ahora se pone las zapatillas    *icy skin*
para no quitárselas jamás porque su destino
es bailar para siempre deslizarse° como un    *glide*
5  fantasma por todos los campos irse
quedando a pedacitos por las ramas de los
bosques[1] asombrada ella misma de ver que su
cuerpo se le va desprendiendo° en copos° y    *disintegrating /*
Mater la mirará desde su silla allá arriba en el    *snowflakes*
10  cielo y sonreirá complacida porque para
Gisèlle bailar y rezar son una misma cosa.
por eso se une al oleaje° de las willis en un    *wave*
baile de agradecimiento su cuerpo tiene la
ligereza de una clepsidra o reloj de agua la
15  Reina de la Muerte se queda asombrada al
verla bailar pasa una mano a través del
cuerpo de Gisèlle y la retira cubierta de
pequeñas gotas Gisèlle no tiene cuerpo
Gisèlle está hecha de agua. pero de pronto las
20  willis huyen despavoridas° han oído unos    *terrified*
pasos que se acercan por el bosque es Loys
que se ha empeñado en seguir a Gisèlle una
vocecita en el fondo de su corazón la previene
ten cuidado Gisèlle un peligro terrible te
25  acecha. Loys siempre ha tenido éxito en
todas sus empresas y no ha de aceptar que
Gisèlle se le escape así porque sí° se ha    *just like that*
empeñado en seguirla para tratar de quitarle
su traje blanco delirio deshojárselo pétalo a
30  pétalo en el acto de amor para después
preñarla° meterle un hijo dentro de su    *impregnate her*
vientre delgadísimo de clepsidra quitarle su
ligereza de gota de agua ensancharle sus
caderas de semilla ya fofas y abiertas para
35  que ella no pueda jamás volver a ser una
willis. pero no Gisèlle está equivocada Loys
la ama de veras Loys no la preñará Loys se
pondrá un condón velorosado[2] se lo prometió
junto a su lecho de muerte la coge del brazo y
40  la hace darse vuelta° junto al altar hasta    *turn around*
quedar frente a frente a los invitados que
llenan la iglesia le da unas palmaditas en la

---

1. **irse ... bosques:** disintegrating into little pieces left among the branches of the
forests

2. **condón velorosado:** a brand-name of condoms

mano desfallecida que ella ha apoyado sobre
su brazo para darle valor tranquilízate ya
falta poco° tienes que ser valiente. pero ahora

*it won't be long*

cuando la luz de la aurora tiñe de rosa el
5 horizonte se oyen las campanas distantes de
la iglesia y las willis tienen que batirse en
retirada.° ellas no son ángeles como

*in retreat*

traidoramente aparentan ellas son demonios
sus trajes son crinolinas sucias y malolientes
10 sus alas de libélula° están amarradas° con

*dragonfly / bound*

alambres de púas° a la espalda. ¿Y Gisèlle,

*barbed wire*

que hará Gisèlle? Gisèlle ve a las willis
desapareciendo una tras otra entre los
árboles como suspiros oye desesperada que
15 la llaman pero ya es tarde ya no puede
escaparse siente que Felisberto la coge por el
codo y la fuerza a desfilar por el mismo centro
de la nave.

---

(Reseña Social
20 Periódico *Mundo Nuevo*
Febrero 25 de 1972)

Pues bien, tal parece que el
evento social del año ya ha
acontecido y la fabulosa boda de
25 Felisberto y su María de los
Angeles es sólo un recuerdo
resplandeciente en las mentes de
las personas más elegantes de
Puerto Rico. Todos los BP's se
30 presentaron en la Capilla de
Mater, para ver y ser vistos, en
sus mejores galas. Viendo a la
linda novia desfilar hacia el altar,
forrado° de arriba abajo con una

*lined*

35 catarata° de lirios calas,° estaba

*cataract (waterfall) /
calla-lilies*

todo lo más granado de nuestra
sociedad. La avenida central de
la iglesia, off limits con un
cordón de seda para todos menos
40 la novia y el novio, estaba
enteramente cubierta por una
alfombra de raso° puro, impor-

*heavy silk*

tada para la ocasión desde
Tailandia. Las columnas de la
capilla, cubiertas de techo a piso
con capullos° de azahares inge-      *buds*
niosamente tejidos con alam-
bres, daban a los invitados la
ilusión de entrar a un rumoroso°    *murmuring*
y verde bosque. Las paredes,
colgadas de Caravaggios, Ri-
beras, y Carlo Dolcis[1] auténticos,
fueron una fiesta resplandeciente
para los ojos de los BP's, ávidos
siempre de esa belleza que educa.
Nuestro querido don Fabiano
cumplió su promesa de exhibir en
la capilla sus fabulosos cuadros,
y la boda de María de los Angeles
no tuvo nada que envidiarle a las
bodas de las Meninas en el
Palacio del Prado.[2] Seguramente
que ahora las monjitas de la
academia, después de la
instalación de tan fabuloso aire
acondicionado, no se olvidarán
nunca de rezar por Don Fabiano
y su familia. Esta es una hábil
manera de ganarse el cielo, si es
que hay alguna!
La recepción tuvo lugar en el
salón íntimo del Caribe Supper
Club, y fue un verdadero sueño
de Las Mil y Una Noches. Toda
la decoración estuvo a cargo de

1. **Caravaggios**...**Dolcis:** Michelangelo Merisi, "Caravaggio" (1573–1610), was an innovative Baroque painter from Milan, Italy. José Ribera (1591–1652), a Baroque painter from Játiva, Spain, was trained in Italy. His work is noted for its dramatic realism and its religious and mythological subjects. Carlo Dolci (1616–1686) was a late Baroque painter from Florence, Italy, characterized by his languid religious works.

2. **las Meninas**...**Prado:** *Las Meninas* (1656) is a famous painting by Diego Rodríguez de Silva y Velázquez (1599–1660). Young ladies-in-waiting in the Spanish royal court were called *Meninas*. The Prado is a palace in Madrid now used as a gallery containing the art collections of the Spanish royal families. *Las Meninas,* which is not a painting of a wedding as the society reporter believes, has been at the Prado since it opened in 1819.

Elizabeth, esposa de Don Fabiano, acostumbrada como está ella a convertir sus sueños en realidad.

Con los diamantes como tema, los adornos del salón de baile fueron confeccionados en tonos plateados. Tres mil orquídeas° fueron traídas en avión desde Venezuela y colocadas sobre una base de cristal de roca, con tres gigantescas lágrimas de diamante, importadas desde Tyfanny's, colgando del mismo centro. La mesa, donde tenían sus sitios la novia y el novio, rodeados por sus invitados de honor, era de cristal Waterford importada de Irlanda. Y como si esto fuera poco,° material de plata importada brillaba de los respaldares° de todas las sillas, cinceladas° en forma de corazón. Los manteles eran igualmente de hilo de plata, y los menús tenían forma de diamantes pear shaped. Hasta los hielos tenían forma de diamantes, para dar el toque final a la perfección. El bizcocho, confeccionado con azúcar especialmente refinada para que tuviese también ese diamond look cegadoramente° bello, representaba el templo del Amor. Los novios, figuritas de porcelana parecidísimas a María de los Angeles y a su Felisberto, subían por un sendero de espejos bordeado de flores y cisnes° de azúcar en los más delicados colores pastel. El último piso, coronado por el kiosco del templo, con columnas de cristal y

*orchids*

*as if this were not enough*
*backs*
*sculpted*

*blindingly*

*swans*

techo de cuarzo,° albergaba° un *quartz / housed*
cupido antiguo con alitas de
azúcar que giraba constantemente sobre la punta del pie,
apuntando° su diminuto arco° a *aiming / bow*
todos los que se le acercaban.

La atracción principal de la
noche fue Ivonne Coll, cantando
sus hits "Diamonds are For-
ever" y "Love is a Many Splen-
dored Thing".

El ajuar° de la novia era algo *wedding gown*
fuera de este mundo. Se desta-
caba entre todo el decorado por la
sencillez exquisita de su línea.
Los BP's deberán aprender, con
el ejemplo de María de los
Angeles, que la sencillez es
siempre reina de la elegancia.

HELLO! I ARRIVED TODAY
   Name: *Fabianito Ortiz Fernández*
   Date: *5 de noviembre de 1972*
   Place: *Hospital de la Caridad*
         *Santurce, Puerto Rico*
   Weight: *8 lbs.*
   Proud Father: *Felisberto Ortiz*
   Happy Mother: *María de los Angeles*
      *Fernández de Ortiz*

               7 de diciembre de 1972
            Colegio del Sagrado Corazón

Apreciado Don Fabiano:

Acabo de recibir el birth announcement
de su nietecito Fabianito, y no quiero dejar
pasar un solo día sin dirigir unas líneas de
felicitación al nuevo abuelo por el feliz
advenimiento.° ¡A la verdad que eso fue *arrival*
friendo y comiendo! ¡Nueve meses justos
después de la boda! Me puedo imaginar la

fiesta que haría usted, con champán y puros
para todo el mundo, en la misma antesala del
quirófano.° El nacimiento de un niño es      *operating room*
siempre motivo de alegría mundana y
5   comprendo que para usted, preocupado en
exceso como lo ha estado siempre por los
asuntos de este mundo y ansioso porque Dios
le diera un varón desde hace años, este suceso
sea el más feliz de su vida. No olvide, querido
10  amigo, en la euforia de su felicidad, que un
nacimiento es motivo de alegría santa.
Espero muy pronto recibir la invitación al
bautizo, aunque desde ahora le aconsejo que
debe cuidarse de no hacer una fiesta pagana,
15  tirando la casa por la ventana.     Lo
importante es no dejar a ese querubín° moro,     *cherub*
sino abrirle las puertas del cielo.

Cariñosamente, quedo, como siempre,
su amiga en N. S. J.

20          Reverenda Madre Martínez


13 de diciembre de 1972

Estimada Reverenda Madre:

Acabo de recibir su carta, que le agradecí
mucho, pues Elizabeth y yo estamos
25  pasando un trago muy amargo.° En      *going through a very*
momentos como éstos es siempre consolador      *hard time*
saber que uno tiene buenos amigos tan cerca.
Como era de esperarse Madre, el nacimiento
de nuestro nietecito nos dio un alegrón°      *surge of happiness*
30  inmenso. Toda la familia se reunió en el
hospital y estuvimos celebrando hasta el
amanecer. Luego de asegurarnos que nuestra
hija y su retoño° estaban en perfecta salud,      *little one (lit., sprout)*
Elizabeth y yo regresamos a casa. Antes de
35  irnos le rogamos a María de los Angeles que
nos avisara cuando hubiese fijado la fecha del
bautizo. Usted sabe lo mucho que Elizabeth
goza con la decoración de las fiestas, la pobre,
y ya ella se había hecho la ilusión de, para su
40  nietecito, celebrar el bautizo más hermoso
que se hubiese visto jamás en Puerto Rico.
Tenía ya encargadas, entre innumerables

cosas los recordatorios, las estampitas, las capitas, las palomitas de seda llevando moneditas de oro en el pico.[1] Había mandado a decorar el bassinet en concha° de bautizo 5 forrada de satén azul por dentro y derramando° encaje de bruselas° por los bordes. Pensando que el bautizo sería muy pronto, había encargado hasta el bizcocho, un inmenso corazón de rosas de azúcar 10 sostenido en el aire por tres angelotes de biscuit representando el amor, ese amor que ha hecho posible el advenimiento de un niño tan hermoso. Imagínese cómo nos sentimos, Madre, cuando recibimos una nota cortante 15 de María de los Angeles, informándonos que ella había decidido no bautizar a su hijo.

    En esta vida hay que aceptar las cosas como Dios se las manda a uno, Madre, pero esto ha sido un golpe duro para nosotros. 20 María de los Angeles ha cambiado mucho desde que se casó. Al menos siempre nos quedará el consuelo del niño. Es un rorró° precioso, parece que va a ser rubio porque nació sin pelo, y tiene los ojos azul cielo. 25 Ojalá se le queden así° y no le cambien. Algún día se lo llevaremos al convento para que usted lo conozca.

    Reciba un saludo afectuoso de Elizabeth y mío,

30                Fabiano Fernández

            14 de diciembre de 1972
            Colegio del Sagrado Corazón

Querida María de los Angeles:

    Tu padre me ha informado tu decisión de 35 no bautizar a tu hijito, decisión que me ha sacudido° profundamente. Conociendo tu

*Margin glosses:*

*in the form of a shell*

*overflowing with / Brussels (Belgian) lace*

*baby*

*let's hope they will stay like that*

*has shaken me up*

---

1. **los recordatorios** . . . **pico:** favors given to the guests at wedding and baptismal receptions: cards with religious figures printed on them, small pins and objects of various kinds bearing the names of the couple or the baby and the date of the event

corazón como lo conozco, de cualquier persona menos de ti hubiese yo esperado una decisión semejante. ¿Qué te sucede, hija mía? Me temo que no eres feliz en tu casamiento y

5  eso me entristece mucho. Recuerda que los matrimonios están hechos en el cielo y por eso quizá le dicen a uno en broma cuando se casa, matrimonio y mortaja del cielo bajan.[1]
Si eres infeliz comprendo que trates de

10  impresionar a tu marido, haciéndolo darse cuenta de que algo anda mal. Pero serías cruelmente injusta si pretendieras° utilizar a    *if you intended*
tu hijo para estos propósitos. ¿Quién eres tú para jugar con la salvación de su alma?

15  Piensa lo que le sucedería si se te muriera pagano.° Se me hiela el corazón nada más que    *pagan (i.e., unbaptised)*
de pensarlo. Piensa que este mundo es un valle de lágrimas y que tú ya has vivido tu vida. Tu deber ahora es dedicarte en cuerpo y

20  alma a ese querubín que Dios te ha enviado. Hay que tener la mente un poco práctica, hija querida, ya que esta vida está llena de sufrimientos inevitables. ¿Por qué no ofrecerlos para ganarnos la otra? Déjate de

25  estar pensando en tantos pajaritos de colores, en tanto ballet de príncipes y princesas. Bájate de esa nube y dedícate a tu hijo, ese es ahora tu camino. Tranquilízate, hija, Dios velará por° ti.    *will watch over*

30  Recibe un abrazo y un beso de quien te quiere
como una segunda madre,

Reverenda Madre Martínez


Mayo 30, 1973

Querido Don Fabiano:

35  Perdóneme por haber dejado pasar tanto tiempo sin escribirle, pero usted sabe lo mucho que María de los Angeles y yo lo queremos, a pesar de los largos silencios transcurridos entre nosotros. Su nieto está

---

1. **matrimonio**... **bajan:** marriage and death are ordained by Heaven

precioso, regordete° y saludable como         *chubby*
pimpollo de rosa.° Me lo estoy regustando° a   *rosebud / I am*
diario. Tiene puñitos de boxeador y cuando lo    *enjoying him*
cargan al hombro patea° como un macho.         *he kicks*
5   Ante los problemas que estamos teniendo
María de los Angeles y yo, este niño ha
venido a ser un consuelo para mí. Lo quiero
más cada día que pasa.

    Le ruego Don Fabiano, que mantenga lo
10  que voy a decirle en la más estricta confi-
dencia, destruyendo esta carta inmediatamente después de leerla, tanto por
compasión a ella como por consideración a
mí. Ahora me he venido a dar cuenta de la
15  desgracia que fue mudarnos tan lejos, pues
usted ha sido siempre mi mejor aliado, mi
brújula° en cómo tratar a María de los        *compass (that is, guide)*
Angeles, en cómo llevarla por el camino sano
con tanta dulzura que ella misma no pueda
20  darse cuenta de que todo ha sido previsto.

    Usted recordará que antes de nuestro
matrimonio yo le di mi palabra a su hija de
permitirle continuar su carrera de bailarina.
Esta fue la única condición que ella puso al
25  matrimonio y yo la cumplí al pie de la letra.°   *to the letter*
Pero usted desconoce el resto de la historia.
A los pocos días después de la boda María de
los Angeles insistió que mi promesa de
dejarla bailar abarcaba el acuerdo de que no
30  tuviéramos hijos. Me explicó que a las
bailarinas, una vez salen encinta, se les
ensanchan las caderas y al sufrir este cambio
fisiológico ya no pueden jamás llegar a ser
bailarinas excelentes.

35      No puede imaginarse la confusión en que
esta declaración me arrojó. Queriendo a
María de los Angeles como la quiero, un hijo
de ella era mi gran ilusión. Usted sabe Don
Fabiano que soy de origen humilde y quizá
40  por esto siempre he tenido terror de perderla.
Pero que yo sea de origen humilde no quiere
decir que no tenga mi dignidad, que no tenga
mi orgullo.

    Su capricho° me hirió profundamente.     *whim*
45  Pensé que quizá porque soy pobre y mi
apellido no es conocido, como dicen ustedes,

ni mi familia gente bien,° como dicen *the right people*
ustedes, María de los Angeles no quería un
hijo mío. Pero yo no voy a ser pobre siempre,
Don Fabiano, yo no voy a ser pobre siempre.
5 Aunque comparado con usted, que tiene
tantos millones, a mí me considerarían
pobre, ya que sólo tengo un millón de dólares
en el banco. Pero ese millón yo lo he hecho a
pulmón,° Don Fabiano, porque lejos de su *by hard work*
10 hija haber sido un asset, su hija ha sido un
ancla,° un lastre,° una tara° lamentable para *anchor / ballast*
mi desarrollo. A pesar de la reputación *(burden) / setback*
escabrosa° de su carrera de bailarina, gracias *risqué*
a mis éxitos económicos nadie puede darse el
15 lujo de hacernos un desaire, y nos invitan a
todas partes.

Cuando María de los Angeles me dijo que
no quería un hijo mío me quedé sentidísimo.° *very hurt*
Recordé entonces una conversación que
20 tuvimos usted y yo antes de la boda, cuando
me llevó aparte y me confesó lo contento que
estaba de que su hija se casara conmigo
porque confiaba en que a mi lado ella sentaría
cabeza,° encontraría esa conformidad y *would settle down*
25 aceptación que le faltaban y que a todas las
mujeres les produce ser esposa y madre.
Recordé que usted me rogó en aquella
ocasión con lágrimas en los ojos que le
diéramos un nieto, un heredero para que
30 defendiera su fortuna en el futuro, para que
se la protegiese y multiplicase cuando usted
faltase.¹ Recordé mi rabia y mi vergüenza al
escuchar sus palabras, recordé haber
pensado entonces qué era lo que usted se
35 había creído, que porque yo era pobre era
también papanatas,° que por eso había *simpleton*
querido que su hija se casara conmigo,
creyéndose que yo no era más que un pelele
para echárselo de semental.² Cuando ella me
40 dijo eso me acordé de sus palabras y me dio
por pensar que no estaba nada de mal eso de

---

1. **para**... **faltase:** to protect and increase it (your fortune) when you are no longer around

2. **yo**... **semental:** I was nothing but a dummy (lit., a stuffed doll) to be used as a stud

un heredero, no estaba nada de mal, pero no para que heredase su fortuna sino para que heredase la mía, la que yo habría de hacer algún día para eclipsarlo, para borrarlo del mapa a usted y a toda su familia.

Claro que luego me arrepentí de estos pensamientos indignos y me propuse convencerla a las buenas° de que tuviéramos un hijo. Primero le hice ver lo generoso que había sido con ella, comprándole (sin tener con qué para aquel entonces)° un trousseau de reina, poniéndole casa y carro con sirvientes a la puerta. Luego le hablé del amor, de cómo un hijo es la única manera de que el matrimonio perdure. Pero cuando se me siguió emperrando, negándoseme, Don Fabiano, cuando me encontré al final de mi paciencia, al final de la cabulla° como dicen en cristiano,[1] la forcé carajo° Don Fabiano le hice la barriga a la fuerza.[2]

Desgraciadamente Fabianito, en vez de traer la paz a nuestro hogar, en vez de darle a su hija la alegría que yo esperaba una vez que tuviera a su hijo entre sus brazos, ha venido a ser una maldición para ella, un fardo° insoportable que ha abandonado al cuidado de la niñera.° A pesar de sus temores de no poder volver a bailar en el corto tiempo desde que dio a luz ella ha logrado un éxito extraordinario. Esto le ha valido el título° de prima ballerina de la compañía que ahora lleva mi nombre, porque hasta se la compré para tenerla contenta.

Nuestra vida había transcurrido así, en relativa paz y armonía, y yo me consideraba un hombre feliz con María de los Angeles a mi lado, con un hijito sano que Dios nos había obsequiado y los negocios viento en popa,° hasta hace dos semanas cuando en mala hora se me ocurrió[3] llevarla a ver el

*in a nice way*

*the wherewithal at the time*

*at the end of my rope damn it*

*burden*

*nanny*

*won her the title*

*sailing smoothly*

---

1. **como... cristiano:** Castilian Spanish was spoken by Christians on the Iberian Peninsula during the occupation of the Moors (711–1492). Because of this, "to speak Christian" has come to mean to speak Spanish.

2. **le... fuerza:** I impregnated her by force

3. **cuando... ocurrió:** when I had the bad idea

show de volatineros del Astrodromo.
Acababa de llegar a la ciudad y pensé que
como ella estaba tan triste, podría divertirla.
Luego de los bailes consabidos de
5  prestidigitadores° y atletas salió a la arena    *magicians*
una mujer; una pelirroja de pelo enseretado.°   *gnarled, matted*
Bailaba casi a la altura del techo, sin malla de
seguridad, y no sé porqué María de los
Angeles se impresionó muchísimo al verla.
10 En cuanto llegamos a casa me pidió que le
tendiera una cuerda de un extremo a otro de
la sala y de un salto se subió a ella. Vi con
gran sorpresa que sabía hacerlo, al principio
balanceándose cautelosamente pero luego se
15 fue soltando, llevando el compás° con el       *keeping the rhythm*
vaivén° del cuerpo. Lo más que me llamó la     *swaying*
atención fue la expresión de su cara. Parecía
vaciada de todo pensamiento. Le hablaba y
no me contestaba, era como si no me
20 estuviera escuchando. Al rato se bajó de la
cuerda y me acompañó en la mesa a la hora de
la cena, pero la expresión de su cara no ha
variado, sigue siendo la misma hasta hoy. Me
mira con las pupilas dilatadas y se niega a
25 contestarme cuando le dirijo la palabra.
    Y para colmo ayer, no encuentro cómo
decírselo, Don Fabiano, recibí un anónimo, el
segundo que recibo en estos días, un
asqueroso pliego de papel escrito a lápiz con
30 letra infantilmente gorda y desigual.
Seguramente alguna enferma lo escribió, no
me la puedo imaginar de otra manera, uno de
esos alacranes° frustrados que abundan por   *scorpions*
los cubujones° de los arrabales.° Esta hija de  *scummy houses /*
35 su madre[1] me informa que a la hora en que    *slums*
María de los Angeles va a hacer supuesta-
mente sus prácticas al estudio la ve entrar
todos los días a un cuarto de hotel,
insinuando que se encuentra allí con un
40 hombre.
    Lo más terrible de todo esto, Don
Fabiano, es que la sigo queriendo, no podría
soportar vivir sin ella. Es que usted me la
entregó en el altar todavía una niña, recuerdo

---

1. **Esta**... **madre:** This bitch

todavía su cara el día de la boda, enmarcada
por aquel velo de tul increíblemente blanco, y
me parece un sueño. La recuerdo pasando de
su mano a la mía como una virgen, la
5   recuerdo así y no logro consolarme.°          *I can't console myself*

Pero además de esto, además de que la
quiero de veras, no voy a permitir que mi
matrimonio fracase porque yo sencillamente
no estoy acostumbrado al fracaso. Mi
10  matrimonio no es sino otra empresa más de
la cual yo, cuésteme lo que me cueste, voy a
hacer un éxito.[1] Después de todo hay algo de
exótico, de extraordinario, en que la esposa
de un magnate financiero sea bailarina. ¿No
15  le parece? Es una extravagancia que puedo
permitirme, de la misma manera que muchos
de mis amigos van todos los años a cazar
elefantes al Africa.

Mañana iré personalmente a investigar
20  lo que hace María de los Angeles en la
habitación de hotel que me indica el anónimo.
Estoy casi seguro de que todo esto es una
calumnia, una mentira repugnante de
alguien que envidia mi felicidad junto a ella,
25  al igual que mi éxito, el haber logrado hacer
mi primer millón antes de cumplir los
treinta.°                                       *before turning thirty*

Sin embargo, no puedo dejar de sentirme
atemorizado,° intuyo la sombra de una      *afraid*
30  amenaza° revoloteando° sobre nosotros.    *threat / hovering*
Usted sabe que un hombre puede soportarlo
todo, absolutamente todo, menos esta clase
de insinuaciones, Don Fabiano. Le juro que
me siento destrozado. Mañana temo no
35  poder responder de mis propios actos.


Deja de escribir súbitamente y se queda
un rato largo mirando la pared frente al
escritorio. Coge los pliegos manuscritos° y   *handwritten sheets*
los arruga con las dos manos hasta hacer una
40  pelota apretada, que arroja con furia al cesto
de la basura.

---

1. **Mi... éxito:** My marriage is just another business venture which, no matter what
it costs me, I am going to make a success.

La luz de la tarde entra por la ventana de
la habitación 7B, en el Hotel Alisios,
atravesando las persianas° venecianas, *blinds*
sucias y medio rajadas° por uno de los *split*
5   extremos, y cae a manera de varas¹ sobre los
cuerpos desnudos, tendidos sobre el sofá. El
hombre, acostado sobre la mujer, tiene el
rostro vuelto hacia el respaldar raído° y *threadbare*
bayusco.° La mujer le acaricia lentamente la *bay-colored (reddish-*
10   cabeza, hundiendo una y otra vez la mano *brown)*
izquierda en el pelo rizado. En la mano
derecha sostiene un pequeño breviario de
oraciones y lee de él en voz alta, dirigiendo su
voz por encima del hombre dormido sobre
15   ella. María era virgen en todo lo que decía,
hacía, amaba. Su lirio parece buscarla y a su
vez ella levanta a menudo los ojos
para        . Al llegar aquí el hombre
balbucea unas palabras incomprensibles y
20   remueve un poco la cabeza como si fuera a
despertar. La mujer sigue leyendo en voz
baja tras de acomodar un poco el seno que
tiene aplastado debajo del oído del hombre.
Mater Admirábilis Azucena de los valles y
25   Flor de los campos, rogad por nosotros.²
Mater Admirábilis más pura que la azucena
cuya      . Cierra por un momento el
breviario y se queda mirando las
carcomeduras uniformes del plafón,³ nota
30   con desagrado que hay manchas de humedad
por todas partes. Se acuerda de cómo,
durante el acto sexual, se había puesto a
repetir en voz alta la oración preferida de
Mater, el bendita sea tu pureza,⁴ y el efecto
35   afrodisiaco que esto le había causado. Era la
primera vez que se acostaba con un hombre
que no fuera su esposo y pensaba que hasta
ahora todo había salido bien. Lo había

---

1. **cae**... **varas:** (the light) falls in bars

2. **Mater**... **nosotros:** Admirable Mother White Lily of the valleys and Flower of the
fields, pray for us.

3. **carcomeduras**... **plafón:** consistent corrosions of the underside of the eave

4. **la oración**... **pureza:** The Virgin Mary's favorite prayer, the one that says,
"blessed be your purity"

recogido esa misma tarde, parándose en la
esquina como una prostituta cualquiera. El
oldsmobile se había detenido a su lado y
había visto la cara del desconocido inclinada
5  un poco hacia delante, debajo del cristal del
parabrisas,° con las cejas ligeramente — *windshield*
arqueadas en una interrogación muda. Había
pensado que daba lo mismo° y no quiso — *it didn't matter*
mirarle otra vez la cara. El hombre le había
10  ofrecido veinticinco dólares y ella había
aceptado.

     Sintió deseos de bailar. El hombre seguía
durmiendo encima de ella como un bendito,° — *blissfully*
un brazo arrastrado por el suelo y la cara
15  vuelta hacia el ángulo del sofá. Se deslizó
poco a poco de abajo del cuerpo tibio hasta
quedar libre. Sacó del bolso la cuerda de nilón
y la tendió de extremo a extremo de la
habitación. Se calzó las zapatillas de ballet,
20  se amarró las cintas a los tobillos y de un
salto se subió arriba. Al saltar desnuda sobre
la cuerda de las suelas° de sus zapatillas — *soles*
cubiertas de tiza se desprendió una nube de
polvo que flotó por un momento en el aire
25  estancado de la habitación. La concentración
de su rostro, al comenzar a bailar, hizo más
obvia la pintura exagerada de sus facciones.° — *features*
Tenía los ojos rodeados por dos chapas de
zinc, contra las cuales se destacaban sus
30  inmensas pestañas de charol.° El pankake de — *lacquer*
sus mejillas, de tan grueso, parecía que se le
iba a desprender de la cara en tortas.[1] Pensó
con alivio que por primera vez iba a poder ser
ella, que por primera vez iba a poder ser
35  bailarina, aunque fuera de segunda o de
tercera categoría. Comenzó a colocar un pie
frente a otro, sintiendo cómo los rayos de sol
le cercenaban inútilmente los tobillos. Ni
siquiera se dio vuelta cuando oyó la puerta
40  abrirse de repente a sus espaldas, sino que
siguió colocando cuidadosamente un pie
frente a

---

1. **El**...**tortas:** The pancake (make-up) on her cheeks, being so thick, looked as if it
would come off her face in clumps (lit., cakes).

Estimada amiga:

No sabe lo que le agradecimos Elizabeth
y yo su cartita de pésame,[1] que recibimos
5  hace ya casi un año. Sus palabras y sus
oraciones, llenas de sabiduría y de consuelo,
fueron un bálsamo° para nuestro dolor. No     *balm*
pude sin embargo contestarle hasta hoy,
Madre, porque me faltó valor.° Hablar de    *I lacked the courage*
10  estas cosas es siempre volver a vivirlas,
repetir, como en una película muda,° los    *silent movie*
gestos y palabras que quisiéramos congelar
en el tiempo y no podemos, congelarlos para
poder cambiarlos, repetirlos de otra manera.
15  Son tantas las cosas que hubiésemos querido
alterar antes de la muerte de nuestra hija
adorada. Su boda demasiado prematura,
cuando pienso que se nos casó casi una niña
se me aprieta el corazón.° Su matrimonio    *my heart breaks*
20  apresurado con ese muchacho que apenas
conocíamos, un muchacho neurótico y
ambicioso, como sabemos ahora que es
demasiado tarde.

Perdóneme, Madre, quizá no deba
25  expresarme así de Felisberto, víctima como
fue de este accidente monstruoso. A pesar
de° haber él también perdido la vida, y de que    *in spite of*
por caridad cristiana uno no debe nunca
recriminar a los muertos, a pesar de saber
30  todo esto no puedo perdonarlo. Usted misma
se había dado cuenta de que María de los
Angeles no era feliz en su matrimonio. El la
torturaba por el asunto del baile, injuriándola y criticándola, porque no le gustaba que
35  ella bailara. Por otro lado, se llenaba
constantemente la boca, echándoselas de
que[2] él había hecho tanto dinero que había
comprado, para complacerla a ella en su
capricho, la mejor compañía de ballet de todo
40  el país.

---

1. **cartita de pésame:** nice letter of condolence

2. **se llenaba**... **de que:** he was always boasting, priding himself on the fact that

Pero lo que no le puedo perdonar, lo que me sigue despertando a media noche bañado en sudor y temblando de ira es que ahora, Madre, cuando ya no hay remedio,° me he *when nothing can be done about it*
5 venido a enterar que él hacía dinero con ella, que la compañía de ballet le dejaba sus buenos dividendos. Mi hija que jamás trabajó porque nunca tuvo necesidad de hacerlo, y ese desalmado° la estaba *heartless man*
10 explotando.

El día del accidente ella estaba reunida con el coreógrafo, componiendo los pasos de un número nuevo para su próximo recital, cuando Felisberto se apareció de sorpresa.
15 Desde la puerta de la habitación se puso a insultarla, injuriándola por haber dejado al niño solo con la niñera para irse allí a repetir las morisquetas¹ de siempre. Parece que su orgullo pudo más que° su ambición y, según *was stronger than*
20 el testimonio del coreógrafo, la amenazó con pegarle allí mismo una buena paliza° si no *a good spanking* abandonaba el baile. De haber estado yo presente, habría estado de acuerdo con Felisberto en esto. El ballet era un vicio que
25 había que extirparle° a María de los Angeles *eradicate* de raíz.° Conozco de cerca ese mundo de las *from the root* bailarinas por una canita al aire que me eché una vez, Madre, y todas esas mujeres acaban siendo unas cabras.² Me extrañó que
30 Felisberto nunca estuviese muy interesado en que ella dejara de bailar, cuando se oponía era muy débilmente, claro, yo nunca me imaginé que estaba pensando en sus ganancias.° Esa tarde por lo visto decidió *profits*
35 que era más importante su dignidad y quiso darle a María de los Angeles un buen escarmiento. Pero ese escarmiento era para habérselo dado en privado, Madre, en la privacidad de la casa haberle puesto las peras

---

1. **morisquetas:** mean tricks (lit., Moorish tricks. As in the case of *"dejar moro/a a un/a niño/a"* [see p. 153], this word reflects the strong cultural bias of peninsular Spain, which spread to its colonies.)

2. **todas** . . . **cabras:** all those women end up running wild (lit., being she-goats)

a cuarto pero no allí de aquella manera
escandalosa, y en presencia de un extraño.

El coreógrafo, que no conocía a Felisberto, un hombre excepcionalmente fornido
5 pero un infeliz° ajeno a todo,° salió en          *poor man / unsuspecting*
defensa de María de los Angeles. Force-
jeando° con él, tratando de sacarlo a la          *wrestling*
fuerza, lo restrelló con tal violencia contra la
pared de cemento que le fracturó el cráneo.
10 María de los Angeles se quedó paralizada en
medio del cuarto. Felisberto, que había
sacado una pistola de la chaqueta para
defenderse, con el golpe inesperado apretó el
gatillo° y el disparo accidental la atravesó        *trigger*
15 por la frente.

No puede imaginarse, amiga mía, lo que
he sufrido con todo esto. Cada vez que pienso
en mi hija desangrándose allí tirada, sin
recibir siquiera los Santísimos Oleos,° lejos       *extreme unction (last*
20 de su madre, lejos de mí que la adoraba, que        *rites)*
hubiese dado con gusto la mitad de mi vida
por verla contenta, cuando pienso que tuvo
una muerte tan inútil, siento una ola de
rencor que me sube por la garganta. Cuando
25 llegó la ambulancia ya estaba muerta. A
Felisberto lo encontraron tirado en el suelo a
su lado. Se lo llevaron inmediatamente a la
sala de emergencia. Estuvo en intensive care
durante dos semanas pero murió sin recobrar
30 el conocimiento.

Casi un año ha pasado ya. Es como si
entre el recuerdo de ese momento y yo se
interpusiera un paño de cristal° que se nubla      *pane of glass*
con mi aliento si me acerco demasiado.
35 Prefiero no hacerme más preguntas, Madre,
no torturarme más. Fue la voluntad de Dios.
Al menos nos queda el consuelo de no haber
reparado en nada para su entierro.[1] La
sociedad entera se desbordó en nuestra casa.
40 Nunca habíamos tenido una prueba como
aquella del aprecio sincero de nuestros
amigos. Pensándolo así, Madre, todas esas

---

1. **Al...entierro:** At least we have the consolation of having spared no expense for
her funeral.

señoras y señores, Beautiful People y Super
Adorable People, que usted, desde la
santidad de su retiro mundano,° ha       *retreat from the world*
contemplado siempre con un poco de sorna°  *sarcasm*
5   y desdén, no debería recriminarlos tanto. En
el fondo son buenos. Todos fueron a
comulgar. Con la vejez he aprendido que la
belleza del cuerpo no es siempre vanidad, a
menudo es un reflejo de la belleza del alma.
10  Enterramos a María de los Angeles vestida
de novia, rodeada por la espuma de su velo.
Se veía bellísima. Sus cabellos recién lavados
relucían sobre el blanco amarillento del traje.
Los que la habían visto bailar comentaban
15  extasiados que no parecía muerta, sino
dormida, representando por última vez su
papel de la Bella Durmiente.

Fabianito, por supuesto, se ha quedado
con nosotros. Si no fuera porque hemos
20  sufrido tanto, creería que todo esto ha venido
a ser justicia divina Madre. ¿Recuerda lo
mucho que ansiamos Elizabeth y yo que Dios
nos enviara un varoncito, un hombrecito
que defendiera nuestro nombre y nuestra
25  hacienda para así alcanzar una vejez
tranquila? Quizá la muerte de nuestra hija no
haya sido después de todo tan inútil. Hacía
ya tiempo que° ella se había descarrilado, por   *for quite a while*
andar con esa farándula° de crápulas° que   *troupe / derelicts*
30  son los bailarines. En realidad, Madre,
mucho antes del accidente era como si
nuestra hija hubiese muerto para nosotros.

Pero Dios en su misericordia divina
siempre hace justicia, y nos dejó al querubín
35  de su hijito para que llenáramos el hueco de
ingratitud que ella nos dejó en el corazón. A
propósito, Madre, pronto recibirá la
invitación para el bautizo, que celebraremos
con todas las pompas y las glorias.
40  Esperamos que consiga permiso para salir
esa tarde de la clausura y así pueda asistir,
pues nos encantaría que fuese la madrina.

De ahora en adelante sí que podrá estar
tranquila de que al convento no ha de faltarle
45  nada, Madre, porque el día que yo me muera
ahí le quedará Fabianito, que velará por
usted.

Reciba un abrazo cariñoso de Elizabeth y
otro de mi parte, se despide, como siempre,

su viejo amigo,

Fabiano Fernández

5   ese techo manchado[1] feo siempre metiéndole
a uno los cojones en la cara tranquila viene de
tranca ese techo está cabrón parece cojones
despachurrados ahí arriba te dije que bailar
estaba prohibido sigue insistiendo y verás
10  cómo te rompo la prohibido estaba prohibido
así que ahora aguántate dormir dormir
dormir dormir dormir dormir dormir dormir
dormir dormir dormir dormir dormir
despiértate amor mío quiero que te cases
15  conmigo te dejaré bailar te dejaré ser
bailarina te dejaré ser tranca viene de tranca
no por favor no me preñes te lo ruego
Felisberto por lo mas que tú cabrón eso está
cabrón bailando Coppelia bailando la Bella
20  Durmiente bailando Mater hilando camisitas
blancas mientras esperaba que la barriga del
salvador le creciera ahora abre las piernas
ahora aguántate ahora arrodíllate para que
adores lo que pariste lo adorarás lo besarás lo
25  lamerás° lo cuidarás ¿qué será de mi niño    *you will lick him*
bonito sin su madrecita? ahora olvídate de
ser bailarina olvídate de ser lo adularás° lo    *you will worship him*
protegerás para que después él te proteja y te
defienda por los siglos de los siglos ahora
30  arrodíllate y repite con devoción repite con
devoración ni Coppelia ni Bella Durmiente ni
este mundo es un Valle de Lágrimas el otro es
el que importa hay que ganárselo ofreciendo
los sufrimientos inevitables que te tocarán si
35  lo que tienes entre las piernas es una y si no
hay más ninguno y si no hay otro cabrón eso
está ni Super Adorable Bitch ni bandejas de
plata ni copas de plata ni jarros de agua de

---

1. **techo manchado:** stained ceiling. This final section of the novel consists of an
interior monologue which reflects María de los Angeles' state of mind, presumably
during the last seconds of her life. Images and words which have been significant in
earlier sections of the novel — as well as fragments from other sources (such as popular
songs) — appear here.

plata ni caricias largas y frías con manos de
plata ni palabras introducidas por la boca
con largas cucharas de plata di que sí mi
amor di que estás contenta bailando Gisèlle
5  pero esta vez con furia con crinolinas
malolientes y alas de alambre de púas
amarradas a la espalda porque no me
conformo Felisberto porque me traicionaste
y por eso te he traído aquí para que me vieras
10 y se lo contaras a papá se lo describieras
detalle a detalle para que ambosados vieras
mi cara de yeso rodeada de rizos postizos mis
pestañas de charol despegadas por el sudor
mis cachetes gordos de pankake el pelo que
15 se me va tiñendo de rojo[1] a la limón a la
limón[2] que se rompió la ciega a todo lo que la
rodeaba las manchas del techo las persianas
podridas la palangana descascarada a la
limón a la limón de qué sehacel dinero un día
20 la feria volvió a pasar por el pueblo y ella
tapándose los oídos para no oír pero no podía
algo la halaba por las rodillas los tobillos las
puntas de las zapatillas a la limón a la limón a
la algo la arrastraba y se la llevaba lejos ni
25 protegida ni dulce ni honrada ni tranquila
María de los Angeles tú tranquila de
cascarón de huevo° el dinero se hace de       *eggshells*
cascarón de huevo ni sometida ni conforme ni

# 4.  Actividades de postlectura

## A.  *Análisis del texto*

Para facilitar la comprensión e interpretación de *La Bella Durmiente,*
30 hemos dividido la novela en ocho segmentos de tres a nueve páginas
cada uno. Después de leer cuidadosamente cada segmento, conteste a
las preguntas de comprensión del argumento y de interpretación
literaria que le proponemos más abajo. Luego refiérase a los temas de
conversación, aportando su experiencia personal en la medida de lo
35 posible.

---

1. **el pelo. . . rojo:**  my hair that is being tinted red (like Carmen Merengue's)

2. **a la limón:**  This expression is taken from a child's game, *alalimón.* Colloquially it
means taking turns (between two people) in completing some task or meeting some
responsibility.

# I. Páginas 158-160

*Comprensión del argumento*

1. ¿Cuál es el propósito de la carta del 28 de septiembre con la que se inicia la novela (página 158)?
2. ¿Dónde dice su autora que trabaja? ¿Qué podemos saber acerca de su clase social, su educación y su personalidad basándonos en esta carta?
3. ¿A quién denuncia la carta y de qué delito?
4. ¿Qué contradicción hay entre lo que dice esta carta y el breve trozo narrativo de la página 159?
5. ¿Cuál es el propósito de la carta del 5 de octubre (página 159)?

*Interpretación literaria*

1. ¿Por qué cree usted que la novela empieza con dos cartas anónimas?
2. En el mismo sentido, ¿qué efecto tiene en el lector la contradicción entre lo que dicen esas cartas y los trozos narrativos de las páginas 159 y 160?

*Tema de conversación*

En la cultura hispánica, como en otras culturas, la práctica de escribir anónimos es repudiable. A su juicio, ¿qué motiva a las personas que se dedican a esta actividad?


# II. Páginas 160-165

*Comprensión del argumento*

1. ¿A qué espectáculo se refiere la reseña social con que se inicia esta parte de la novela?
2. ¿Quién hizo el papel de Coppélia y de quién es hija?
3. ¿Qué aspectos del público son los que más interesan al autor de la reseña?
4. Resuma la historia del ballet *Coppélia*, según se cuenta en la reseña. Compare la información que se da allí con la que damos nosotros en la sección de "Contextos".
5. ¿Qué hizo María de los Angeles que no estaba de acuerdo con su papel al interpretar el vals de la muñeca Coppélia? ¿Cómo reaccionaron los bailarines que interpretaban los papeles del doctor Coppélius y de Franz? ¿Cómo entiende la extravagancia de María de los Angeles el autor o la autora de la reseña?
6. Un estudiante debe resumir para la clase el monólogo interior de María de los Angeles al escapar del teatro donde se estaba representando *Coppélia*.

7. ¿Quién era Carmen Merengue? ¿Cómo la recuerda María de los Angeles? ¿Por qué la recuerda y, sobre todo, por qué en este momento?

*Interpretación literaria*

1. ¿Qué diferencias de actitud y lenguaje hay entre la reseña social y el monólogo interior que se incluyen en esta sección?
2. ¿Qué ganamos nosotros, los lectores, teniendo acceso a dos puntos de vista distintos acerca de un mismo acontecimiento? ¿Hay uno de esos puntos de vista que a usted le parece más correcto que el otro? Si es así, ¿cuál y por qué?
3. Además de su representación del papel de Coppélia, ¿tiene algún otro significado el vínculo entre María de los Angeles y la muñeca en esta parte de la novela?
4. ¿A quién se refieren las frases finales del monólogo interior, a María de los Angeles, a Carmen Merengue o a ambas? ¿Cuál cree usted que es la causa de esta falta de claridad?

*Tema de conversación*

En su opinión, ¿es la afición al ballet de la protagonista de esta novela una preferencia común entre los adolescentes? Si no es así, ¿qué personas son las que suelen sentirse atraídas por este arte? ¿Podría contar acerca de un caso específico?

## III.  Páginas 165–171

*Comprensión del argumento*

1. ¿Cómo han sido las relaciones entre don Fabiano y el Colegio del Sagrado Corazón, según la carta de la madre Martínez del 9 de abril?
2. ¿Por qué le escribe la madre Martínez a don Fabiano en esta ocasión?
3. ¿Qué esperanzas habían cifrado las monjas del Colegio del Sagrado Corazón en María de los Angeles? ¿Por qué tenían esas esperanzas, según la madre Martínez?
4. ¿Quién narra la sección de la página 167? ¿Dónde y cuándo tiene lugar lo que allí se narra?
5. ¿Quién es Felisberto?
6. ¿Qué tipo de conexión se establece aquí implícitamente entre María de los Angeles y Carmen Merengue? ¿Cómo termina la historia de Carmen Merengue?
7. ¿Qué decisión han tomado los padres de María de los Angeles respecto a su dedicación al ballet?
8. ¿Están de acuerdo la madre Martínez y don Fabiano respecto al futuro de María de los Angeles?
9. ¿Por qué le interesa tanto a don Fabiano que María de los Angeles se case?

10. ¿Por qué se opone don Fabiano a que María de los Angeles se convierta en monja y por qué él y su esposa no podrían evitar el resentimiento y la sospecha si eso ocurriera? En la opinión de usted, ¿hay algo en las cartas de la madre Martínez que confirme esa insinuación de don Fabiano?

11. ¿De qué manera justifica la madre Martínez la conversión de María de los Angeles en monja? ¿Cómo consuela a don Fabiano?

*Interpretación literaria*

1. ¿Cree usted que, al proyectar el futuro de María de los Angeles, don Fabiano y la madre Martínez tienen en cuenta los intereses personales de la muchacha? ¿Creen ellos, los personajes mismos, que tienen en cuenta sus intereses?

2. ¿Qué efecto tiene en el lector el hecho de que, cuando don Fabiano y la madre Martínez discuten el futuro de María de los Angeles, la novela no nos da el punto de vista de la protagonista?

*Tema de conversación*

A partir de lo que lleva leído de *La Bella Durmiente* y de lo que conoce sobre esta materia, ¿le parece a usted que Rosario Ferré está haciendo una crítica de los papeles que la clase alta puertorriqueña le asigna a la mujer? Si es así, ¿diría usted que *La Bella Durmiente* es una novela feminista?

## IV.  *Páginas 171–179*

*Comprensión del argumento*

1. Resuma la historia del ballet *La Bella Durmiente,* según se cuenta en el comienzo de la segunda parte de la novela. Compare la información que se da allí con la que damos nosotros en la sección de "Contextos".

2. ¿Qué importancia tiene en la historia de María de los Angeles la alusión a Moira Shearer?

3. ¿Qué conexiones hay entre la historia de La Bella Durmiente y la de María de los Angeles? En la historia de María de los Angeles, ¿cuál es la función del "principe" Felisberto? ¿Qué se supone que le dice Felisberto a María de los Angeles cuando le habla al oído durante mucho rato?

4. La clase se dividirá en grupos de tres estudiantes. En cada grupo, un estudiante hará el papel del padre de María de los Angeles, otro el de la madre y otro el de Felisberto, el novio de la muchacha. Preparen la representación de una escena en la que los tres conversan sobre la misteriosa enfermedad de María de los Angeles.

5. ¿Sobre qué importante acontecimiento social ocurrido ya y sobre qué otro por ocurrir informa la reseña social de *Mundo Nuevo* del 20 de enero?
6. Según esa misma reseña, ¿qué preparativos se están haciendo para la boda de María de los Angeles con Felisberto? ¿Qué donación ha hecho don Fabiano a la capilla? ¿Qué importancia tiene esta donación?
7. ¿A qué actividades de moda entre los "BP" y los "SAP" se refiere el final de la reseña?
8. ¿Qué piensa usted de la idea para el *shower* que sale en el primer recorte de periódico que pega la madre de María de los Angeles en el álbum de bodas de su hija?
9. ¿Qué les recomienda a las novias el segundo recorte?
10. Según el tercer recorte, ¿en qué consiste la felicidad de la mujer? ¿Está usted de acuerdo con algunos aspectos de esa definición? Si es así, ¿con cuáles?
11. ¿Qué piensa usted de las notas que ha escrito la madre de María de los Angeles al pie de las fotos del álbum de bodas?

*Interpretación literaria*

1. En este segmento hay cinco puntos de vista sobre el compromiso y matrimonio de María de los Angeles Fernández. Identifique cada uno de esos puntos de vista y caracterice el tipo de lenguaje en que se expresa.
2. Existen muchas obras literarias en las que aparece el tema del famoso cuento de hadas "La Bella Durmiente". En la mayoría de esas obras, el tema presenta una relación de subordinación de la mujer con respecto al hombre (el hombre es el principio activo y la mujer el principio pasivo). Teniendo esto en cuenta, ¿cómo y por qué cree usted que Ferré utiliza este tema antifeminista en su novela?
3. Si la sátira es una forma literaria que sirve para ridiculizar a ciertas personas o grupos de personas, ¿diría usted que la carta de don Fabiano, la reseña social, los recortes de periódico y las anotaciones de Elizabeth son textos satíricos? Si su respuesta es afirmativa, ¿puede explicar de qué manera funciona en ellos la sátira?

*Tema de conversación*

Tradicionalmente, ha sido común en nuestra sociedad que las muchachas esperen la llegada de un esposo/Príncipe Encantador para realizarse completamente. ¿Por qué no ha ocurrido lo mismo con los hombres? ¿Cree usted que en los últimos años se están produciendo cambios en este orden de cosas?

## V. Páginas 180–185

*Comprensión del argumento*

1. ¿Qué suceso da comienzo a la tercera parte de la novela? ¿Dónde tiene lugar? ¿De qué manera está narrado?
2. Resuma la historia del ballet *Giselle,* según aquí se cuenta. Compare la información de su resumen con la que damos nosotros en la sección de "Contextos".
3. ¿Qué relación hay entre Felisberto, por un lado, y Albrecht/Loys, por el otro? En la historia de María de los Angeles, ¿qué función tiene la conexión entre estos personajes?
4. ¿Por qué exhibe don Fabiano en la capilla sus cuadros barrocos? ¿Qué indica sobre el/la periodista su equivocación al referirse a "Las Meninas"?
5. ¿Cuál es el tema del decorado elegido por Elizabeth para la recepción en el Caribe Supper Club? ¿Qué diferencias hay entre este tipo de ostentación y la ostentación que se observa en el decorado de la capilla?

*Interpretación literaria*

1. Comente el monólogo interior entre las páginas 180 y 182 y refiérase al modo como ese monólogo funde subconsciente- mente materiales tomados de *Zapatillas rojas* y *Gisèlle.*
2. ¿Qué características de la conducta social de la clase alta puertorriqueña se ponen de relieve en la reseña del 25 de febrero?

*Tema de conversación*

¿Qué opina usted de las diferencias de clase tal como aparecen en esta novela? Compárelas con las diferencias de clase en los Estados Unidos. ¿Le parece a usted que la igualdad social es una meta deseable o posible?

## VI. Páginas 185–188

*Comprensión del argumento*

1. ¿Cuál es el propósito de la carta de la madre Martínez del 7 de diciembre? ¿Qué recomendaciones hace en ella?
2. Según la carta de don Fabiano del 13 de diciembre, ¿qué preparativos había hecho Elizabeth para el bautizo de Fabianito?
3. ¿Qué había decidido entre tanto María de los Angeles? ¿Qué opina usted sobre esa decisión?
4. ¿Cuál es el propósito de la carta de la madre Martínez del 14 de diciembre? ¿Qué consejos prácticos le da en ella a María de los Angeles?

*Interpretación literaria*

1. ¿Es la negativa de María de los Angeles a bautizar a su hijo una indicación de rebeldía? Si lo es, ¿contra qué específicamente se está rebelando?
2. Al final de la carta de la madre Martínez del 14 de diciembre, esta le dice a María de los Angeles:

> Déjate de estar pensando en tantos pajaritos de colores, en tanto ballet de príncipes y princesas. Bájate de esa nube y dedícate a tu hijo, ese es ahora tu camino. Tranquilízate, hija, Dios velará por ti.

¿Qué punto de vista es el que la madre Martínez adopta en estas recomendaciones? ¿Qué valores refleja ese punto de vista?

*Tema de conversación*

Al paso de la mujer por la institución del matrimonio, sigue tradicionalmente el paso de la mujer por la institución de la maternidad. ¿Qué importancia tiene para usted esta otra institución? ¿Sigue ella necesariamente a la anterior? ¿Constituye un requisito para el desarrollo pleno de la mujer? ¿Es o puede ser compatible con una intensa (y absorbente) dedicación profesional?

## VII.  Páginas 188–193

*Comprensión del argumento*

1. ¿Cómo describe Felisberto a Fabianito en su carta del 30 de mayo?
2. ¿Por qué cree Felisberto que don Fabiano ha sido siempre su mejor aliado?
3. Según Felisberto, ¿en qué insistió María de los Angeles pocos días después de la boda?
4. ¿Por qué dice Felisberto que para él María de los Angeles, lejos de haber sido un *asset,* ha sido un ancla? A juzgar por su lenguaje, ¿cómo entiende la relación entre él y su esposa? ¿Por qué tiene terror de perderla?
5. ¿Cuál fue el tema de la conversación que Felisberto y don Fabiano tuvieron antes de la boda, cuando don Fabiano se llevó aparte a Felisberto? ¿Qué pensó entonces Felisberto de lo que le dijo don Fabiano? ¿Qué pensó después?
6. ¿Qué métodos empleó Felisberto para convencer a María de los Angeles a las buenas? Cuando se encontró al final de su paciencia, ¿qué hizo?
7. Según Felisberto, ¿por qué Fabianito ha venido a ser una maldición para María de los Angeles?

8.  ¿Qué hizo Felisberto para tener contenta a María de los Angeles?
9.  ¿Qué pasó en el *show* de volatineros en el Astrodomo? ¿Qué hizo María de los Angeles después del *show?*
10. ¿Qué mensaje ha recibido Felisberto el día anterior a la fecha de esta carta?
11. ¿Por qué no va a permitir Felisberto que su matrimonio fracase?
12. ¿Qué se propone hacer Felisberto al día siguiente?
13. ¿Que hace Felisberto con los pliegos manuscritos que acaba de escribir?
14. La clase se dividirá en grupos de cuatro estudiantes. En cada grupo, un estudiante hará el papel de Don Fabiano, otro el de Elizabeth, otro el de la madre Martínez y otro el de Felisberto. Preparen la presentación de una escena en la que estos personajes conversan sobre el comportamiento de María de los Angeles después del nacimiento de su hijo y sobre los posibles motivos de este comportamiento.

*Interpretación literaria*

1.  La carta de Felisberto del 30 de mayo es obviamente un autorretrato. ¿Cuáles son, según se desprende de esa carta, las características más destacadas de su personalidad?
2.  ¿Cómo interpreta usted la reiteración de la "F" inicial en Fabiano, Felisberto y Fabianito?

*Tema de conversación*

¿Son los valores de Felisberto valores machistas? ¿En qué consiste el machismo? ¿Es el machismo hispanoamericano diferente al que se observa en los Estados Unidos?


## VIII.  *Páginas 194–201*

*Comprensión del argumento*

1.  Describa la escena en la habitación 7B del Hotel Alisios.
2.  ¿Cómo y por qué llegaron a ese lugar los personajes de esta escena?
3.  ¿Que hace la mujer cuando siente deseos de bailar? ¿A quién se parece por lo que hace y por su maquillaje?
4.  ¿Cuál es el propósito de la carta de don Fabiano a la madre Martínez fechada el 25 de abril de 1974?
5.  ¿Cuánto tiempo ha pasado entre la llegada de la carta de pésame de la madre Martínez y esta respuesta?
6.  ¿Qué opina ahora don Fabiano sobre la boda y sobre el esposo de María de los Angeles?

7. ¿Qué versión da don Fabiano sobre las muertes de Felisberto y María de los Angeles?
8. ¿Por qué conoce don Fabiano de cerca el mundo de las bailarinas?
9. ¿Por qué dice don Fabiano que a él y a su esposa les queda el consuelo de no haber reparado en nada para el entierro de María de los Angeles? ¿Cómo fue el entierro?
10. ¿Qué ha pasado entre tanto con Fabianito?
11. Explique las razones que tuvo María de los Angeles para montar la escena del Hotel Alisios.

*Interpretación literaria*

1. Haga una caracterización de Carmen Merengue. ¿Qué significa la identificación de María de los Angeles con ella? ¿Ve usted alguna conexión entre la imagen de Carmen Merengue y la de Moira Shearer?
2. ¿Cree usted que el conflicto de la novela es realmente insoluble y su desenlace trágico necesario?
3. Si comparamos el proceso de crecimiento y maduración que presenta esta novela con los que presentan las dos novelas anteriores, ¿qué diferencias se pueden establecer, a su juicio? ¿Cree usted que una integración armónica del protagonista en la sociedad es posible cuando el personaje principal de la narración es una mujer?

*Tema de conversación*

¿Es el final de *La Bella Durmiente* un final feminista? Elabore los dos argumentos, el afirmativo y el negativo, apoyándose en lo que sabe sobre el feminismo, en sus propias convicciones y en sus experiencias personales.

## B. Temas de investigación

1. No cabe duda que el problema de los derechos de la mujer existe en Hispanoamérica. Pero hay diferencias entre la manera como él se presenta en estos países, prioridades, métodos de convencer al público, etc., y la manera como él se presenta en los Estados Unidos. Teniendo en cuenta el conflicto de *La Bella Durmiente,* así como también otras informaciones que usted pueda obtener mediante lecturas y/o entrevistas individuales, escriba un ensayo comparando los problemas de la mujer en Puerto Rico con los problemas de la mujer en este país.
2. Investigue las relaciones actuales entre Puerto Rico y los Estados Unidos. Estudie el tema desde tres puntos de vista: político, económico y cultural. Establezca luego las ventajas y desventajas que para uno y otro país representan estas relaciones.

## C. Bibliografía

1. **Sobre Puerto Rico, su historia y su gente:**

   Cruz Monclava, Lidio. *Historia de Puerto Rico.* Río Piedras: Editorial Universitaria, 1957–1962. 3 vols.

   Maldonado Denis, Manuel. *Puerto Rico: A Socio-Historic Interpretation.* New York: Vintage Press, 1972.

   Marqués, René. *El puertorriqueño dócil y otros ensayos.* San Juan: Editorial Antillana, 1977.

2. **Sobre las relaciones entre Puerto Rico y Estados Unidos:**

   Carr, Raymond. *Puerto Rico: A Colonial Experiment.* New York & London: New York University Press, 1984.

   Cabrantes, José A. *Citizenship and the American Empire.* New Haven: Yale University Press, 1979.

3. **Sobre la mujer en Hispanoamérica y en Puerto Rico:**

   Comisión Económica Para América Latina (CEPAL). *Cinco estudios sobre la situación de la mujer en América Latina.* Santiago: Naciones Unidas, 1982.

   Icken Safa, Helen. "Conciencia de clase entre las trabajadoras en Latinoamérica: un estudio de casos en Puerto Rico." In *La mujer en América Latina,* Vol. I, edited by María del Carmen Elu de Leñero. México: Sepsetentas, 1975, 166–190.

   Picó, Isabel. "Apuntes preliminares para un estudio de la mujer puertorriqueña y su participación en las luchas sociales de principios del siglo XX." Ibid, Vol. II, 98–113.

   Picó de Hernández, Isabel, and María Quimpero. "Datos básicos sobre la mujer en la fuerza trabajadora de Puerto Rico." Ibid, Vol. II, 114–120.

4. **Sobre la *Bildungsroman* femenina y la imagen de la mujer en los cuentos de hadas:**

   Abel, Elizabeth, Marianne Hirsch and Elizabeth Langland, eds. *The Voyage In: Fictions of Female Development.* Hanover & London: University Press of New England, 1983.

   Von Franz, Marie Louise. *Problems of the Feminine in Fairy Tales.* New York: Spring Publications, 1974.

5. **De Rosario Ferré:**

   *Papeles de Pandora.* México: Joaquín Mortiz, 1976.

   *El medio pollito.* San Juan: Editorial Huracán, 1978.

   *Sitio a Eros.* México: Joaquín Mortiz, 1980.

*La mona que le pisaron la cola.* San Juan: Editorial Huracán, 1981.

*Los cuentos de Juan Bobo.* San Juan: Editorial Huracán, 1982.

*Fábulas de la garza desangrada.* México: Joaquín Mortiz, 1982.

*Maldito amor.* México: Joaquín Mortiz, 1985.

## 6. Sobre Rosario Ferré:

Davis, Lisa E. "La puertorriqueña dócil y rebelde en los cuentos de Rosario Ferré." *Sin Nombre* 9, 4 (1980), 82–88.

Guerra-Cunningham, Lucía. "Tensiones paradójicas de la femineidad en la narrativa de Rosario Ferré". *Chasqui,* 13, 2 (1984), 13–25.

Vélez, Diana L. "Power and the Text: Rebellion in Rosario Ferré's *Papeles de Pandora.*" *MMLA: The Journal of the Midwest Modern Language Association,* 17, 1 (1984), 70–80.

# Vocabulario

The vocabulary for *Ritos de iniciación* includes words and idiomatic expressions that may present difficulties for intermediate-level or advanced-level students. The definitions given here are limited to the meanings used in the novels. The following abbreviations have been used:

*coll.* colloquial    *lit.* literally    *vulg.* vulgar
*fig.* figuratively    *reg.* regional

**abnegado/a** self-sacrificing
**abofetear** to slap, smack
**abolido/a** abolished
**abrumar** to overwhelm
**abrumador/a** overwhelming
**absorber** to absorb; *fig.* to take over
**abultarse** to swell up
**acabar** to finish; ~ **de** (*+ infinitive*) to have just (done something)
**acechar** to lie in ambush
**acera (la)** sidewalk
**acercar** to bring (something) near or nearer
**acero (el)** steel; ~ **inoxidable (el)** stainless steel
**acezante** breathing heavily
**aclarar** to clarify
**acostumbrarse** to become adjusted, get used to
**acuarela (la)** watercolor
**acudir** to go; to attend
**acuerdo (el)** agreement; **de ~ con** in keeping with; **estar de ~** to agree
**acurrucarse** to huddle
**acusar** to accuse, denounce
**adelgazar** to lose weight
**adivinar** to guess
**adular** to flatter
**advenimiento (el)** arrival
**afanador/a (el/la)** cleaning person (and launderer) (*reg.*)
**agachado/a** hunched over
**agarrar** to grab
**agarrón (el)** grab
**agazapado/a** crouched

**agrarista (el/la)** agrarian reformer (*reg.*)
**agrietado/a** cracked
**aguado/a** lifeless; *lit.* watered down
**aguantarse** to endure, put up with
**aguja (la)** needle
**ahogar(se)** to drown (oneself)
**ahora o nunca** now or never
**ahorcar(se)** to hang (oneself)
**aigrette (la)** (*French*) feather of the egret (bird)
**aire: al ~** exposed
**ajeno/a a** oblivious to; unsuspecting
**ajo (el)** garlic
**ajuar (el)** wardrobe; wedding gown, trousseau
**ala (el)** wing (*feminine noun*)
**¡Alabado sea el Santísimo!** God be praised!
**alacrán (el)** scorpion
**alambre de púas (el)** barbed wire
**alazán (el)** chestnut-colored horse
**albergar** to house
**alboroto (el)** uproar
**alcalde (el)** mayor
**alcance: ir a su ~** to catch up with someone
**alcancía (la)** collection box
**alcanzar** to reach, catch up with
**aldeano/a (el/la)** villager, peasant
**alegar** to declare, allege
**alegrón (el)** surge of happiness
**alejamiento (el)** separation, estrangement

**aletazo (el)**   blow with the wing, flapping; swing of the arm
**aletear**   to flutter
**aliado/a (el/la)**   ally
**alienante**   alienating
**almorzar**   to eat lunch
**aló**   hello
**alrededores (los)**   environs, outskirts
**alzar**   to raise; ~ **la vista**   to look up, raise one's eyes
**amargar**   to make or become bitter; **amargarse uno/a** *( + noun)*   to ruin (something) for oneself
**amargo/a**   bitter
**amarrado/a**   tied up, bound; close together
**amarrar**   to tie, bind
**ambosados**   both of us (you / them)
**amenaza (la)**   threat
**amenazar**   to threaten
**ametralladora (la)**   machine gun
**amor propio (el)**   self-esteem
**amparar**   to shelter, protect
**ancla (el)**   anchor
**andar** *( + adjective)*   to be (in a particular mood)
**andén (el)**   platform
**anegar**   to flood
**angustioso/a**   distressing, trying; grievous
**aniquilar**   to annihilate
**ansiedad (la)**   anxiety; eagerness
**anular**   to annul; to call back (a goal in soccer)
**aparato (el)**   device, apparatus
**aparentar**   to give the appearance of, put on appearances
**apenado/a**   saddened; ashamed
**apenas**   barely
**apestar**   to stink
**aplastar**   to crush
**aportar**   to provide
**apoteótico/a**   exalted
**apoyar**   to support, lean
**aprendiz/a (el/la)**   apprentice
**apretado/a**   pressed
**apretar**   to press

**apretón: pegar un ~**   to shake hands
**apuntalar**   to prop up
**apuntar**   to jot down; to aim
**apunte (el)**   note; annotation
**apurado/a**   in a hurry
**apurar**   to drain; to hurry
**árbitro (el)**   referee (in soccer and other sports)
**arco (el)**   bow
**ardiente**   burning, ardent
**arrabal (el)**   slum
**arrancar**   to root out; to pull out; to start up (an engine)
**arrastrar**   to drag along
**arrebatar**   to snatch; to carry off
**arreglar**   to arrange; to fix
**arremangarse**   to roll up one's sleeves
**arremolinarse**   to bunch up; to form a whirlpool
**arrepentirse**   to repent, regret
**arrodillarse**   to kneel
**arropado/a**   wrapped
**arrumaco (el)**   caress
**artesanía (la)**   craft
**asamblea plenaria (la)**   full assembly, plenary session
**asfixiarse**   to suffocate; to choke
**así porque sí**   just like that
**asilado/a (el/la)**   political refugee
**asomarse**   to look or lean out
**aspiradora (la)**   vacuum cleaner
**asqueroso/a**   disgusting
**asterisco (el)**   asterisk
**asunto (el)**   matter, business
**atado/a**   tied
**atento/a**   polite, considerate; attentive
**atómico/a**   atomic; ultramodern *(coll.)*
**atrás**   behind, back
**atrasado/a**   backward; postponed, put off
**atravesar**   to cross
**atreverse a**   to dare to
**atribular**   to distress
**audífono (el)**   headphone
**augurar**   to predict
**aullar**   to howl
**avaricia (la)**   avarice, greed

**avemaría (el)**   Hail Mary prayer

**axila (la)**   underarm

**azotea (la)**   flat roof

**azucena (la)**   white lily

**baileteo (el)**   dance

**balbucear**   to stammer, stutter; to babble

**bálsamo (el)**   balm

**banca (la)**   bench, pew

**banda (la)**   gang

**banderilla (la)**   dart used to taunt the bull (in bullfighting)

**bandolero (el)**   bandit

**baño de plata (el)**   silver plating

**barbaridad (la)**   barbarity, atrocity

**barbilla (la)**   chin

**barrer**   to sweep

**barrera (la)**   barrier

**barriga (la)**   belly

**bastar**   to be sufficient

**basura (la)**   litter, garbage

**bata (la)**   robe

**batalla (la)**   battle

**bayusco/a**   bay-colored

**becado/a**   receiving a scholarship

**bendecir**   to bless

**bendito/a (el/la)**   blessed (one); **como un bendito**   blissfully

**bife (el)**   beefsteak (*reg.*)

**bigote (el)**   moustache

**billar (el)**   billiards; pool room

**bisagra (la)**   hinge

**bizcocho (el)**   cake

**blanquear**   to whiten

**bobo/a**   stupid, dumb, foolish

**bocado: probar ~**   to taste a bite, sample

**bofetada (la)**   blow

**bola (la)**   crowd (*reg.*); **~ de ladrones (la)**   bunch of thieves (*reg.*)

**bólido (el)**   shooting star

**bolígrafo (el)**   ball-point pen

**bolsillo (el)**   pocket

**bolsonazo (el)**   blow (smack) with a bag or purse

**borrar**   to erase

**bosque (el)**   forest

**bostezo (el)**   yawn

**brida (la)**   bridle

**brincar**   to leap

**brindar**   to offer; to toast

**bromas: hacer ~**   to play jokes

**brújula (la)**   compass

**buche: hacer un ~**   to swish around the mouth (*coll.*)

**buenas: a las ~**   in a nice way

**buenmozo/buenamoza**   handsome, beautiful (*reg.*)

**buey (el)**   wimp (*vulg., reg.*); *lit.* ox

**bufanda (la)**   scarf

**bulbo (el)**   bulb (flower)

**buque (el)**   ship

**burdel (el)**   bordello, brothel

**burlarse de**   to make fun of, mock

**buscón (el)**   fortune seeker, gold-digger; cheat, pilferer

**cabro/a (el/la)**   guy / gal (*coll., reg.*); *lit.* goat; **ser una cabra**   to be a wild, crazy woman (*coll.*)

**cabrón (el)**   ass-hole, jerk (*vulg.*); cuckold (*coll.*); *lit.* male goat

**cabuya: al final de la ~**   at the end of one's rope

**caca (la)**   excrement (*vulg.*)

**cachar**   to catch (*coll., reg.*); to catch on (*coll., reg.*)

**cachete (el)**   cheek

**cachorro (el)**   cub

**cachudo/a**   cunning (*coll., reg.*)

**cadena (la)**   chain

**cadera (la)**   hip

**caderón/ona**   wide-hipped

**caer en cuenta**   to realize, catch on

**caerle bien a**   to be liked by, please

**cagar**   to shit (*vulg.*); to fail, go down the drain (*vulg., reg.*)

**cala (la)**   calla lily

**calce (el)**   foot (of a document)

**calcomanía (la)**   decal

**calentador (el)**   heater

**calumnia (la)**   slander

**calvo/a**   bald

**calzada (la)**   street, avenue

**callado/a**   silent

**calle abajo**   down the street

**callo: al ~**   precise (*coll., reg.*); perfect (*coll., reg.*)

**camilla (la)**   stretcher

**camisón (el)**   nightshirt, nightgown

**campechanamente**   in an open, friendly manner; cheerfully

**campeón/a (el/la)**   champion

**campo (el)**   field; countryside

**camuflar**   to camouflage

**cancha (la)**   court, rink; ~ **de patinaje (la)**   skating rink; ~ **de tenis (la)**   tennis court

**candado (el)**   padlock

**canilla (la)**   shin

**cántico (el)**   hymn

**cáñamo (el)**   hemp; marijuana (*coll., reg.*); **pito de ~ (el)**   joint, marijuana cigarette (*coll.*)

**caño (el)**   pipe

**cañón (el)**   cannon

**capa (la)**   cape; small pin (*reg.*)

**capaz**   capable

**capilla (la)**   chapel

**capo/a: ser ~**   to be first-class (*coll., reg.*)

**capricho (el)**   whim

**capullo (el)**   bud

**caracol: escalera de ~ (la)**   spiral staircase

**caracho (el)**   face (*coll., reg.*)

**¡carajo!**   damn it! shit! (*vulg.*); *lit.*, penis

**carátula (la)**   record cover

**carcomedura (la)**   corrosion

**cargado/a**   full, weighed down

**caridad (la)**   charity

**carpa (la)**   tent

**carraspear**   to clear one's throat; to speak hoarsely

**carretera (la)**   road, highway

**carrocería (la)**   auto body

**cartel (el)**   sign

**cartón (el)**   cardboard

**casa chica (la)**   second, illegitimate household

**casa matriz (la)**   headquarters

**casaca (la)**   jacket

**cascarón de huevo (el)**   eggshell

**casco (el)**   helmet

**caso: el ~ es que**   in any case; **hacer (le) ~ (a alguien)**   to pay attention (to someone); **no hay ~**   there's no way

**castizo/a**   Castilian; pure

**casualidad (la)**   coincidence; **de ~**   accidental; coincidental

**catarata (la)**   cataract (waterfall)

**catre (el)**   cot

**cautelosamente**   cautiously

**cava (la)**   wine cellar

**cazabombardero (el)**   fighter-bomber

**cegadoramente**   blindingly

**ceja (la)**   eyebrow

**celda (la)**   cell; ~ **de clausura (la)**   inner cell (of a convent)

**celos (los)**   jealousy

**centinela (el/la)**   sentinel, sentry

**central (la)**   sugar mill

**cercenar**   to chop off

**cerrajero (el)**   locksmith

**cerveza (la)**   beer

**cesto (el)**   basket

**ciego/a**   blind

**cierre (el)**   zipper

**cifrar las esperanzas en**   to place one's hopes on

**cigüeña (la)**   stork

**cimientos (los)**   foundations

**cincelado/a**   sculpted

**cincuentón/ona (el/la)**   fifty-year-old (man / woman)

**cinito (el)**   kind of cartoon (*coll., reg.*)

**cinturón (el)**   belt; ~ **de castidad (el)**   chastity belt

**cisne (el)**   swan

**citar**   to quote; to tell about

**civil (el)**   civilian

**civismo (el)**   civics

**clandestinidad (la)**   clandestinity, secrecy; the condition of being "underground"

**clavar**   to nail

**clave (la)**   clue, key

**clínex (el)**   Kleenex

**cobija (la)**   blanket (*reg.*)

**cochino/a**   filthy, swinish; *lit.* pig

**cocho (el)**   amount of something (*coll., reg.*)

**coger**   to catch; to take; to fuck (*vulg., reg.*)

**cogote (el)**   neck

**cohete (el)**   rocket; ~ **de salva (el)**   salvo of rockets

**cojones (los)**   balls, testicles (*vulg.*)

**cola (la)**   tail

**colarse**   to slip through

**colchón (el)**   mattress

**coleando: vivo y ~**   alive and kicking (*coll.*)

**colegiatura (la)**   tuition

**colgar**   to hang; to hang up

**colmado/a**   fulfilled

**colmo (el)**   completion; height; **para ~**   to top it all off; to make things worse

**colocarse**   to put on

**colorado/a**   red

**columna (la)**   spine

**coma (la)**   comma

**comisura (la)**   corner of the mouth

**comitiva (la)**   escort

**como Pedro por su casa**   with self-assurance (*coll.*)

**como quien dice**   as they say

**como si fuera poco**   as if that were not enough

**compás (el)**   bar of music; **llevar el ~**   to keep rhythm

**competencia (la)**   competition

**comprensivo/a**   understanding

**comprobar**   to verify, make sure

**compromiso (el)**   engagement

**comulgar**   to take communion

**concurrente (el/la)**   person in attendance at (a show, concert, etc.)

**concha (la)**   shell

**concho (el)**   dregs (*coll., reg.*)

**confianza (la)**   trust, confidence; **tener ~ en**   to trust

**conforme**   agreed, O.K.

**congoja (la)**   anguish, sorrow, grief

**conjunto (el)**   group; entirety; team

**consolar**   to console, comfort

**constar**   to be clear, evident, certain; to be recorded, registered; **conste que**   let me tell you, let me set the record straight

**consternado/a**   dismayed

**consultorio (el)**   office

**contenerse**   to control oneself, hold oneself back

**contrario/a**   contrary, opposite; **al ~ de**   unlike

**convenir**   to be useful; to agree

**convertirse en**   to turn into

**copo (el)**   snowflake; bundle (of cotton)

**copucha: salir de la ~**   to find out (*coll., reg.*)

**coraje (el)**   anger; courage

**corchetera (la)**   stapler (*reg.*)

**cordillera (la)**   mountain chain

**corresponder**   to return (a favor, love)

**corrido: de ~**   continuously, without hesitation

**cortarse**   to be ashamed, confused; to curdle; ~ **de hambre**   to starve (*coll., reg.*)

**coscacho (el)**   blow with the knuckles (*coll., reg.*); **pegarle un ~ (a alguien)**   to hit (someone) on the head (*coll., reg.*)

**coscorrón (el)**   blow on the head; **pegarle un ~ (a alguien)**   to hit (someone) on the head (with the knuckles)

**coser**   to sew

**costado: agarrar el ~**   to follow along the side

**costar**   to cost; to be difficult; to cause detriment or loss; **no costarle nada**   not to be difficult (for someone)

**costumbre: agarrar la ~**   to take on the habit, get in the habit

**coyuntura (la)**   joint

**crápula (el/la)**   derelict

**crinolina (la)**   crinoline; horse-hair material

**crisálida (la)**   chrysalis

**crisol (el)**   crucible

**cromo (el)**   color drawing
**cronista (el/la)**   feature writer
**cruz (la)**   cross; intersection of lines
**cuadra (la)**   block; stable
**cualquiera (la)**   loose woman (*coll.*)
**cuarzo (el)**   quartz
**cuate (el)**   guy, fellow (*coll., reg.*)
**cubierto (el)**   piece of silverware
**cubujón (el)**   scummy house; *lit.* lair of wild beasts
**cuello (el)**   neck
**cuenta (la)**   calculation; reckoning; **cuentas claras conservan amistades**   honest dealings preserve friendships; **darse ~**   to realize; **en resumidas cuentas**   after all, in short, to make a long story short; **hacer de ~**   to imagine, suppose
**cuerda (la)**   cord; string; rope, tightrope; **bajo ~**   clandestinely, underhandedly; **de ~**   wind-up
**cuerpo (el)**   body; **~ de ballet (el)**   ballet company
**cueste lo que cueste**   no matter what it costs
**cuestión (la)**   item; problem
**cuidado (el)**   care; **pierda ~**   don't worry
**culo (el)**   ass, butt (*vulg.*)
**culpa (la)**   blame; **tener la ~**   to be guilty; to be at fault
**cumplimiento (el)**   realization; fulfillment
**cumplir años**   to have a birthday
**cuna (la)**   cradle; family lineage
**cuneta (la)**   curb
**curado/a**   drunk (*coll., reg.*)
**curcuncho/a**   huddled up (*coll., reg.*)
**curioso/a (el/la)**   curious person, nosy person
**cursi**   tacky; gaudy

**chancho (el)**   pig (*reg.*)
**chaqueta (la)**   jacket; **hacerse la ~**   to masturbate (*vulg., reg.*)

**charango (el)**   mandolin-like musical instrument (*reg.*)
**charca (la)**   puddle
**charol (el)**   lacquer
**chasconear**   to ruffle someone's hair (*coll., reg.*)
**chatarra (la)**   scrap iron
**chicle (el)**   chewing gum
**chillido: pegar un ~**   to let out a shriek
**chillón/a**   shrill
**chingadera (la)**   vile lie (*vulg., reg.*); mean joke (*vulg., reg.*)
**chingar**   to fuck (*vulg., reg.*); to screw around with (*vulg., reg.*)
**chiporro (el)**   sheep; fleece (*reg.*)
**chisme (el)**   rumor, item of gossip
**chismería (la)**   gossip
**chiste (el)**   joke
**chocar**   to strike, collide; to toast (*coll.*)
**choro: tirarse a ~**   to wise off (*coll., reg.*)
**chorrear(se)**   to drip; gush
**chorro (el)**   stream; **propulsión a ~**   jet-propelled
**chucha (la)**   vagina (*vulg., reg.*)
**¡chucha!**   damn! (*vulg., reg.*)
**chuico (el)**   huge pig (*reg.*)
**chuleta de chancho**   pork chop (*reg.*)
**chupar**   to suck; **pegar una chupada**   to take a drag (on a cigarette) (*coll., reg.*)

**daga (la)**   dagger
**dale que dale**   on and on (*coll.*)
**dar**   to give; **~ justo**   to hit the target, to land smack on; **~ lo mismo**   to not make any difference; **~ no sé qué**   to be a shame (*coll.*); **~ vuelta**   to turn (someone or something) around; **darle asco (a alguien)**   to disgust; **darle pamba (a alguien)**   to hit (someone) on the head; **darle que (a alguien)**   to get it into one's head that (*coll.*); **darle rabia (a alguien)**   to anger; **darle vergüenza ajena (a alguien)**

to feel embarrassed for what others do (*coll.*)

**declive (el)**   slope

**decretar**   to decree

**dedicarse a (una profesión)**   to be employed as

**delantero (el)**   forward (soccer position)

**delatar**   to inform on

**delegación (la)**   police station (*reg.*)

**delirio (el)**   delirium

**demasía: en ~**   in excess, too much

**demoler**   to demolish, tear down

**demolido/a**   demolished

**derramar**   to spill, spill out, overflow

**derretir**   to melt

**derrochar**   to waste

**desafiar**   to challenge, defy

**desaguar**   to drain

**desagüe (el)**   sewer

**desaire: hacer un ~ (a alguien)**   to ignore, disdain, snub (someone)

**desalmado/a**   heartless; *lit.* without a soul

**desanimar**   to discourage

**desaparecer**   to disappear

**desbordarse**   to overflow

**descaradamente**   shamelessly

**descarrilarse**   to go off the track, go astray

**descascarado/a**   chipped

**desconcierto (el)**   confusion

**descueve**   fantastic (*coll., reg.*)

**desde ya**   starting right now, from now on

**desdén (el)**   disdain

**desenredar**   to unravel, untangle

**desfilar**   to march, parade

**desgarramiento (el)**   breaking, rip

**desgonzado/a**   unhinged

**desgraciadamente**   unfortunately

**desgraciado/a**   unlucky; disgraceful; **el/la ~** (*noun*) ass (*vulg.*)

**desgraciar**   to maim, wound (*reg.*); to ruin

**deshacerse**   to disappear; to melt

**deslizar**   to glide

**deslucido/a**   lackluster

**deslumbrante**   dazzling

**desnudo/a**   nude

**desorbitado/a**   excessive, out of proportion

**desordenado/a**   disorganized

**despachurrar**   to crush (*coll.*)

**despavorido/a**   terrified

**despegado/a**   unglued, unstuck

**despensa (la)**   pantry

**despilfarrador/a**   spendthrift

**despistado/a**   stray, lost; absent-minded

**despreciar**   to look down on

**despreciativo/a**   disparaging, contemptuous

**desprender**   to separate; to disintegrate

**destello (el)**   flash

**destrozos: hacer ~**   to wreck, destroy

**desvanecer**   to fade

**desvencijado/a**   rickety

**desviar**   to lead astray

**detalle (el)**   detail

**devanarse los sesos**   to rack one's brains

**deveras** (*also* **de veras**)   really (*coll.*)

**diariamente**   daily

**dibujo (el)**   drawing

**dicha (la)**   happiness; good fortune

**dieras: ni mil que me ~**   not if you gave me a thousand (pesos, etc.)

**diente de ajo (el)**   garlic clove

**difícil**   difficult; unlikely

**dilapidar**   to squander, waste

**dirigir**   to direct; **dirigirle la palabra (a alguien)**   to speak to (someone)

**discutir**   to discuss; to argue, disagree

**disfrazado/a**   disguised

**disimular**   to fake

**disimulo (el)**   dissimulation, pretense; concealment (of thoughts or motives)

**disminuir**   to decrease

**dispuesto/a**  set up, ready
**Distrito Federal**  Federal District (Mexico City)
**divisa (la)**  motto
**don (el)**  gift, talent, knack
**durmiente**  sleeping; (el) ~ (noun)  wooden girder

**echar**  to throw; ~ **de menos**  to miss; ~ **de un trabajo**  to fire from a job; ~ **las cartas**  to tell fortunes with cards; ~ **una cana al aire**  to have an adventure, go on a spree; **echarle mano a**  to get one's hands on (coll.); **echarle tierra al asunto**  to cover up (coll.); **echarse un sorbo**  to sip (coll.); **echárselas de**  to pride oneself in being
**edípico/a**  Oedipal
**efecto: en ~**  actually, really
**elevar**  to increase; to raise, elevate
**embanderar**  to put out the flags
**embestir**  to charge, attack
**embolsarse**  to steal
**empanada (la)**  meat pie
**empantanarse**  to get swampy
**empañarse**  to fog up, cloud up
**empapado/a**  soaked
**empatar**  to tie (in a game)
**empeñado/a**  determined
**emperrarse**  to be or get stubborn (coll.)
**empresa (la)**  enterprise, business venture; **hombre de ~ (el)**  businessman
**empujar**  to push
**empujón (el)**  shove
**encajarse**  to fit together
**encaje (el)**  lace
**encantar**  to delight; **me encanta**  I love it (her / him)
**encender**  to turn on, light
**encima: irse ~**  to jump on
**encinta**  pregnant
**encuadernado/a**  bound (book)
**enchufado/a**  plugged in

**endrogarse**  to get stoned; to become indebted (coll., reg.)
**enjuague (el)**  fig. plot, scheme, shady dealing
**enjuto/a**  lean
**enmarcado/a**  framed
**enredarse**  to get entangled, get involved
**enrojecer(se)**  to blush; to turn red
**enroscarse los rulitos**  to curl one's hair
**enrulado/a**  curled
**enseretado/a**  matted
**enterarse**  to find out
**entibiado/a**  warmed up
**entreabrir**  to open slightly, set ajar
**entrepierna (la)**  inner surface of the thigh
**envarado/a**  stiff
**equipo (el)**  team
**escabel (el)**  stool
**escabroso/a**  risqué
**escalera (la)**  staircase
**escarbar**  to dig; to scrounge around
**escarmiento (el)**  punishment, lesson; warning
**escasear**  to be in short supply
**escaso/a**  sparse, scarce
**escena primaria (la)**  primal scene
**escenografía (la)**  stage set
**esclavo (el)**  slave
**esconder**  to hide; to keep something to oneself
**escote (el)**  neckline
**espalda (la)**  back
**espantoso/a**  horrible, dreadful
**esparcir**  to spread
**esperanza (la)**  hope
**espina (la)**  thorn
**espinilla (la)**  pimple
**espuela (la)**  spur
**estampa (la)**  card with a religious figure
**estanque (el)**  reservoir, pool
**estasajar**  to jerk; to slash, cut to pieces; to rob (coll., reg.)
**estatura (la)**  height

**estirón: pegar un ~**   to grow suddenly
**estrecho/a**   narrow
**estremecerse**   to tremble, shiver
**estribillo (el)**   refrain (of a song)
**estropear**   to ruin
**estruendo (el)**   loud noise
**estufa (la)**   stove; heater
**etiqueta (la)**   label
**exaltado/a**   worked-up, emotional; hot-headed
**exigente**   demanding
**éxito (el)**   success
**expreso**   straight, directly
**expulsar**   to expel
**extensiones (las)**   lands
**extirpar**   to extirpate, eradicate; to eliminate
**extrañarse**   to wonder
**eyacular**   to ejaculate


**facciones (las)**   features
**faisán (el)**   pheasant
**faltar**   to be missing; **falta poco**   it won't be long now; **faltarle valor a uno**   to lack courage
**fantasma (el)**   ghost
**farándula (la)**   troupe
**fardo (el)**   burden
**farol (el)**   streetlight
**feliz de la vida**   happy as could be
**felpa (la)**   felt
**feo/a**   ugly
**feria (la)**   fair
**feriado: día feriado (el)**   holiday
**ferretería (la)**   hardware store
**fieltro (el)**   felt
**fierro (el)**   iron
**fijamente**   fixedly, intensely
**fijarse**   to notice
**fijo/a: ser ~**   to be a sure thing (*coll.*)
**fila (la)**   row; line; **~ de atrás (la)**   back row
**filial (la)**   affiliate, branch
**filudo/a**   sharp-edged
**fin (el)**   end; purpose; **en ~**   and so on; anyway; in short

**finta: hacer una ~**   to fake an attack; *lit.* to feint (in fencing)
**flaco/a**   skinny
**flamante**   gleaming, bright
**flor: una ~ de . . .**   a whopper of a . . ., a beauty of a . . .
**fluir (el)**   flow
**fofo/a**   spongy, soft, bland
**fogón (el)**   hearth
**fonda (la)**   refreshment stand
**fondear**   to disguise (*coll., reg.*)
**fondo: al ~ de mi alma**   (to drink something) straight down (*reg.*)
**forcejear**   to wrestle
**fornido/a**   strong, robust
**forrado/a**   lined
**forzar**   to force; to rape, violate
**foso (el)**   orchestra pit
**fracaso (el)**   failure
**fragata (la)**   frigate, warship; bird
**fregar**   to tease, bother, annoy (*coll.*)
**frenar**   to stop; to break; to bridle
**frenesí (el)**   frenzy, madness; folly
**friendo y comiendo**   one thing immediately after the other
**fuerza: a la ~**   by force
**fulano/a (el/la)**   so-and-so; what's-his / her-name
**fulminante**   thundering; fatal, deadly
**funcionario (el)**   bureaucrat
**fundirse**   to melt
**fusilamiento (el)**   execution (by gunfire)


**gallo (el)**   cock; guy (*coll., reg.*)
**ganancia (la)**   profit
**ganas: tenerle unas ~ bárbaras**   to be dying to do something (*coll.*)
**gancho (el)**   hook
**gastado/a**   worn (out)
**gatillo (el)**   trigger
**gaviota (la)**   seagull
**gemelo/a (el/la)**   twin
**género (el)**   gender
**genial**   brilliant, inspired

**gente: ~ bien**   the right people;
   **buena ~**   good (person)
**gerente (el/la)**   manager
**gesticulante**   gesticulating
**girar**   to turn
**golpe (el)**   blow, hit; **a golpes**
   hitting, striking; **~ militar**
   **(el)**   military coup
**golpear**   to knock; to hit
**goma (la)**   rubber
**granado/a**   select, choice; **lo más**
   **~ (de la sociedad)**   the cream
   (of society)
**grandes (los)**   grown-ups, adults;
   older guys
**grave**   seriously ill; **estar ~**   to
   be seriously ill
**grito (el)**   scream; **a ~**
   **pelado**   shouting (*coll.*)
**grúa (la)**   crane
**guacamaya (la)**   macaw
**guagua (la)**   baby (*coll., reg.*)
**guardia: ¡en ~!**   on guard!
**guarida (la)**   den; hiding place
**guarura (el)**   bodyguard (*coll.,*
   *reg.*)
**guata (la)**   belly (*coll., reg.*); **dolor**
   **de ~ (el)**   bellyache (*coll., reg.*)
**guatón/ona**   fatso, big-bellied
   (*coll., reg.*)
**guisado (el)**   stew


**habitual**   habitual, usual,
   customary
**hacerse**   to wet one's pants (*coll.*)
**halar**   to pull, haul, tug
**hallar**   to find; **no hallarle el**
   **cuesco a la breva**   not to find a
   way (*coll., reg.*); *lit.* not to find
   the pit of the fig
**harén (el)**   harem
**harto/a**   extremely, "real" (good,
   bad, etc.); a lot (of)
**hasta**   until; even
**hazaña (la)**   exploit, feat
**helado/a**   frozen, icy
**hervido/a**   boiled
**hiel (la)**   bile; gall; **cortársele la ~**
   **(a alguien)**   to starve (*coll.*)
**hielo (el)**   ice

**hilar**   to thread; to spin
**hincarse**   to kneel
**hincha (el/la)**   fan (*coll.*)
**hinchar**   to annoy, pester (*coll.*)
**historieta (la)**   comic book
**hocico (el)**   snout
**hogar (el)**   home
**hoja (la)**   leaf; page; blade
**hondo/a**   deep
**hongo (el)**   mushroom; **~ atómico**
   **(el)**   mushroom cloud (from an
   atomic blast)
**honrado/a**   honest; pure
**hormiga (la)**   ant
**hormiguearle (a uno el cuerpo)**   to
   move as if one had ants in one's
   pants (*coll.*)
**hormiguero/a**   anthill
**hosco/a**   sullen
**hueco (el)**   space, blank
**huellas digitales (las)**
   fingerprints
**huevada (la)**   stupid question,
   stupid thing (*vulg., reg.*)
**huevear**   to hang around, waste
   time (*vulg., reg.*); to tease (*vulg.,*
   *reg.*)
**huevón**   dumb (*vulg., reg.*);
   dummy, asshole (*vulg., reg.*);
   *lit.*, big-balls
**huipil (el)**   Aztec garment (loose,
   woven blouse)
**humedecer**   to moisten
**húmedo/a**   damp
**humo: hacerse ~**   to vanish into
   thin air, go up in smoke
**hundirse**   to sink
**huronear**   to snoop
**hurtado/a**   stolen
**huso (el)**   distaff


**idilio (el)**   romance
**importar**   to concern; to matter,
   be important
**impreso/a**   printed
**impúdico/a**   indecent
**incendio (el)**   fire, conflagration
**incisivo (el)**   incisor
**inclusive**   including
**incomodidad (la)**   discomfort

inconcluso/a   incomplete
índole (la)   type, category
inducir   to induce, persuade, influence
infamia (la)   disgrace
infeliz (el/la)   poor, miserable person
ínfimo/a   lowest, least; vile, seedy
inflarse   to swell up
iniquidad (la)   iniquity, evil
inquieto/a   nervous
inscrito/a   enrolled
inservible   useless
intachable   faultless, irreproachable
intento (el)   attempt
intereses creados (los)   vested interests
íntimo/a   intimate, close
intruso/a (el/la)   intruder
inundación (la)   flood
inversionista (el)   investor
invicto/a   undefeated


jabón de lavadero   laundry soap
jabón de tocador   hand soap
jersey (el)   sweater
jeté (el)   (French) leap from one leg to the other (in ballet)
joder   to pester, bother (vulg.); to screw (vulg.)
jodido/a   screwed, terrible (vulg.)
jopo (el)   crest or tuft of hair (coll., reg.)
jote (el)   Chilean vulture of the turkey-buzzard family
joya (la)   gem, jewel
juguetear   to play, frolic


ladear   to tilt
ladrar   to bark
ladrillo (el)   brick
lagarto (el)   lizard
lamer   to lick
lancha (la)   boat
lanza (la)   lance
lanzallamas (el)   flamethrower

lanzarse a   to engage or embark (in); to begin to (coll.)
largarse a ( + infinitive)   to break out, begin suddenly (doing something) (coll.)
lascivo/a   lascivious
lástima (la)   pity; hurt, sadness
lastre (el)   ballast, burden
lata (la)   tin sheet; tin can; nuisance; bore
latir   to beat (like a heart)
latoso/a   tiresome, bothersome
lecho (el)   bed
lento (lentamente)   slow (slowly)
letra (la)   lyrics; handwriting
leva: soldado de ~ (el)   drafted soldier (coll., reg.)
levantar plata   to steal money (coll.); lit. to lift money
libélula (la)   dragonfly
libra (la)   pound
libre (el)   taxi (reg.)
liceo (el)   secondary school
licuadora (la)   blender
limón: a la ~   taking turns performing the same activity
limosna (la)   alms, hand-out
linaza (la)   hair cream
lío   trouble, problem; meterse en líos   to get oneself into trouble
listo/a   smart, clever; ready
lolo/a (el/la)   kid, youngster (coll., reg.)
lomo (el)   back (of an animal)
loquero/a (el/la)   shrink, psychiatrist (coll.)
losa (la)   tile
lotería: tirarse la ~   to choose the winning numbers for the lottery
luego   then, soon; lueguito   pretty soon (coll.); muy ~   very soon (coll.)
luido/a   crumpled
luto (el)   mourning


llamada (la)   call
llamarada (la)   flame
llave (la)   key; headlock

**llegar** to arrive; **no ~ a ningún lado** not to amount to anything (*coll.*); *lit.* not to get anywhere

**llevar** to take; to carry; **~ (tiempo en un lugar)** to have been (somewhere for some time)

**malaconsejar** to give bad advice, lead astray

**malbaratar** to squander

**maledicencia (la)** slander

**malignamente** wickedly, maliciously

**maligno/a** wicked

**maloliente** foul-smelling

**maltratado/a** beat-up, battered; worn

**malla (la)** net

**mamut (el)** mammoth

**máncoro (el)** bastard (*obsolete, reg.*)

**mancha (la)** blotch

**manchar** to stain

**mandar** to send; to order; **mandado/a a hacer** expert; *lit.* made to order; **mandarse a cambiar** to leave (*coll.*)

**mandíbula (la)** jaw

**manga (la)** sleeve

**mango (el)** sexy woman (*vulg., reg.*)

**manguillo (el)** protective sleeve

**manicomio (el)** insane asylum

**manija (la)** handle

**manilla (la)** handlebar

**maniquiur (la)** manicure (*anglicism*)

**mano** [*hermano*] pal, buddy (*coll., reg.; used in direct address*)

**mano: a ~** within reach, at hand; **manos a la obra (ponerse)** to get to work

**manotazo: tirarle un ~ (a alguien)** to slap, smack (someone); **agarrarse a manotazos** to push and shove each other

**mantener** to support; to hold

**manuscrito/a** handwritten

**mañana: el día de ~** any day now (*coll.*)

**maquillaje (el)** make-up

**marca (la)** brand; **~ reconocida (la)** well-known brand

**marco (el)** frame; mark (German money)

**maricón (el)** queer, male homosexual (*vulg.*)

**martillar** to hammer

**martillo (el)** hammer

**más allá** beyond

**más o menos** average; *lit.* more or less

**mascar** to chew

**masticar** to chew

**mata (la)** bush; head of hair (*coll.*)

**matanza (la)** slaughter

**matón (el)** bully

**maullar** to meow

**meado (el)** piss, urine (*vulg.*)

**mecer** to rock

**mecha (la)** lock of hair

**medio (el)** half; environment

**medioloco/a** half-crazy

**mediopelo (de)** middle-class

**mendicidad (la)** begging, mendicity

**meneado/a** shaking, wriggling

**menear** to move; to wag; to shake

**menor (el/la)** minor, juvenile

**mentar** to mention, name

**mentiroso/a (el/la)** liar

**mentón (el)** chin

**merecidamente** deservingly

**merendar** to eat lunch

**mesón (el)** counter (*reg.*)

**meter** to put, get in; **~ fierro** to do something intensely (*coll.*); to play rough in soccer (*coll.*); *lit.* to press on an automobile accelerator; **~ fuerte** to do something with enthusiasm (*coll.*); **meterle un tema de conversa** to initiate a conversation (*coll.*); **meterse con** to get involved with (*coll.*); **tener metido entre ceja y ceja** to be convinced, get it into one's head (*coll.*)

**mezclilla (la)**   denim
**miga (la)**   crumb
**milésimo/a**   thousandth
**milico (el)**   soldier (*coll., reg.*)
**mimbre (el)**   wicker
**mismo: lo ~ me da**   it doesn't matter to me
**mitad (la)**   half
**mochila (la)**   backpack
**modo: ni ~**   it's no use, too bad (*coll., reg.*)
**mohoso/a**   rusty; mildewed
**molestar**   to pester, bother;
   **molestarse**   to bother oneself, put oneself out
**molestia (la)**   discomfort; bother; trouble
**momio/a (el/la)**   conservative person (*coll., reg.*)
**moneda (la)**   coin
**mongo/a**   loose (*coll., reg.*)
**mono (el)**   picture, illustration (*coll.*)
**montón (el)**   heap; bunch
**montonal (el)**   crowd (*coll., reg.*)
**moño (el)**   rosette of ribbons; bun (hairstyle)
**morisqueta (la)**   mean trick (*coll.*); *lit.* Moorish trick
**moro/a: dejar ~ a un/a niño/a**   to leave a baby without a Christian baptism; *lit.* to leave as a "Moor" or "infidel"
**mortal**   fatal
**mover influencias**   to pull strings
**muerte: (un lugar) de mala ~**   seedy (place)
**muertodehambre** (*also* **muerto/a de hambre**)   starving
**mugroso/a**   grimy
**mujer pública (la)**   prostitute
**mujerzuela (la)**   small, weak woman; dissolute woman
**multa (la)**   fine
**multiplicar**   to multiply; to increase
**mundial**   world
**muñeca (la)**   wrist
**murmuración (la)**   rumors, gossip; slander
**muslo (el)**   thigh

**naipe (el)**   card
**nariz (la)**   nose; **sonarse las narices**   to blow one's nose
**navaja (la)**   switchblade; razor
**nieve (la)**   snow; sherbert; **~ de limón (la)**   lemon ice
**niñera (la)**   nanny; baby sitter
**niquelado/a**   nickel-plated
**nocivo/a**   harmful
**nomás** (*also* **no más**)   only; without delay (*coll., reg.*)
**notable**   remarkable
**noticiero (el)**   newsreel
**novedoso/a**   new, original, novel
**nuca (la)**   nape of the neck

**oblicuamente**   obliquely
**obsesionar**   to obsess
**ocuparse de**   to take upon oneself
**ocurrírsele a uno**   to have the idea
**odio (el)**   hatred
**ofendido/a (el/la)**   offended person
**oficio (el)**   profession
**ojalá**   let's hope; would to God . . .
**ola (la)**   wave
**oleaje (el)**   waves
**oler a rayos**   to stink to high heaven
**olla (la)**   pot; **~ exprés (la)**   pressure cooker
**onda: estar en ~**   to be "with it" (*coll.*); to be "into" (*coll.*)
**oponerse**   to oppose
**oración (la)**   prayer
**oropel (el)**   glitter
**orquesta (la)**   orchestra
**orquídea (la)**   orchid
**ortografía (la)**   spelling
**oveja (la)**   sheep
**oxidado/a**   rusty

**padecer**   to suffer
**padrenuestro (el)**   Lord's Prayer
**palabra que**   on my word, I swear (*coll.*)
**palafrenero (el)**   groom

**palanca (la)**   lever; **hacer ~**   to use one's body like a lever

**palangana (la)**   washbowl; **en ~**   cupped; *lit.* in the shape of a washbowl

**pálido/a**   pale

**paliza (la)**   spanking

**paloma (la)**   dove

**palomo (el)**   cock pigeon

**pandilla (la)**   gang

**pantimedias (las)**   pantyhose

**paño (de cristal) (el)**   pane (of glass)

**papa (la)**   potato

**papanatas (el)**   simpleton

**papel (el)**   role; paper; **ejecutar el ~**   to interpret the role

**par: de ~ en ~**   wide open

**para nada**   (not) at all, in the least

**parábola (la)**   parable

**parabrisas (el)**   windshield

**parado/a**   standing; **estar ~**   to stand still

**parche (el)**   patch

**parecer**   to appear, seem; **al ~**   apparently; **como te parezca**   as you like, if that's the way you want it

**pariente (el/la)**   relative

**parir**   to give birth

**párpado (el)**   eyelid

**parrilla (la)**   grill; **en la ~**   playing with fire (*coll.*); *lit.* on the grill

**particular**   particular, peculiar, special; private; **no tener nada de ~**   not to be out of the ordinary

**parto (el)**   delivery, birth

**pasadizo (el)**   passageway

**pasar**   to pass, go beyond; to screw (*vulg., reg.*); **~ con**   to go around with; **~ de año**   to be promoted to the next grade in school; **~ el mal rato**   to help through a hard time, make one feel better; **~ un trago amargo**   to go through a hard time; **se le pasará**   he (she) will get over it

**pasearle la calle (a una muchacha)**   to court (a young woman)

**paso: estar de ~**   to be passing through

**pasta (la)**   makings, qualities; talent (*coll., reg.*)

**pastilla (la)**   hard candy

**pata (la)**   animal's foot, paw; **~ de mulo (la)**   dirty bum (*coll., reg.*); *lit.* mule's hoof (applied as an insult to someone who plays rough in soccer)

**patada (la)**   kick; **agarrar a patadas**   to kick (*coll.*); **dar patadas**   to kick

**patear**   to kick

**patente**   patent, evident; for sure

**patota (la)**   gang (*coll., reg.*)

**patria (la)**   native country, homeland

**pavo/a (el/la)**   flake, idiot (*coll.*); *lit.* turkey

**paz: dejar en ~**   to leave alone; *lit.* to leave in peace

**pecado (el)**   sin

**pecho (el)**   breast

**pedazo (el)**   piece; **hacer pedazos a**   to tear to pieces, beat up

**pedrada (la)**   blow with a rock

**pegar**   to hit; to deal (a blow, etc.)

**pelado/a (el/la)**   poor person, peasant (*coll., reg.*)

**pelagatos (el)**   ragamuffin (*coll.*); *lit.* cat skinner

**pelar**   to peel; **~ el ajo**   to go through a hard time (*coll., reg.*)

**pelear**   to fight; **~ como venga**   to fight free-style; **pelearse**   to quarrel, fight

**pelele (el)**   dummy; *lit.* stuffed doll

**película muda (la)**   silent movie

**pelo (el)**   hair; **tomarle el ~ (a alguien)**   to pull someone's leg, tease

**pelotas: en ~**   naked (*vulg.*)

**pelotazo (el)**   blow or stroke with a ball

**peluquero/a (el/la)**   barber, hairdresser

**pellejo (el)**   skin, hide

**pellizcar**   to pinch

**pena (la)**   sorrow; embarrassment; **darle ~ (a alguien)**   to make (someone) sad

**pendejada (la)**   stupid thing (*vulg., reg.*)

**pendejo/a (el/la)**   stupid ass (*vulg., reg.*); young person (*coll., reg.*); *lit.* pubic hair

**pendiente (el)**   earring

**pensaderas (las)**   brains (*coll., reg.*)

**penumbra (la)**   semidarkness

**peor**   worse, worst; **de lo ~**   of the worst kind

**perdedores: salir de ~**   to quit being a loser (*coll.*)

**perdido/a por goleada**   lost on all counts (*coll.*); *lit.* lost by a wide margin of goals

**perdiz (la)**   partridge

**perfil (el)**   profile

**periodiquero/a (el/la)**   newspaper vendor

**perla (la)**   pearl

**perra (la)**   bitch

**persiana (la)**   Venetian blind

**perspicaz**   discerning, perspicacious, clearsighted

**pesar: a ~ de**   despite

**pese a**   in spite of

**pésimo (pésimamente)**   terrible (terribly); **irle pésimo (a uno)**   to have a terrible time of it

**pestaña (la)**   eyelash

**pestañear**   to blink

**petate (el)**   woven mat

**petróleo (el)**   petroleum

**picar**   to itch

**picardía (la)**   sass, mischievousness

**pico (el)**   beak

**pie: al ~ de la letra**   to the letter, exactly

**pieza (la)**   room

**pigüelo: llegarle al ~**   to get caught (*coll., reg.*)

**pillar**   to catch (*coll.*)

**pimpollo (el)**   rosebud

**pincharse**   to prick oneself

**pinche**   low-class (*vulg., reg.*)

**pintarrajear**   to paint sloppily

**pinzas para ropa (las)**   clothespins

**piquete (el)**   squad

**pirueta (la)**   pirouette

**pisar**   to step

**pistolero (el)**   gangster

**pito (el)**   whistle; fifer; **~ de cáñamo (el)**   joint, marijuana cigarette (*coll.*)

**plafón (el)**   underside of the eaves (*architecture*)

**planchado/a**   ironed; laid out on the ground

**plana: en primera ~**   on page one

**plano/a**   flat

**plantear**   to state, declare, propose

**plata (la)**   silver, money; **juntar ~**   to collect money (*coll., reg.*)

**platea (la)**   main floor in a theater

**plateado/a**   silvery; silverplated

**platicar**   to chat

**plato de segunda mesa (el)**   something of secondary importance (*coll.*)

**pleito (el)**   fight, dispute

**pliego (el)**   sheet, page

**plomo (el)**   lead; **a ~**   right on target, accurately

**pluma (la)**   pen; feather

**pochismo (el)**   English word pronounced as if spoken in Spanish

**podar**   to prune

**poder adquisitivo (el)**   purchasing power

**poder más que**   to be stronger than

**podrido/a**   rotten

**polo: hasta el ~**   to the ends of the earth (*coll.*)

**poner**   to put, place, put on; **~ las peras a cuarto (a alguien)**   to scold, call someone on the carpet; **ponerse**   to become; **ponerse colorado/a**   to turn red; **ponerse de pie**   to stand up

**pongámosle**   let's say (*coll., reg.*)

**pongas: no ~ esa cara** don't make that face, don't look like that

**popa: ir viento en ~** to sail smoothly; *lit.* to go with the wind

**por eso** for that reason, that's why

**por poco** almost, nearly

**porquería (la)** junk

**portátil** portable

**porte (el)** height, size

**porvenir (el)** future

**postal (la)** post card

**poste (el)** post, pole

**postizo/a** artificial, false

**potrero (el)** pasture land

**predilecto/a** preferred, favorite

**preferido/a** favorite

**prendedor (el)** brooch

**preñar** to impregnate

**presa (la)** dam

**preso/a** imprisoned; (el/la) ~ prisoner

**préstamo (el)** loan

**prestanombre (el)** front man; *lit.* name-lender

**prestar** to lend

**prestidigitador/a (el/la)** magician

**presupuesto (el)** budget

**pretender** to try, attempt; to intend

**prevenir** to warn; to foresee

**probar** to try; to prove; to taste

**procurar** to manage (to do something); to obtain

**pronto: de ~** suddenly

**propiedad (la)** property

**proselitista (el/la)** proselytizer, converter

**proteger** to protect

**provinciano/a** provincial

**provocar** to provoke; ~ derrame to ejaculate; *lit.* to cause to overflow

**prueba (la)** test; **a toda ~** infallible; absolute, complete

**puchero (el)** pout; cooking pot

**pucho (el)** cigarette butt (*reg.*); drag (on a cigarette) (*coll., reg.*);

**más tirado que ~** totally lost (*coll., reg.*); *lit.* more discarded than a cigarette butt

**pudiente** affluent, rich

**puesto/a** in place, placed

**pulgar (el)** thumb

**pulido/a** polished, refined

**pulmón: a ~** by hard work

**punta (la)** point, tip; piece; mountain peak; **en ~ de pie** on tiptoe

**puntada (la)** stitch; achievement (*coll.*)

**puño (el)** fist; **su ~ y letra** his/her own handwriting

**pureza (la)** purity

**puto (el)** queer, male homosexual (*vulg.*)

**que le llaman** so-called (*coll.*)

**¡qué va!** no way, of course not

**quedarse** to remain, stay; ~ **así** to stay, remain like that; ~ **con** to end up with; ~ **mirando** to stand staring; ~ **sentido/a** to resent

**quehacer (el)** chore, task, duty

**quemado/a: ser ~** to be unlucky (*coll.*)

**querido/a (el/la)** lover, beloved

**querubín (el)** cherub

**quetzal (el)** quetzal (bird)

**quirófano (el)** operating room

**rabia (la)** rage

**radionovela (la)** radio soap opera

**ráfaga (la)** gleam of light

**raído/a** threadbare

**raíz: de ~** by the roots

**rajado/a** sliced, split

**rama (la)** branch

**ramera (la)** prostitute

**ramillete (el)** bouquet

**ranura (la)** slit

**rape milico (el)** crew cut (*coll., reg.*)

**rápido (rápidamente)** quickly

**raro/a** strange

**rascarse** to scratch oneself; ~ **con las propias uñas** to look out for oneself (*coll., reg.*)

**raso (el)** heavy silk

**rastrillo (el)** razor (*reg.*)

**rasurar: hoja de ~ (la)** razor blade

**ratero/a (el/la)** petty thief, pickpocket

**rato (el)** moment; **a cada ~** time after time, constantly

**rayado/a** striped; scratched

**realenga: perra ~ (la)** common bitch

**rebanar** to slice, slit

**rebotar** to bounce

**recámara (la)** bedroom

**recibirse de** to graduate as

**recién** recent; **~ ahora** only now (*coll., reg.*)

**recinto (el)** area, enclosure

**reciote/a** tough

**reclamar** to complain

**recobrar** to regain; **~ el conocimiento** to regain consciousness

**recogido/a** withdrawn

**recordatorio (el)** memento

**recorte (el)** newspaper clipping

**recostar** to lie back; to lie down

**recreo (el)** recess

**redila (la)** pick-up truck (*coll., reg.*)

**reflector (el)** spotlight

**regalón/ona** cute (*coll., reg.*); affectionate (*coll., reg.*)

**regalonear** to snuggle, cuddle (*coll., reg.*)

**regañar** to scold

**regordete/a** chubby

**regular** so-so (*coll.*)

**regustar** to enjoy

**rehusar(se)** to refuse

**reja (la)** fence; bar

**relampaguear** to move with lightning speed

**relieve (el)** picture stamped in thin metal

**remate (el)** end, conclusion; **para más ~** to make things worse (*coll.*)

**remedio (el)** remedy; medicine; help; **no quedarle otro ~** not to have any other choice

**remover** to shift, move

**reojo: echar una mirada de ~** to glance over in order to check up on

**repente: de ~** suddenly

**repleto/a de** full of

**representación (la)** performance

**res (la)** head of cattle

**reseña (la)** review; column

**resfriarse** to catch cold

**resistir** to stand, put up with; to resist

**resorte (el)** spring

**respaldar (el)** back of a seat

**respaldo (el)** back (of a chair, etc.)

**respecto a** as for; vis-à-vis

**respiración (la)** breath

**resquebrajado/a** cracked

**retar** to defy; to scold (*coll.*)

**retener** to retain, hold back

**retirada: en ~** in retreat

**retirar** to withdraw; **retirarle la palabra a** to stop speaking to

**retiro (el)** retreat; **~ mundano (el)** retreat from the world

**retoño (el)** sprout; *fig.* little one

**retorcerse** to twist one's body

**retratado/a** portrayed; photographed; pictured

**retratar** to portray; to photograph; to picture

**retroceder** to back away

**reventa (la)** resale

**reventar** to explode, blow up (with anger) (*coll.*); to annoy (*coll.*); *lit.* to burst

**revolotear** to hover

**revolver** to disarrange, mess up

**revuelto/a** mixed up, jumbled; involved

**rezar** to pray

**rico/a** rich; delicious

**riel (el)** rail

**rigor (el)** rigor; severity, harshness; **de ~** prescribed by the rules, essential, obligatory

**risa (la)**   laughter
**ritos de iniciación (los)**   rites of passage
**rizo (el)**   curl
**rodear**   to surround
**rodilla (la)**   knee
**rogar**   to pray; to beg
**romper**   to break; **romperle la madre (a alguien)**   to beat (someone) up, smash (someone's) head in (*vulg., reg.*)
**roncar**   to snore
**ronco/a**   hoarse
**rorró (el)**   baby (*coll.*)
**rueca (la)**   spinning wheel
**rumoroso/a**   murmuring

**sabiendas: a ~ de**   knowing full well
**sablazo (el)**   cut with a saber
**sacar**   to throw out; to take out; **~ cuentas**   to reach conclusions; **~ la cresta (a alguien)**   to smash (someone's) head in (*vulg., reg.*); *lit.* to knock someone's cockscomb off; **~ la chucha**   to hit hard (*vulg., reg.*); **~ la madre**   to insult one's mother (*vulg., reg.*); **~ un parte**   to give a ticket (*coll., reg.*); **sacarle punta**   to sharpen; **sacarse el gordo**   to hit the jackpot
**sacudir**   to shake
**sacudón: pegar un ~**   to snap (someone's wrist)
**salchicha (la)**   sausage
**salir**   to leave; to come out; **~ a**   to look like or take after (a relative)
**salón de belleza (el)**   beauty parlor
**salsera (la)**   gravy boat
**saltar**   to jump
**saltos: a ~**   jumping around
**salvar**   to save; to clear (an airstrip, etc.)
**sano/a y salvo/a**   safe and sound
**Santísimos Oleos (los)**   last rites

**sapear**   to see (*coll., reg.*)
**secante (el)**   blotter
**secuestrar**   to kidnap
**seda (la)**   silk
**seguir** ( + *present participle)*   to continue (doing something)
**semáforo (el)**   traffic light
**sembrado/a**   planted
**semental (el)**   stud (animal)
**seno (el)**   breast
**sentar cabeza**   to settle down
**sentenciar**   to declare
**sentirse atemorizado/a**   to be afraid
**sepultar**   to bury
**serpentina (la)**   streamer
**sesos (los)**   brains
**siendo lo que es**   being who he / she is (*coll.*)
**sífilis (la)**   syphilis
**silbar**   to whistle
**simio (el)**   monkey
**sindical**   relating to a union
**sindicato (el)**   union
**sinfonola (la)**   jukebox
**siquiera**   at least; **ni ~**   not even
**soberbia (la)**   arrogance
**sobresaliente**   outstanding
**socio/a (el/la)**   partner; member
**socorrido/a**   frequently used, popular, trite
**soldado (el)**   soldier
**someter**   to subdue
**soporte (el)**   kickstand (of a motorcycle or bicycle); support, rest
**sorberse los mocos**   to sniffle (*coll.*)
**sórdido/a**   sordid
**sorna (la)**   sarcasm
**sospechoso/a**   suspicious
**sótano (el)**   basement
**sublevación (la)**   uprising, revolt
**sudor (el)**   perspiration, sweat
**suegro (el)**   father-in-law
**suela (la)**   sole (of shoe)
**suelto/a**   loose, free
**suero (el)**   IV (intravenous solution)

**suerte (la)**   luck; **número de la ~ (el)**   lucky number
**sujetar**   to hold onto
**sumamente**   extremely
**sumar**   to add numbers; **sumarse a**   to join in
**sumergirse**   to immerse oneself
**sumir**   to submerge
**sumiso/a**   submissive
**superdotado/a (el/la)**   genius

**taco (el)**   heel
**tacto (el)**   touch; **tener malos tactos**   to masturbate
**taladro (el)**   drill
**talar**   to fell (trees)
**tallarín (el)**   strand of spaghetti
**tamaño (el)**   size
**tanto: no ser para ~**   not to be important, not be a big deal
**tapar**   to cover
**tapiar**   to close; to wall up
**tara (la)**   setback
**tarado/a (el/la)**   cretin (*coll.*)
**tarro (el)**   can
**techo (el)**   roof; ceiling
**tejer**   to knit
**telaraña (la)**   spiderweb
**telón (el)**   screen
**tema (el)**   song; subject
**tendido/a**   knocked down, laid out
**tener con qué**   to have the wherewithal
**tentar**   to touch, feel; to grope
**teñir**   to dye
**terciar**   to join a conversation, chime in
**terciopelo (el)**   velvet
**terremoto (el)**   earthquake
**terreno (el)**   property, land
**teta (la)**   breast, tit
**tetera (la)**   teakettle
**tez (la)**   skin
**tezontle (el)**   red, volcanic rock
**tibio/a**   luke-warm; unenthusiastic
**tientas: a ~**   feeling one's way
**tieso/a**   stiff

**tinaco (el)**   shingle (*reg.*)
**tintero (el)**   ink well
**tinto (el)**   red wine; glass of red wine
**tío/a (el/la)**   guy/broad (*coll.*)
**tipo/a (el/la)**   guy / broad (*coll.*)
**tira pa' arriba...**   up with... (*coll.*)
**tirado/a**   tossed, strewn
**tirar**   to throw; to draw; to fire (a gun); **~ la casa por la ventana**   to go all out
**tiritar**   to shiver
**tiro (el)**   shot; **al ~**   immediately (*coll., reg.*); **pegarse un ~**   to shoot oneself
**tironear**   to pull (*coll.*)
**tobillo (el)**   ankle
**tomar envión**   to get a running start (*coll.*)
**topográfico/a**   topographic, relating to place
**torpe**   crude
**total que**   the upshot is, to make a long story short (*coll.*)
**tracatraca (el)**   thumping (of the heart) (*coll.*)
**traer**   to bring; **traerse**   to be up to (something); **traerse algo entre manos**   to have an ulterior motive, have something up one's sleeve
**tragar**   to swallow
**traicionar**   to betray
**trampa (la)**   trap; **tender trampas**   to set traps, trick
**tranca (la)**   bar across a door or window
**tranquilo/a**   peaceful; (as a command) cool it (*coll.*)
**transeúnte (el/la)**   passer-by, pedestrian
**transformarse en**   to become
**transnacional (la)**   multinational company
**transpiración (la)**   perspiration, sweat
**transversal**   transversal, crosswise
**tranvía (el)**   streetcar, trolley

**trapo** (el)   cloth
**trasmisión** (la)   broadcast
**trastabillar**   to stagger
  backwards
**travesura** (la)   prank
**trébol** (el)   clover
**trepar**   to climb
**tribunal** (el)   court
**tubo** (el)   receiver (of a telephone)
**turrito de pelo** (el)   head of hair
  (*coll., reg.*)

**ubicar**   to find, locate; to
  recognize, place
**últimamente**   recently
**uniforme**   consistent

**vaciarse**   to outdo oneself, excel
  (*coll.*)
**vacilarle (a alguien)**   to pull
  someone's leg, tease
**vacuna** (la)   vaccination
**vaivén** (el)   swaying
**vajilla** (la)   table service
**valer**   to be worth; **valerle (algo a
  alguien)**   to do something that
  wins approval
**valija** (la)   suitcase
**vals** (el)   waltz
**valla** (la)   barrier
**vapor** (el)   steam; sauna
**vara** (la)   bar
**variar**   to vary; **para ~**   for a
  change (*coll.*)
**vecindad** (la)   block of tenement
  apartments (*reg.*)
**vecindario** (el)   neighborhood;
  vicinity
**velar**   to watch over
**vencer**   to overcome, triumph
**venerar**   to worship

**venido a menos**   fallen on hard
  times, gone downhill
**venirse abajo**   to come (tumbling)
  down
**venírsele a la cabeza**   to occur to
  one (*coll.*); *lit.* to come into one's
  head
**ventaja** (la)   advantage
**verduguear**   to whip
**vertiginosamente**   dizzily
**vestigio** (el)   vestige, trace
**vez** (la)   time, turn; **de una
  ~**   once and for all
**vientre** (el)   belly
**viga** (la)   beam
**viril** (el)   clear, transparent glass
**visos** (los)   proportions; aspects
**vitrina** (la)   shop window
**vivo/a**   alive
**vocación** (la)   (religious) vocation
**volado/a: estar ~**   to be "high,"
  to be "out of it" (*coll.*)
**volatinero/a** (el/la)   acrobat,
  tightrope walker
**voz** (la)   voice; **se corre la
  ~**   word gets around
**vuelo: agarrar ~**   to begin to do
  something

**yeso** (el)   plaster

**zafarse**   to free oneself, escape; to
  break loose
**zamarrear**   to grab
**zampar**   to smack (*coll.*)
**zapallo** (el)   squash (*reg.*)
**zapatilla** (la)   slipper
**zarpa** (la)   paw of an animal
**¡zuácate!**   bam! (*coll.*)
**zumbar**   to buzz

### Credits

The authors gratefully express their appreciation to the individuals and institutions listed below who granted permission to publish the novels and the paintings reproduced in this anthology.

*Novels*

José Emilio Pacheco, *Las batallas en el desierto,* reprinted by permission of Ediciones Era, S.A.

Antonio Skármeta, *No pasó nada,* reprinted by permission of the author.

Rosario Ferré, "La Bella Durmiente," from *Papeles de Pandora,* Mexico: Editorial Joaquín Mortiz, 1976, reprinted by permission of the publisher.

*Art*

Cover: "Mi cara, mi mirada" (1970), by Laxeiro (1908– ), Spain.

p. 1:   "Historia emocional de un marginado" (1980), by Rafael Villa (1952– ), Spain.
p. 64:   "Tormento" (1982), by Victoria Ayuso (1959– ), Spain.
p. 146: "La espera" (1978), by Miguel Vicens (1949– ), Spain.

All art reproduced by permission of the artists and of Galería Novart, Madrid, Spain.